赤足前行

—— 『五位一体』励志教育研究与实践

欧阳资仁　李执方　李栋　著

SPM
南方传媒　广东人民出版社
·广州·

图书在版编目（CIP）数据

赤足前行："五位一体"励志教育研究与实践/欧阳资仁，李执方，李栋著. —广州：广东人民出版社，2022.12

ISBN 978 - 7 - 218 - 16043 - 6

Ⅰ. ①赤…　Ⅱ. ①欧…　②李…　③李…　Ⅲ. ①中学—教学经验—怀集县　Ⅳ. ①G632

中国版本图书馆 CIP 数据核字（2022）第 175680 号

CHIZUQIANXING："WUWEIYITI" LIZHI JIAOYU YANJIU YU SHIJIAN

赤足前行："五位一体"励志教育研究与实践

欧阳资仁　李执方　李栋　著　　　　　　　　　　版权所有　翻印必究

出 版 人：肖风华

策划编辑：赵世平
责任编辑：赵瑞艳
责任技编：吴彦斌

出版发行：广东人民出版社
地　　址：广州市越秀区大沙头四马路 10 号（邮政编码：510199）
电　　话：(020) 85716809（总编室）
传　　真：(020) 83289585
网　　址：http://www.gdpph.com
印　　刷：广东虎彩云印刷有限公司
开　　本：787mm×1092mm　1/16
印　　张：18　**字　数**：290 千
版　　次：2022 年 12 月第 1 版
印　　次：2022 年 12 月第 1 次印刷
定　　价：58.00 元

如发现印装质量问题，影响阅读，请与出版社（020 - 85716849）联系调换。
售书热线：(020) 85716826

序

怀"赤足"为民之宏愿 集百年励志之大成

周国强[①]

  岁月就像列车，载着我们从时光隧道中呼啸而过。结识怀集一中校长欧阳资仁先生有10多年了，他是一位真正有胸怀、有格局、想干事、能干事、会干事、干成事的校长，我也为他的不改初衷，温润着时光，惊艳着世人的"励志教育"所感动。喜闻欧阳校长的"励志教育"大作即将出版，并嘱我为大作做小"序"，推辞不得，欣然应允。希望能在"励志教育"的花园中也栽下一棵小小的绿草，让草儿常沐花香，温暖教育人的情怀。

  怀集一中是一所百年名校，学校创办以来，筚路蓝缕，弦歌不辍。在这间具有优良革命传统的学校，无数名师，含英咀华，焚膏继晷；万千学子，不废冬夏，晨昏苦读；磊落志士，胸怀天下，以身许国；鸿儒奋发，自强不息，追求卓越。积淀下来的"赤足"办学精神，绵延至今。学校坚持把立德树人放在首位，将思想政治工作贯穿教育教学全过程，从历史文化出发，以寻求学校发展的机遇为主旨，找到"励志教育"这个立足点，构建了从教师到学生，从个体到群体，从课内到课外都在实施的全方位、系统化、立体式的"五位一体"励志教育模式，即以励志校园文化为底蕴，以励志课程为支撑，以励志活动为载体，以小组管理励志导师制为途径，以励志榜样为标杆，激励学生敢于有梦，勇于追梦，勤于圆梦，培养有远大理想、有家国情怀、有坚强意志、有责任担当的时代新人。"五位一体"励志教育，道出了学校的追求，即在文化

[①] 广东省中小学首批正高级教师，广东省语文特级教师。

传承中体验生命的意义。它也是对当下育人项目、载体、资源的整合，更是对长远育人格局、体系、标准的重新建构。

德国教育学家斯普朗格曾说过："教育的最终目的不是传授已有的东西，而是要把人的创造力量诱导出来，将生命感、价值感唤醒。"马克思也说过："教育绝非单纯的文化传递，教育之为教育，正是在于它是一种人格心灵的唤醒。"因此，教育是师生心灵和谐共振、互相感染、互相影响、互相欣赏的精神创造过程，它是"心灵对心灵的感受，心灵对心灵的理解，心灵对心灵的耕耘，心灵对心灵的创造"。教育的过程不是技巧的施展，而是充满人情味的心灵交融。要正确塑造学生的心灵，首先要做到的就是进入学生的心灵世界，唤醒他们生命中的灵性和欲求。学生的灵性和欲求，总是发生在不经意之时，如果教育不善于发现这种灵性和欲求，就失去了唤醒的有利时机。因此，教育者要有一颗灵动的心，不时地去感受、去贴近学生；要有一双锐利的眼睛，去观察、发现他们的闪光处；要用真挚的爱，去对待、感化学生，期待他们的进步，接受他们的反复，等待他们敞开心灵。一句关爱的话，一个鼓励的眼神，一个信任的微笑，都能唤醒学生心灵深处的意识和潜能，使学生天性中最优美、最灵性的东西发挥出来。①我很欣喜看到本书励志教育的实践者正是从学生的角度考虑，师生情感状态互融，科学有效地达成一种和谐共振的局面。

好的教育是一定要回到人的价值的，是不断超越人的局限的。聚焦"励志教育"的人生价值，能够给人自信发展和自信实现，切合全面发展的中学生核心素养。但是任何教育思想的转化与实践中的运用，都牵涉到教育的艺术。教育不仅仅是科学，更是艺术与精神，既需要我们以科学的态度不断追求真理，不断完善学校教育实践体系，还需要学校在进一步付诸实践与行动时，能将过去、目前和未来的发展水平结合起来，理智地复现昨天，科学地实施今天，有远见地筹划明天。一所学校的实践探索，不能只关注教育实践系统的变革，还要把政策、理论、实践扎根到最日常的学校生活中的细枝末节中，实现

---

① 周清华. 实施魅力教育 铸创科研品牌——新时代学校教育科研工作的创新与实践［J］. 教育家，2018（47）：60-62.

扎根于土壤基于宏大视野和远大观念的教育实践系统的自我更新，如此才能构成"励志教育"动态发展的良性循环，促使"励志教育"思想本身朝着积极完善的方向不断发展。①

　　幸福，就是做自己喜欢的事。这本著作既有理论的源头，又有实践的探索；既有实施"励志教育"的总体框架的阐述，又有个性化案例的娓娓道来。从著作的字里行间可以看出，欧阳校长带领怀集一中的老师，在做自己喜欢的事，这就是一种幸福。既然喜欢，自然可以用心坚持，这条喜欢的路自然就能一直走下去，只有奔走在自己的热爱里，我们才能感受到出发时的快乐，而且在一路收获的同时，还能修炼出积极的生活态度和高超的教育艺术，把自己平凡的日子过得活色生香，有滋有味，这岂不是人生一大快事。

　　正是春天繁花盛开的季节，青草、小树，在悄无声息中，吐露着新芽；那一树树新枝，含着笑意的徜徉在朝霞里，愉快地沐浴着春光。相信怀集一中的学子们在"励志教育"的花园里，心中充满阳光，热爱生命，感恩生活，奋力进取，珍视手中的年华，踏着坚定的步伐，迎着明媚的春阳，拂着"励志"的春风，润着"励志"的春雨，义无反顾地走在人生的路上。

2022年3月于广州东苑

---

① 　王炳丹. 基于书院制的"三全育人"工作机制研究［J］. 开封文化艺术职业学院学报，2021，47（1）：166–167.

前 言

　　1990年秋，大学刚毕业，我被分配到距县城30多公里的永固镇任教。这里圩镇简陋不堪，村庄散落偏远，教学条件极其恶劣。就在这简陋的学习环境下，很多学生凭着"知识改变命运"的信念、"考高中上大学"的朴实志向和顽强拼搏的精神，克服了很多城里孩子无法想象的困难，努力考上了县一中，从此走上更广阔的天地。

　　在永固镇任教的经历让我体会到：每一个学生的潜能都是巨大的，关键是看教师怎样去挖掘，怎样去激发。学生需要激励，教育需要唤醒，这种对学生要进行激励教育的感知是我的励志教育思想的初步萌芽。而在后来的教育实践中，我越来越深刻地感受到励志教育的魅力，也更加坚定了我进一步探索励志教育的决心。

　　1996年秋，我被调到县一中任教，至今已经26年了，从一名普通英语教师到班主任、年级级长、备课组长、教研室主任、主管教学的副校长、校长，其间教育教学和学校管理的工作经历让我的眼界不断开阔，励志教育的思想也逐渐清晰并成形。

　　刚进一中，初步认识这所有着100多年办学历史的山区县重点中学，我就被它深厚的历史文化底蕴、优良的爱国传统和"赤足"办学的奋斗精神深深震撼和折服，但也引发了我的深入思考：百年一中革命先烈的奋斗精神和杰出校友的榜样力量对后来学子无疑有着极大的激励作用，在一个万人大校里，如果这种激励作用只在少数同学身上产生，那是远远不够的，实在是一种极大的资源浪费。那么，如何让这些能激励人的精神力量和榜样力量最大限度地发挥作用？

　　2016年2月我被正式任命为怀集一中校长，我就不再局限于教学质量方面的思考，而是更多、更深入地全面关注和思考关于学校发展、学生成长、教育创新、特色建设等问题。我以推进教育现代化和创建特色学校为契机，从学校的办学历史和自身的传统优势出发，充分挖掘百年老校的历史文化底蕴，擦亮历史名片，汇聚专家智慧，融合教师共识，结合教育新形势，对学校办学理念重新梳理、整合和提炼，确立了"胸怀天下，砥砺前行"的办学理念和"传承赤足精神，打造励志教育"的以史励志的办学特色，致力于打造既有百年老校底蕴又有时代特征的励志教育，让学生在励志教育中磨砺坚强意志、养成健全人格，成长为时代创新英才。我从教育的规律出发，结合当今社会需要、学校实际以及近30年的教育教学实践中的思考，提出了励志教育思想，并在这种思想的指导下建构起学校的励志教育思想体系，"以励志教育激发学生成长内动力"也成了学校特色教育的不懈追求和奋斗目标。

几年来，在励志教育思想的指导下，我校大胆创新、不断探索适合本校实际的富有鲜明特色的教育理念、方法和途径，形成了全方位、系统化、立体式的"五位一体"励志教育实践模式，进而形成了良好的校风、班风、教风和学风，学生得到了生动活泼的发展，学校获得了全方位的、超常规的、跨越式的发展。"五位一体"励志教育初见成效，有幸得到《中国教育报》《语言文字报》、广东电视台、《西江日报》等媒体的关注和报道。

2019年5月，由本人主持的广东省教育科学规划重点课题《山区中学励志教育模式研究》立项成功，并于2021年12月顺利结题。课题研究成果之一《打造励志教育品牌　实现学校高质量发展》案例入选教育部第二批"一校一案"落实《中小学德育工作指南》典型案例。本书正是课题研究成果的总结凝练，也是典型案例的具体实践展示。本书详细记录了我校多年来坚持开展"五位一体"的励志教育实验、点燃学生学习激情、激发生命潜能和内生动力、提升学校教育管理水平和教育品质的过程，并提供了大量生动的案例以供教育界同仁参考、借鉴。

本书有自己的心路历程记述，有实诚的探索和实践过程，有这些年来，我对教书、对育人、对励志的所思、所想和实践。全书自始至终得到周国强先生以及一中校友苏彩桃女士的精心指导与帮助！学校的班主任和老师为本书提供了大量的实践案例，付出了辛勤的专业劳动！广东人民出版社的编审与出版人员又进一步做了精益求精的工作。在此谨一并致以最诚挚的敬意与谢意！

学校教育是生动活泼、千差万别的，它是一群生命体从事创造性教育教学事业的过程，并在此过程中不断变化与糅合，生成新的力量和资源。如何通过学校"有形"的相关工作载体的运转，潜移默化地生成学校自身强大内生动力，实现学生成长、教师发展和学校成功，这是我们教育工作者一个长期而艰巨的课题①。因此，本书可能难以达到读者们所期望的治学高度，其中不乏稚嫩之处，恳请同行们雅正。

怀集县第一中学校长　欧阳资仁

2022年5月18日

---

① 路丹，李彦熙. 高职院校思想政治理论课程实施现状及对策——以柳州城市职业学院为例［J］. 高教论坛，2020（5）：108-110.

目 录
CONTENTS

第一章
全程励志　立德树人

习近平总书记说过："当代中国青年要自觉按照党和人民的要求锤炼自己、提高自己，做到志存高远、德才并重、情理兼修、勇于开拓，在火热的青春中放飞人生梦想，在拼搏的青春中成就事业华章。"他要求青年立鸿鹄志，做奋斗者，培养奋斗精神，不怕困难，勇于开拓，顽强拼搏，永不气馁。不难看出，习近平总书记寄予厚望的，能担当时代重任的当代青年应该是胸怀大志、意志坚强、不怕困难、勇于开拓、有奋斗精神的人才。[①]

① 杨帆. "三全育人"视角下高职护理专业学生心理健康教育创新策略［J］. 长江工程职业技术学院学报，2019，36（4）：26–29.

第一节
励志教育的必要性和重要性

一、励志教育是推动新时代教育高质量发展的要求

教育是民族振兴、社会进步的基石，是功在当代、利在千秋的德政工程。而培养什么人，是教育的首要问题，是每一个教育工作者必须深刻思考的问题。习近平总书记在全国教育大会上对新时代人才培养提出几点要求：要在培养奋斗精神上下功夫，教育引导学生树立高远志向，历练敢于担当、不懈奋斗的精神，具有勇于奋斗的精神状态、乐观向上的人生态度，做到刚健有为、自强不息。励志教育就是在"培养什么人，怎样培养人，为谁培养人"这项工作上下功夫。教育，不仅仅是教书、教学，更是育人，育人先育志。对于教师，要立德树人；对于学生，要立志成人。励志教育把时间还给学生，把能力还给学生，把健康还给学生，维护学生的自尊，增强学习的信心，养成良好的习惯，激发奋进的动力，改进学生的精神面貌。①

教育部在《关于全面深化课程改革　落实立德树人根本任务的意见》中指出："立德树人"的落实是新时期贯彻党的教育方针的时代要求，是发展中国特色社会主义教育事业的核心所在，是"十三五"时期提高教育质量的关键。励志教育提高德育工作的吸引力和感染力，增强德育工作的针对性和实效性，是落实立德树人的有效途径②。

---

① 刘胜利. 新时代教师培训，打造高素质教师队伍［J］. 河南教育（教师教育），2021（7）：30.
② 黄日暖. 在励志中弘毅：湛江市第十中学励志教育的思与行［J］. 广东教育（综合版），2018（7）：70—72.

教育部《中小学德育工作指南》是指导中小学德育工作的规范性文件，适用于所有普通中小学。德育工作重在落实。励志教育能很好地把《中小学德育工作指南》提出的"四个目标""五项内容""六大途径"落实到学校日常管理的各方面和各环节中，且极具可操作性。

党的十九届五中全会提出要建设高质量教育体系。"十四五"时期，我国教育进入高质量发展阶段。教育高质量发展的根本是学生的个性化发展。教育高质量发展的最终取向和落脚点是人的发展，是学生的发展。没有学生的发展，就不可能有真正的教育高质量发展，这也是励志教育的核心。学生天赋各异，禀性不同，爱好有别。每个孩子都是上帝的宠儿，都是不可复制的孤本。对于学生的发展，虽然既不能落下每一个学生，也不能让每一个学生掉队，但是不是要求每一个学生都考高分、都上名牌大学，也不是让所有学生都得到整齐划一的发展。手指有长短，黄鳝与泥鳅永远不可能扯一样齐。教育的高质量发展绝不是无视个体差异的"齐步走"，也绝不是不切实际的"一刀切"，而是尽最大努力实现学生的个性化发展。这就要求我们一方面要树立"只有差异，没有差生""只有不同，没有不好""只有可能，没有不能"的理念，坚持多一把尺子、多一些标准、多一份期盼、多一种等待，善待每一个学生；另一方面要坚持因材施教，尊重并珍惜每个学生的差异，注重并顺应每个学生的天性，发现并唤醒每个学生的潜能，激发并点燃每个学生的求知欲，给每个学生装上自主成长的发动机，让他们在潜移默化的生命成长历程之中找寻到最真实的自我，在通往成功的路上从容行走，成为更好的自己，成为他应该成为的人，成为适应未来社会需要的各种有用人才。[①]

二、励志教育是当代学生成长的营养剂

40多年的改革开放，给我们带来富裕的物质生活。但同时，社会上不少人沉迷于物质财富的追求，金钱物质至上，自私自利，缺乏社会责任感、远大

---

① 李绍伟. 论新时代思政课教师的乐为、敢为与有为［J］. 煤炭高等教育，2020，38（1）：35-40.

志向和精神追求，贪图安逸，受不了"心志"之苦和"筋骨"之劳，怕苦怕难等不良习气潜移默化影响着青少年学生，对学校教育造成了严重冲击。为此我们在强调学校规模建设、质量建设的同时，需要通过丰富多样的形式对学生开展理想教育、信仰教育、苦难教育、磨砺教育、艰苦奋斗精神教育，以此激励学生坚毅顽强、勇于战胜前进道路上的艰难险阻，激发学生刻苦学习，努力拼搏，自主成长。

励志教育是培养豁达宽容胸怀的需求。当代中学生独立意识较强，不管是学习还是生活方面，都容易过于关注自身而忽视周围的人和事，他们对生活和学习的态度不够洒脱和宽容，这既会影响同学关系和师生关系，也不利于自身的成长。培养学生豁达宽容的胸怀，既能与周边人建立友爱、信任的关系，也有利于磨炼面对挫折的意志力，养成"不以物喜，不以己悲"的生活态度。作为社会主义事业的建设者和接班人，既要拥有高尚的道德素养与良好的学识，也要拥有豁达宽容的胸怀。

励志教育是培养遇挫不折精神的需求。中学生心智仍然不是很成熟，特别是山区学校留守儿童少年较多，受多年留守成长的影响，他们在面对挫折和困难时容易产生消极情绪，缺乏遇挫不折的精神，一旦在困难面前退缩就可能碌碌无为甚至一事无成。所以在当代中学生的成长教育中有培养遇挫不折精神的需求，通过挫折教育让中学生用积极乐观的心态去正确认识挫折，避免困难与挫折给他们心理带来不良影响，并提升他们的挫折耐受力。

三、励志教育是学生成长成才的加油站

读书、学习，从来就不是一件轻松的事情，何况课堂很枯燥，考试更辛苦，非常容易半途而废，所谓"行百里者半九十"。因此，学生成长需要付出意志和毅力，学生成长过程需要不断地加以激励和鞭策、鼓劲加油。中学时段是学生管理难度最大、心理波动最多的学段，随着学习压力的增大、学习负担的加重，学生在成长过程中会产生很多困惑。这是最能考验一个人意志、毅力和信心的时候，有一个强烈的信念精神支撑、经常性的心灵励志鞭策，就会让学生蹚过人生瓶颈，在困惑面前不妥协放弃，最终在叛逆期里不迷失方向，走

向自我发展。

学校教育作为学生接受教育的主要组成部分，几乎占去了学生成长、进步的黄金时期，是学生良好品德、心智、能力形成的关键时期，是一场比较漫长的历练和修行，需要付出耐力和斗志。从教育学的层面理解，励志教育就像是高挂在目标高地的永不熄灭的灯塔，引导学生充分挖掘其自身的优势，激发其成长内生动力，促使其身心健康发展，养成优良品质，成就价值人生。①

特别是山区学校，励志教育更是山区贫困生成才的重要途径。全国优秀教师、云南丽江华坪女子高级中学校长张桂梅曾说："教育是阻断贫困代际传递的治本之策，只有把社会最基层的孩子们的潜能激发出来，让他们勇往直前、追求阳光，茁壮成长，才能真正实现扶贫先扶志的目标。"②

与经济发达地区相比，山区的教育水平、文化水平相对落后。学生基础知识、人生境界、理想追求都有较大差别，家庭、社会对学生成长、目标期待、情感格局的影响相当有限，很多农村孩子初中没读完就辍学，或务农，或外出打工，有些成绩好的学生也因为缺乏远大的志向和拼搏奋斗精神，早早离开学校，步入社会，成为少年农民工。造成这种现象的原因：一是缺少来自家庭的激励，这些家庭的孩子视野狭窄，缺乏自信，学习动力不足，年纪轻轻就想着出去打工赚钱；二是缺少来自学校的精神激励引导，学校理想信念教育不到位，学生普遍没有远大的志向和抱负，更没有拼搏奋斗精神，碰到一点困难就退缩不前；三是课堂教学模式陈旧，学生对学习缺乏兴趣和信心。原因虽然有很多，但最关键的是意志的缺失和毅力的失位，解决问题的关键在于从根本上解决"心"的问题，破解"志"的迷茫。山区学校普遍存在家庭贫困学生求学之路艰辛的状况，因此励志教育在培育学生成长过程中的"外因"价值就凸显出来。其实，每个人的人生道路上，都会有点磕磕绊绊、情绪起伏，只要正确认识、调整心态，把人生中的畏难情绪清空，就一定能够克服暂时的困难，找到那抹属于自己的希望之光。

---

① 李振宇. 略论高校思想政治理论课的诗意化教学［J］. 辽宁工业大学学报（社会科学版），2019，21（5）：131–133.
② 张乐平. 坚守立德树人，争做育人楷模［J］. 环球市场，2021（22）：184–185.

● 第二节
励志教育的基本范畴

一、励志教育核心概念

何为励志？

所谓励志，就是通过激励、鼓舞和唤醒等手段激发人们奋发向上的心志，激活人们的求知欲望，激励人们的奋斗意志，使其能够集中心思致力于求学、修身、养德、干事，从而达至生命价值。

何为励志教育？

励志教育，是指运用心理学、成功学原理和自我效能理论，通过系统的、科学的教育，唤起学生的自主意识和成就动机，激发和唤醒学生内动力，使学生树立正确的人生观、世界观和价值观，从"被成长"中产生生命自觉，让学生用自己的力量成长，最终达到成人成才的目的。①

二、励志教育"三理论"

积极心理学理论

积极心理学是心理学研究的一种新型模式，当然它是相对于消极心理学而言的。所谓的消极心理学主要是以人类心理问题、心理疾病诊断与治疗为中

---

① 盛芳．"立德树人"理念下的高校思政课改革创新［J］．文教资料，2021（3）：97-99.

心的，如在过去一个世纪的心理学研究中，我们所熟悉的词汇是病态、幻觉、焦虑、狂躁等，而很少涉及健康、勇气和爱与幸福。积极心理学的应用能够使励志教育的开展更科学、更系统，同时励志也是积极心理学研究的重要实证与印证。[①]

成功心理学理论

成功心理学最初于20世纪60年代诞生于美国，它的研究对象为人的心理现象和心理规律，研究内容为指导人们运用健康心态、积极行为而获取成功。成功心理学最核心的观点就是培养不间断的微习惯，最终达到成功的一种心理状态。成功心理学就是基于现状将成功分解到每一个小的步骤，并遵从无限逼近的方法，达到成功。而励志教育就是使受教育者充分挖掘其自身的优势，积极地开发与利用，以得到最大限度的利用，这正是遵循了成功心理学的原理。

教育即生长的教育理论

杜威提出"教育即生活""教育即生长"和"教育即为经验改造"，个体在改造经验时必须与生活结为一体，必须认识到个人成长的自然性。孩子们（学生们）本身就处于未长成的状态，也是生长的第一条件，那生长的意义又是什么呢？生长过程就是一个向着后来结果，逐渐往前发展的运动，一切向着未来发展的运动。而当前处于未长成的状态，同时也是指在未来有生长的无限可能性。在教学方法上杜威主张"做中学"，即儿童（学生）不从活动而由听课和读书获得的知识是虚渺的，这与我们所熟知的"绝知此事要躬行"是一样的道理，当我们在有意识地将理论知识不断地应用于实践，在活动或实践中践行真理时，良好的习惯便形成了，而习惯也恰恰是生长的具体表现，它是指能利用自然的环境，达到自己的目的的一种能力。教育的目的是个体在社会生活中与人接触、相互影响、逐步扩大和改进经验，形成道德品质和习得知识技能。因此如何创造激发继续不断生长的欲望，提供培养习惯的方法从而实现教育的真正价值，便是对教育即生长的最高追求。励志教育正是通过"教育生

---

① 余蓉. 努力建设全员育人的教育生态［N］. 湖南日报，2021-08-07（003）.

长"手段进行外在激励，不断使其转化为内在动力，使学生形成良好的心理品质、积极进取的学习要求和乐观开朗的生活态度。

三、励志教育"三原则"

全员育人

全员育人从广义上指由学校、家庭和社会以及学生组成的"四位一体"的育人机制。[①]从狭义上，全员育人要求全体教职员工都要成为"育人者"，共同参与教书育人、管理育人、服务育人，其一言一行、一举一动都要履行育人之责、产生育人之效，实现育人无不尽责的目标。

实施全员育人的目的，是动员全体教职员工的力量，整合各种教育资源，面向全体学生，把思想教育与知识传授相结合，共同教育与个别指导相结合，促进学生全面而有个性的发展。全员育人导师制的出发点在"全"。学校所有老师，无论是高考科目老师还是非高考科目老师，全部担任导师。一个"全"字，让每位老师都有牵挂的学生，有作为教育者的成就感和幸福感；让每个学生都有可以倾诉的老师，都有可以发光的机会。一个"全"字，让每个学生真正变成学校的主体，尤其让那些不太显眼的学生，也变成自己导师眼中的"重点"。担任全员育人的导师，贵在"随风潜入夜，润物细无声"，在学生成长成才"紧要处"施以启导、引导和指导，成为学生人生路上的"贵人"。[②]

全程育人

全程育人要求将立德树人贯穿教育教学全过程和学生成长成才全过程，实现育人无时不有。学生从初入校门到毕业，从每个学期开学到结束，从校园学习到寒暑假，从课上到课下，从线上到线下，"励志教育"贯穿始终，毫不松懈。

[①] 李守业，姚乐. "三全育人"视角下高校教师课外育人长效机制探析［J］. 科技视界，2016（7）：81-82.

[②] 张红霞. 用奋斗精神铸就青春底色［J］. 中国德育，2019（1）：1.

全方位育人

全方位育人要求将立德树人覆盖到课上课下、校内校外，实现育人无处不在。学校通过充分地利用、系统地设计多种载体开展育人工作，将育人工作渗透在校园文化、课程、活动、社会实践等方面，将显性育人与隐性育人相结合，有针对性地把德育渗透到学习、生活、社会实践等环节，以"励志教育"为引领，从课程、科研、实践、文化、网络、心理、组织、评价、服务、管理十大育人体系出发，引导学生树立正确的价值观，联合校内外力量，全面覆盖受教育者，一个学生都不能少，个性化育人，一把钥匙开一把锁。

四、励志教育"三内容"

一是明志，即明确志向。明志包括理想信念教育和认识自我教育。励志先立志。青少年要敢于有梦。"梦"是一种理想信念、一种美好的愿望、一种对人生的执着追求与进取。人有了梦想，才有前进的动力。志向的确立，需要认识自己。认识自己，找准目标，确立理想，才能超越自己！

二是笃志，即坚守志向。笃志包括阳光心态、自信自律、持之以恒、自立自强等教育。学生具有这些品质或心态才会用自己的力量成长，做到坚韧不拔，持之以恒，方能最终成功。

三是践志，即践行志向。可以用郑板桥的一首诗作为注解："咬定青山不放松，立根原在破岩中。千磨万击还坚劲，任尔东西南北风。"青少年要敢于实践，勤于圆梦。增强实现理想目标的行动力，在实践中提升自我；树立责任和担当意识，践行理想目标，担当有为，追求卓越，走向成功。

五、励志教育"三目标"

学生方面：开展励志教育，让学生树立远大志向，培育积极向上心态；培养学生具有崇高的历史使命感和社会责任感；爱党、爱国、爱人民；有较坚实的学科基础知识和解决问题的能力；诚实守信，身心健康；全面发展，学有特长；促进学生德智体美劳全面发展。

教师方面： 在励志教育模式指导下，教师积极参与，促进自身专业化成长，促使教师形成良好师德师风，并立志成为有理想信念、有道德情操、有扎实知识、有仁爱之心的"四有"好老师，成为塑造学生品格、品行、品位的"大先生"，当好学生学业乃至人生道路上的引路人。

学校方面： 通过实施励志教育模式进而形成良好的校风、班风、教风和学风，实现学校跨越式发展；加强德育特色学校的建设，全面提升教学质量，全方位推进素质教育，努力办成人民满意的教育。

● 第三节
"五位一体"励志教育的构建

一、何为"五位一体"励志教育？

"五位一体"励志教育是从教师到学生，从个体到群体，从课内到课外都在实施的全方位、系统化、立体式教育模式，即以励志校园文化为底蕴，以励志课程为支撑，以励志活动为载体，以小组管理励志导师制为途径，以励志榜样为标杆，激励学生敢于有梦，勇于追梦，勤于圆梦，培养有远大理想、有家国情怀、有坚强意志、有责任担当的时代新人。

二、励志教育"五方位"

文化育人：加强励志文化建设，营造积极氛围

文化是民族血脉、人民的精神家园。文化滋养心灵，文化涵育德行，文化引领风尚。现代学校的更高境界是"文化治校"，即以文化人、以文育人，发挥学校文化育人载体的作用，塑造学生良好的思想品质。怀集一中以打造励志文化品牌为突破口，不断完善校园文化建设，让励志文化成为师生的精神食粮，使校园焕发持续发展的生命力。

构建励志文化体系。2016年，我们以推进教育现代化和创建特色学校为契机，对学校的历史文化进行挖掘、梳理、整合、拓展和延伸，结合当下的教育新形势，重新提炼了"一训三风"，确立了"胸怀天下，砥砺前行"的办学理念和"传承赤足精神，打造励志教育"的办学特色，构建了新的励志教育文化

体系。

营造励志育人校园环境。学校坚持"环境育人"的理念，努力让学校的建筑场馆、道路广场、园林及人文景观的造型、命名等处处散发出励志文化的育人气息和内涵，使师生在潜移默化中受到励志教育的感染与熏陶。

营造励志育人文化氛围。学校进一步对学校的宣传进行研究设计，利用宣传栏、墙报、校园广播、国旗下讲话等宣传励志教育活动，宣传各类先进典型案例，使师生在耳濡目染中产生并保持积极进取的动力。

加强班级励志文化建设。学校制定《班级励志文化建设实施方案》，年级设立"光荣榜"宣传栏和年级"每周之星"，班级设立班级"每周之星"，教室内有励志名言标语、励志学习园地，激励学生奋发向上、充满斗志。

加强网络励志文化宣传。学校在公众号特开设"励志教育"专栏，加强对榜样的宣传报道，充分挖掘励志题材，及时报道励志教育活动。

加强"红色文化"教育。在充分挖掘原有的历史文化底蕴的基础上，学校还建设了中共怀集县委办公旧址纪念园，传承革命烈士胸怀远大理想、不怕牺牲、救亡图存的革命精神，将红色教育与励志文化深度融合，丰富励志教育文化体系。

课程育人：开设励志育人课程，增强育人实效

课程是实现育人目标的重要载体。怀集一中积极改革课程育人路径，开发并构建丰富多彩的励志课程体系，使教育教学行为对学生的成长效应相互贯穿、相互滋养、相互渗透，努力把学生培养成身心健康、励志向上、厚德至善的阳光少年。

学校立足实际，全面落实课程改革方案，构建励志教育校本课程体系，统筹推进，精准发力，取得了良好育人效果。以先辈创业和杰出校友奋发苦读、自强成才等事迹为素材，编写系列校本励志教材，如《自强不息，追求卓越》《励志人物读本》《赤足》《励志演讲汇编》等，对学生进行传统美德、意志品格、立志成才等教育；按照学校励志教育校本课程框架和标准，开展励志班会课和励志心理课，对学生进行爱国主义、社会主义核心价值观、习惯养成、坚强意志、前途理想等思想教育，培养学生自立自强的态度和积极乐观

的心理；推行基于问题驱动的"5+1"学案式励志课堂，充分发挥学生的主动性，激发学生的内驱力，培养学生的自主学习能力。

加强德育与学科渗透。学校充分发挥课堂教学的主渠道作用，将德育内容融合到各学科课程的教学目标之中，渗透到教育教学的全过程，让学生树立积极的人生态度，养成良好的行为习惯。

活动育人：开展励志育人活动，内化品质素养

活动是品德生成的有效途径，是学生成长最好的土壤。怀集一中精心组织主题化、系列化、生活化等系列励志活动，使学生的思想感情得到熏陶、精神生活得到充实、道德境界得到升华。

拓展励志教育活动。学校积极探索开展各种富有创意和激情的系列励志教育活动，培养学生刻苦学习、勤奋拼搏、自强不息、追求卓越的精神。开展励志讲堂活动，通过讲座、访谈、演讲等形式，帮助学生树立更加远大的人生目标，制定更加清晰的人生规划；开展各类社团活动，举行各类才艺大赛，让有不同兴趣爱好的人都有成长的平台，增强学生的获得感、成功感和幸福感。开展"传承红色基因、争做时代新人"系列教育活动，在学生中广泛开展党史教育、革命传统教育和爱国主义教育。深化中华优秀传统文化传承活动，使学生传承中华民族优秀传统文化、人文精神和传统美德，进而增强文化自觉、坚定文化自信。开展"劳动美"社会实践活动。学校开展形式多样的劳动教育实践活动，使学生树立"幸福都是奋斗出来的"思想，立志成为爱劳动、会劳动的高素质人才。

加大教育基地建设。学校加强校园诚信银行、道德讲堂、国防教育基地和县德育教育基地等特色育人阵地建设，使励志教育更深入地内化为学生的品质素养，外化为学生的行为习惯。依托"校园诚信银行"，记录学生各方面的诚信行为，用守信加分、失信扣分的方式，激励学生诚实守信、奋发向上；依托"道德讲堂"，宣讲各类道德先进事迹，进行以社会主义核心价值体系为轴心的道德文化建设，营造健康向上的人文环境，引领校园新风正气的形成；依托肇庆市国防教育训练基地，组织开展新生军训，进行校纪校规教育、国防军事教育、消防知识、技能培训和消防疏散演练等励志系列教育

活动，让新生在磨炼意志、强健体魄的同时，形成严格的纪律观念，树立高度的集体荣誉感。

协同育人：搭建社会育人环境，形成教育合力

家校社共育是新型的教育伙伴关系，多方参与有利于教育现代化生态共治，推动学校教育事业改革发展。学校非常重视并实施家校社协同育人，积极探索家校社融合共育的途径和方法，构建校内外育人共同体，合力培育自信与才学兼具的优秀学子。

学校以"老师就在我身边"为主题，常态化开展加强家校联系"七个一"行动，从每学年、每学期、每个月、每一周、每一天等多个维度，用心用情用功做好家校联系工作，继续构建完善家庭、学校、社会"三结合"工作网络。学校通过家长委员会、家长学校、家长会、家长信、家访等形式，帮助家长树立科学的教育观念，掌握正确的教育方法，提高家庭教育指导的针对性和实效性，大力营造全社会关心关爱未成年人健康成长的社会氛围，促进家庭教育、学校教育、社会教育有效衔接，实现全员、全方位育人。

管理育人：推行小组管理励志导师制，创造求知佳境

优良的教育模式需要一种先进的管理制度来匹配。学校以务实、细致、认真的态度，落实和开展各项德育常规工作，学校各项工作都有严格的管理制度，坚持以人为本的思想。

对于老师管理学生，怀集一中一边既全面推行"小组管理励志导师制"，保证导师对学生的三年成长进行全方位的指导和跟踪，一边又鼓励教师每周组织育人小组开展谈心谈话等活动，对学生施以全员化、个性化、亲情化的励志教育，让每一个老师都成为学生的成长导师，让每一个学生都能在导师的引导下健康成长。

除了"一对一"的励志教育模式，学校也有开展励志讲堂活动这种多人学习的模式。讲堂旨在通过讲座、访谈、演讲等形式，对学校广大学生开展具有贴近性、实效性的励志教育，激发学生积极追求上进的内在驱动力，帮助他们树立更加远大的人生目标和制定更加清晰的人生规划。

　　此外，在学生自管方面，学校更是创新性地提出了学生自管小组这样的方案。学生自管小组是学生自我教育、自我管理、自我服务的学生组织。年级学生自管小组成员由班主任推荐、年级组资格审查产生，年级自管小组成员为年级学生干部。年级自管小组在年级组的指导下，本着"全心全意为同学服务"的宗旨，协助年级组参与年级管理工作。年级自管小组的核心工作为：通过对年级各班的读书氛围、自习纪律、清洁卫生、班容班貌的评分进行年级管理工作。年级自管小组的评分分数是年级优秀班级评比的依据，也作为班主任工作考核的重要参考依据。年级自管小组对维护校规校纪，倡导良好的级风、学风，协助年级建设良好的学习秩序，优化同学们的学习、生活环境具有非常积极的作用。

第二章

文化励志 环境育人

校园文化是师生不断进取拼搏的精神源泉，在创造良好育人环境、教育培养学生中发挥着导向、熏陶、激励、启迪、规范、管理等功能和作用。

班级文化是班级生存与发展的动力和成功的关键，它对学生的熏陶潜移默化，具有无形的影响力量。

红色文化是学校励志教育的重要文化依托。红色文化作为中国共产党伟大革命精神的精髓，资源丰富、真实感人、价值永恒，对于提升学生的道德修养、培育学生的艰苦奋斗意识、强化学生的崇高理想信念、培养学生的爱国主义精神、塑造学生的集体主义价值观、培养学生积极心态等有着十分重要的作用。[①]

环境是育人的隐性课堂。校园环境是学校育人的一个重要组成部分，它在学校教育教学活动中发挥着特殊的作用。励志教育自然要在校园营造一种能激发学生积极进取、奋发向上的环境氛围。

---

① 欧阳国亮. 试论班级文化建设的原则与策略［J］. 新教育（海南），
2019（8）：84-86.

第一节
励志校园文化

　　校园文化是指在一定的校园内，以校内师生为主体创造并共享的校园精神环境与文化氛围，是体现学校的精神内涵和反映校风校貌的综合指标，它包括校园物质文化、精神文化和制度文化三个层面。励志校园文化是指构建以励志为主要因素的校园文化，即在校园文化建设中把励志校园文化作为校园精神文化建设的核心和灵魂。①

　　校园文化是学校可持续发展的动力，是学校综合办学水平的重要体现，也是学校办学特色的体现，更是学校培养适应时代要求的高素质人才的内在需要。怀集一中以"优化、美化、净化"校园文化环境为重点，以"红色一中、励志一中、魅力一中"为发展目标，打造能体现学校"胸怀天下，砥砺前行"的大胸怀、大格局教育理念，能促进学生健康成长和教师专业成长，能为学校的可持续发展奠定基础的励志校园文化。

一、励志校园文化的特征

　　励志校园文化有以下几个特征：

　　一是育人。励志校园文化突出的特点就在于它是一种无形的精神力量，它在潜移默化地影响、同化着校园中的每一个个体，每个人都在自觉与不自觉中接受着校园文化的熏陶。学生长期置身于这种学校文化所形成的浓郁的氛

---

① 关世民. 我国中小学校园文化建设问题与对策研究［D］. 华中师范大学，2003.

围之中，会不自觉地形成奋发向上、博学多才、兴趣广泛、品德高尚、关爱他人、责任感强等文化意识和健康品格[①]。

二是激情。励志校园文化有一种催人奋进的积极作用。励志校园文化重在引领师生的精神风貌、关注师生心理状态，是一种昂扬的斗志，是一种火热的激情，是一种对未来充满无限向往的精神风貌。励志校园文化重在导向师生对崇高理想的执着追求，对祖国对人民的责任感和使命感，可以激发每位老师旺盛的工作热情和学生高涨的学习热情。

三是力量。校园文化不管在内容上还是形式上，都是一种教育力量，在很大程度上，规范着师生的思想动态，制约着师生的行为方式。励志校园文化能够产生鼓舞人向上的精神力量，这种力量能极大地促进人的想象力和创造力，激励着教师和学生的工作和学习，产生极大的推动力。

二、建设励志校园文化的措施和策略

（一）发挥校园物质文化感染和熏陶作用

校园物质文化主要指通过校园环境建设所形成的育人氛围，是校园文化最外在的表现和标志。环境是育人的隐性课堂，在学校教育活动中发挥着特殊的作用。建设励志校园文化要重视并营造富有激励精神的校园文化环境来熏陶学生，让学生经常得到鼓励，保持强烈的成就动机和成功要求。

怀集一中充分利用校园的每个角落，创设励志教育的文化氛围，让学生只要身处校园，就能时时处处都接受到文化物象"润物无声"的熏陶教育。

宽敞明亮的校史室，是有着历史厚重感的励志大课堂，在这里可以了解一中历史，理解一中文化，领悟一中的赤足精神，接受历史文化的熏陶和激励，在悠长的历史长河和丰富的史实素材面前，母校传承优良传统的自豪感和榜样震撼感油然而生，并在心底迸发出拼搏奋进的巨大

---

① 欧阳资仁. 以励志教育激发师生成长的内动力［J］. 教学管理与教育研究，2021（10）：122-123.

动力。

校门口广场的圆环主题雕塑《锤炼》，是怀集一中"赤足文化"与"励志教育"的集中彰显。

"博学路""励志路""笃行路""明德楼""博学楼"和"励志楼"，这些以校训命名的校道和教学楼，以及各教学楼上铭刻的一训三风，无一不彰显着学校的办学理念和办学特色。

楼道、班级、走廊，以"赤足"为核心精神的励志标语和班级名片，振奋人心，润泽心灵。

校道旁、草坪里，历届毕业生捐赠的人文景观石"传承""砺""志""美""德"，意蕴丰富，启迪智慧。

怀集一中校园里的每一条路、每一面墙、每块顽石、每个角落都是一部部活生生的励志教科书，让学生随时随地受到熏陶与感染。

（二）发挥校园精神文化凝聚和激励作用

校园精神文化是校园文化建设的核心内容和发展动力，包括办学精神、办学理念、办学特色、校训、校风、教风、学风、校歌等内容。良好的精神文化是一种无形的力量，能够增强集体凝聚力，激励学生健康成长，推动学校的办学水平和教学质量稳步提高。

1. 办学精神

办学精神即学校精神，是学校群体在长期的教育教学实践中积淀起来的、共同的心理和行为中体现出来的理念、价值体系、群体心理特征及精神价值传统。这种精神是学校办学传统与办学经验的文化积淀，植根于其悠久的历史进程与深厚的校园文化内涵之上，是全体师生认同的一种群体意识，是学校的一种"教育场"，学校的"精、气、神"。它赋予学校特有的个性魅力，是学校群体凝聚力、向心力和战斗力的"核动力"[1]。

---

[1] 王超. 做面向未来的教育——河南省郑州市第三中学德育工作纪实［J］. 教育家，2017（2）：58-59.

怀集一中的办学精神：赤足精神

百年老校怀集一中创建之初，正值内忧外患，国难当头，为救民于水火，解民于倒悬，学校师生一边坚持上课，一边开展抗日救亡活动，抛头颅，洒热血，涌现了许多可敬可爱的革命先烈，留下了许多可歌可泣的动人事迹，形成了优良的爱国传统。1940年，为了改善办学设施，校长邓罕孩号召师生不穿鞋，或穿草鞋，把连续3年节省下来的钱捐出来兴建科学馆，称之为"赤足科学馆"，这种不畏艰苦、"赤足"办学的奋斗精神从此成为学校的精神核心，支撑着学校一路前行，怀集一中也由县城东北角的一座破庙日益发展壮大，发展成了县、市的重点中学。100年来学校发扬"赤足"办学精神，不畏艰辛、励精图治、改革创新、追求卓越，培养了不少党政军领导、科技精英、文化名流、商海奇才，为社会各行各业输送了一批批的优秀人才。

2. 办学理念

办学理念就是围绕着"办什么样的学校"和"怎样才能办好学校"这两个核心问题，经过长期的理性思考及实践所形成的思想观念。它是学校生存的理由，前行的动力，发展的目标，是一所学校的灵魂，是引导与规范学校办学者、全校师生行为的精神力量所在[①]。

怀集一中的办学理念：胸怀天下，砥砺前行

这一办学理念来源于怀集一中"赤足办学，砥砺前行"的办学历程，体现了"兴教救国，启智育贤"的建校初衷。一中建校之始，正值内忧外患，国难当头，一中人胸怀天下，兴教救国，筚路创业，历经风雨，自强不息，砥砺前行。"胸怀天下，砥砺前行"承载着一中百年的辉煌灿烂历史，融入了"培养德智体美劳全面发展的中国特色社会主义

---

① 王超. 做面向未来的教育——河南省郑州市第三中学德育工作纪实［J］. 教育家，2017（2）：58-59.

合格的建设者和接班人"的育人宗旨，寄托了学校对莘莘学子的殷切希望，它将激励着一中学子志存高远，把赤足精神根植于内心深处，无畏艰难困苦，自强不息，追求卓越，不断超越自我，不断向前进步。

3. 办学特色

办学特色是学校在全面贯彻国家教育方针的前提下，根据自身的传统和优势，运用先进的办学理念，在长期的办学实践中逐步形成的教育思想、培养目标、教育管理、课程内容、师资建设、教学方法以及学校文化、环境、设施等多方面综合的办学风格和特征。它是学校在实施素质教育中所表现出来的独特的、优化的、稳定的并带有整体性的个性风貌[①]。办学特色是一所学校在长期教育实践活动过程中所创造和积淀下来的一种办学风格和文化传统。

怀集一中的办学特色：传承赤足精神，打造励志教育

此办学特色是基于对教育规律和学校实际的正确认识而作出的精准定位。百年老校深厚的历史底蕴、优良的革命传统和无畏艰难困苦的"赤足"精神，支撑怀集一中走过了百年历程，并取得辉煌成就，这是学校的历史优势，也是现代教育所需的励志教育材料。因此，学校从历史优势和学生主体出发，充分挖掘百年老校的历史文化底蕴，确立了"传承赤足精神，打造励志教育"的办学特色，致力于打造既有百年老校底蕴又有时代特征的励志教育，让学生在励志教育中磨砺坚强意志，养成健全人格，成长为时代创新英才。

4. 校训

校训是广大师生共同遵守的基本行为准则与道德规范。它既是一所学校办学理念、治校精神的反映，也是校园文化建设的重要内容，是一所学校教风、学风、校风的集中表现，是学校文化精神的核心内容。

---

① 张熙. 枣形模型：学校特色建设的路径与方法［J］. 中小学管理，2011（3）：25-28.

怀集一中校训：明德、博学、笃行

此校训内涵丰富，各个部分相对独立，具有各自的特定内涵；又相互统一，构成包括德才兼备、知行合一的完整思想体系，能彰显学校教育的办学特色。

"明德"，典出《礼记·大学》："大学之道，在明明德。"意为学校的宗旨在于弘扬光明正大的品德，使人达到最完善的境界。

"博学"，典出《礼记·中庸》："博学之，……"意为广泛地学习、吸收各种学问，达到学识渊博之目的。

"笃行"，出自《礼记·儒行》："博学而不穷，笃行而不倦。""笃"，即忠贞不渝，踏踏实实，坚持不懈，充实而有恒。"笃行"是为学的最后阶段，即要努力践履所学，做到"知行合一"。

5. 校风

校风即一所学校的风气。校风是在共同目标指引下，经过学校全体成员长期的努力而形成的一种行为风尚，是师生的思想、道德、纪律、作风以及治学态度和精神风貌的综合反映和外在表现[1]。良好的校风具有对学校成员内在动力的激发作用，催人奋进。励志校园文化建设需要培育勤教乐学、积极向上、自强不息、进取创新的校风。

怀集一中校风：自强不息，追求卓越

"自强不息"语出《周易》："天行健，君子以自强不息。"意思是万物在不停地迅速变化发展，君子要像天一样，力求进取，发愤图强，永不停息。一中学子亦如此，赤足精神激发奋斗激情，敢于追求，勇争第一，事事高标准、严要求，坚持不懈地奋发图强，通过学习，努力成长为高品质的时代新人。

---

[1] 陈璐. 高校思想政治教育隐性课程资源开发与利用的策略研究［D］. 重庆交通大学，2011.

6. 教风

教风是教师在长期教育实践活动中形成的教育教学的特点、作风和风格，是教师道德品质、文化知识水平、教育理论、技能等素质的综合表现[①]。教风问题直接影响教学质量，影响学生的健康成长，影响人才培养目标的实现。

怀集一中教风：修身立德，乐教善导

古人说"师者，所以传道授业解惑也"，当代教育家陶行知说"德高为师，身正为范"，可见，教师作为"传道授业解惑"者，应该是一个品德高尚的人。要传道育人，教师首先得正身，孔子说"其身正，不令而行；其身不正，虽令不从"，所以教师要加强学习，严格要求自己，在物欲横流的大千世界，面对诸多诱惑能耐得住寂寞，守得住清贫，树立高尚的道德情操和精神追求，保持强烈的事业心和责任感，热爱本职工作，保持工作热情，以自身的学识魅力、道德魅力、人格魅力去影响、引导学生学会学习，学会做人。

7. 学风

学风从狭义上讲就是学习风气，是学生在学习、生活、纪律等方面综合风貌的集中表现；从广义上讲，学风也包括教风，是一所学校的治学精神、治学态度和治学原则。

怀集一中学风：崇善求真，乐学多思

"崇善求真"，其内涵是"注重善行，完善人格；崇尚科学，追求真理"。"真"和"善"是教育的出发点，也是归结点。教师的教，学生的学，目的在于明德、至善、求真。教育家陶行知也说"千教万教教人求真、千学万学学做真人"，为了达到"明德、至善、求真"境界，

---

① 邓向群. 隐性德育视角下中学校园文化建设研究［D］. 湖南：南华大学，2013.

学生首先要"崇善",也就是要注重善行,完善人格,先让自己成为具有善良品性的人,然后学习知识,追求真理,再谋求成才、成功之路。有了"崇善求真"的内在驱动力,在"赤足"精神的鼓舞下,在励志氛围的熏陶下,一中学子点燃激情,热爱学习,勤于思考,善于发现,在求取知识、追求真理的路上快乐前行。

8. 校歌

校歌是一所学校反复锤炼代表该校风貌的歌曲,是学校办学理念、校园精神和学校特色的集中体现。校歌是校园精神文化的重要组成部分,常常是一个学校对内的号召和激励,对外的形象展示和宣言,它反映的既有办学者与教育者的理想、要求、愿望,又有受教育者的感受、追求和成长心声,它在激励学生成长、凝聚学校精神、推动校园文化建设等方面发挥着重要作用。学校重要庆典活动或集会上,全校师生齐唱校歌,更能起到明责、励志、抒情、奋进的教育鼓舞作用。[1]

怀集一中校歌:《让我们的理想绽放光彩》

让我们的理想绽放光彩
(怀集县第一中学校歌)

袁煦颖 词
阎 艳 曲

1=D 2/4 朝气蓬勃地 稍快

迎着 塔山 的 朝阳 带着 绥江 的

---

① 王超. 做面向未来的教育——河南省郑州市第三中学德育工作纪实〔J〕. 教育家,2017(2):58-59.

$2\ \underline{5}\ 0\ \underline{6\ \dot{7}}\ |\ \underline{1\ 1\ 1}\ \underline{1\cdot1}\ 3\ |\ 2\ -\ |\ 2\ 0\ \underline{3\ 4}\ \underline{5\ 5}\ 6\ |\ \underline{5\ 3}\ 0\ \underline{3\ 5}\ \dot{1}\cdot\dot{7}\ 6\ -\ |$

激情 我们 相聚在 怀集一 中　　在这 美丽的 校园　辛勤的 园丁
　　　　　　　　　　　　　　　　　　　　　　　　纯真的 同学

$\underline{4\cdot4}\ \underline{4\ 2}\ |\ \underline{6\ 6}\ \underline{6\ 7}\ 5\ -\ |\ 5\ 0\ 5\ |\ \underline{\dot{1}\ \dot{1}}\ \dot{2}\ \underline{\dot{3}\ \dot{7}}\ \underline{6\ 5}\ |\ 6\ -\ |\ 6\ \underline{4\ 3}\ 2\cdot\dot{6}\ |$

谨教 善导 挥洒才 情　　用 智慧的 火花点 亮　　点 亮
志存 高远 放飞梦 想　　让 青春的 思绪插 上　　插 上

$\underline{\dot{1}\ \dot{1}}\ \underline{\dot{7}\ 6}\ |\ 5\ -\ |\ 5\ 0\ 5\ |\ \underline{\dot{1}\ \dot{1}}\ \dot{2}\ \underline{\dot{3}\ \dot{7}}\ \underline{6\ 5}\ |\ 6\ -\ |\ 6\ \underline{4\ 3}\ 2\cdot\dot{6}\ |\ \underline{7\ 1}\ 2\ 0\ 2\ |$

心　灯　　像 蜡烛般 燃烧自 己　　奉 献风华 岁月温 暖
翅　膀　　像 金燕般 翱翔蓝 天　　一 路高歌 奋进抒 写

$\underline{\dot{7}\ \dot{7}}\ 5\ |\ 1\ -\ |\ (\underline{0\ 1\ 2\ 3}\ |\ \underline{4\ 3\ 4\ 5}\ |\ \underline{6\ 5\ 6\ 7})\ \dot{1}\ |\ \dot{1}\ \dot{1}\ |\ \dot{1}\ \dot{1}\ \dot{2}\ \dot{3}\ |\ \dot{2}\ \dot{1}\ \dot{1}\ |\ \dot{1}\ -\ |$

学子 胸怀　　　　　　　　　来 来来　来来来 来来来
人生 风采

$\underline{6\ 6\ 6\ 6}\ |\ \underline{0\ 6\ 7}\ \dot{1}\ |\ \dot{7}\ \underline{6\ 5}\ |\ 5\ -\ |\ \dot{1}\ \dot{1}\ |\ \dot{1}\ \dot{1}\ \dot{2}\ \dot{3}\ |\ \dot{2}\ \dot{7}\ \dot{7}\ |\ \dot{7}\ -\ |$

琅琅的 书声　是我们 的 宣言　　来 来来　来来来 来来来

$\underline{6\ 6\ 6\ 6}\ |\ \underline{0\ 6\ 7}\ \dot{1}\ |\ \dot{1}\ \underline{6\ 2}\ |\ 2\ -\ |\ \dot{2}\ 0\ |\ 3\cdot\underline{3}\ 6\ |\ 5\ 0\ |\ \dot{1}\cdot\dot{7}\ |\ 6\ 0\ 3\ |$

茫茫的 学海　是我们 的 乐园　　培 育英才　报效祖 国 让
　　　　　　　　　　　　　　　　立 志成 才　报效祖 国 让

1.

$2\ 2\ 2\ 2\ 3\ |\ 4\ 4\ 6\ |\ 5\ -\ |\ 5\ 0\ 5\ :\|$

我们 的理 想 绽放 光 彩　　　　5 0 5
我们 的理 想 绽放 光 彩

2.

$2\ 2\ 2\ 2\ 3\ |$

我们 的理 想

$4\ 4\ 6\ |\ 5\ -\ |\ 5\ 0\ |\ 7\ 5\ |\ \overset{\frown}{\dot{2}}\ 3\ |\ \dot{1}\ -\ |\ \dot{1}\ -\ |\ \dot{1}\ -\ \|$

绽放 光 彩　　　　绽 放 光　彩
绽放 光 彩　　　　绽 放 光　彩

怀集一中校歌歌词释义

一、歌词主题

歌颂怀集一中老师为"培育英才，报效祖国"这一理想而"谨教善导，挥洒才情"、无私奉献的崇高风范；表现怀集一中学子为"胸怀天下，砥砺前行"的理想"志存高远，放飞梦想"、"抒写人生风采"的拼搏精神，并且坚信师生的理想会"绽放光彩"。

二、歌词结构

整首歌词分两段。

第一段：

歌颂怀集一中"辛勤园丁"。他们遵循"乐教善导"（教风）的优良传统，在教书育人的岁月中，挥洒自己的"才"（才华）和"情"（爱心），像拨亮"心灯"那样开启学生的聪明才智。我们可敬的老师为了学生的成才，奉献自己的"风华"（正茂）般的青春岁月，像蜡烛那样燃烧自己，用自己的爱心去"温暖学子"的情怀，照亮他们人生前进的道路。最后点题，我们老师的"理想会绽放光彩"。

第二段：

表现怀集一中"纯真同学"（个性）。他们"志存高远，放飞梦想"，爱好学习，善于"思绪"（想象）。他们壮志凌云，就像"金燕"（怀集县桥头的金燕）那样"翱翔蓝天"，勇敢地搏击风雨，"高歌奋进，抒写人生风采"（追求）。最后点题，我们学生的"理想会绽放光彩"。

三、歌词关键词

此歌词点明了怀集一中所处和地理位置——"塔山、绥江、金燕"的所在地，写出了怀集一中的校园环境特征——"美丽的校园"，写出了怀集一中的教风——"乐教善导"，写出了怀集一中教师的教学风格——"挥洒才情"，写出了怀集一中学子的学习风采——"金燕翱翔蓝天"。

四、运用修辞手法

运用了比喻、拟人、对偶、对比、反复等修辞手法。

（三）发挥校园制度文化规范和约束作用

学校的制度文化具体包括规章制度、管理条例、领导体制、检查评比标准、学生手册，以及各种社团和文化组织机构及其职能范围等。制度好比催化剂，可以规范人们的言行，帮助人养成良好的习惯，促进人的健康成长。学校将制度建设作为校园文化建设的重要内容，不仅仅是约束人们的一项措施，更是让师生在参与制订和执行制度中得到教育，得到激励。励志教育要求校园制度文化建设要充分体现对教师的激励和对学生的关爱，对学生的教育和引导，关注学生成长的过程，体现对学生自主性的调动发挥[①]。当然，学校规章制度的形成是一个动态的过程，需要通过实践来不断加以检验，不断修正完善。

学校的制度文化建设应该体现学校的办学理念。只有当理念体现在制度上的时候，才能产生稳定性和可持续性。学校的制度文化建设最主要的体现是同一性、包容性和调适性的统一，学校制度应该遵循这三者的协调和互补。制度建设要体现同一性，也就是学校大多数人都能认同和遵守。要完善学校教师的道德规范，引导学生遵循行为准则，还有其他的一些需要共同遵守的规则。包容性是在这个前提下，也要体现尊重个性，尊重人的不同观点，尊重人的多样化发展。同时，要在矛盾出现的时候，善于调适和化解，从而不使矛盾激化。

怀集一中制度文化建设体系

一是以质量为核心，形成和实施全面质量管理制度；

二是以激励为导向，形成和实施教职工奖励分配制度；

三是以发展为目标，形成教师专业化发展制度；

四是以规范为坐标，形成和实施教学管理制度；

五是以校本为基础，形成校本教研制度；

六是以成长为指引，形成和实施学生教育制度。

---

① 陈艳，周易. 校园品牌文化建设实践探索——以绵阳职业技术学院为例［J］. 品牌研究，2019（20）：92-94.

● 第二节
励志班级文化

　　班级是学生们成长发展、努力进取的优良场所，也是校园文化建设的重要阵地。班级文化是一个班级的灵魂，是班级环境、班级氛围、班级愿景、班级意志、班级精神、班级形象的综合反映，也是班级理念的载体。它是班级生存与发展的动力和成功的关键，它对学生的熏陶潜移默化，具有无形的影响力量。创建励志班级文化就是要凸显和体现班级文化的励志作用，让学生在励志班级氛围中心情愉快、不断进取，最终使学生健康成长，终身受益。

一、营造积极向上的励志班级文化环境

　　班级文化环境即班级物质文化，它是看得见、摸得着、静态的班级文化要素。班级文化环境一定程度上是班级精神文化的反映与体现。学生在优美、向上的班级环境里学习生活，身心会受到强烈的感染和熏陶。"最好的班级环境是由师生一起创造的"，教师要和学生一起参与班级环境的建设，使班级真正成为感化人、陶冶人、濡染人、激扬人的地方。我们可以从班牌、班徽、班旗、标语、板报、梦想墙（目标墙）、荣誉角、风云榜图书角、绿色走廊、宿舍文化等方面营造励志班级文化环境。

（一）励志班牌

　　教室门口设置班牌。班牌不仅仅是标志牌，我们可以让它成为班级奋进

的能量源。一般来说，班牌上会有班名、班主任照片和班级集体照、班级目标、班级口号、班主任寄语等内容。班牌内容应由师生共同讨论而定。因为全员参与、共同讨论的过程，就是一个树立班级目标、形成班级精神、凝聚班级力量的过程。

励志班牌设计方案

设计说明：

班牌尺寸：0.74m×0.90m

设计的意图：

（1）突出七要素：班名、班主任、班长、班歌、班级口号、班级目标、班主任寄语（其中班名要非常醒目、一目了然，其他内容合理布局即可）。

（2）班主任是班级管理者，起到引领作用；班长是协助班主任管理好班级的得力助手；班名是非常重要的，起名要慎重，一旦确定就要沿用三年，并且它与班歌、班级口号、班级目标和班主任寄语紧密相连，在班主任寄语的激励下，我们唱着班歌，喊着班级口号，一步步实现我们的班级目标。从这些要素里面我们可以看出要打造一个什么样的班集体，该如何打造。

（3）两张照片：一张是班主任照片，一张是集体照。这两张照片必不可少，班主任是引领整个班集体的核心，在班主任的带领下齐心协力，共创佳绩，这也是一中师生凝聚力的体现。

（本设计方案由怀集县第一中学程林提供）

（二）励志班徽

班徽，是一个班级的标志，反映了一个班级的特点，能够成为一个班级风貌的象征；班徽好比一个班级的形象代言人，它代表了一个班级的精神风貌和班级文化特色。设计励志班徽，可以增强班级的凝聚力，丰富班级的文化生活，提升学生的审美品位，激励学生奋发向上。励志班徽设计要求做到给学生积极、健康的心理暗示，激发学生向上的动机，彰显班级的特色，给人以美的视觉享受。

图2-1 怀集县第一中学八年级A11班班徽

班徽解说：

班徽上面闪闪发亮的是班级名称：卓越班。班徽左右两侧是"勤学苦练，合作无间；团结友爱，样样厉害"，这是班级口号。

图中的帆船迎风破浪，寓意A11班不惧风雨、乘风破浪、一往无前的进取态度。即使进取之路充满各种困难险阻，也阻挡不住前进的方向，总有一天，必定到达成功的彼岸。帆船上的两张帆呈相依偎的"11"，又呈字母"A"状，代表班级A11班，同时又寓意着A11班师生互相依靠，团结一致，乘风破浪向前进！

班徽展示位置：

（1）手工制作的班徽（最好是手工制作，并且能突出各个要素的层次感或者立体感），贴在教室前门励志班牌的正上方即可。

（2）班徽电子版的展示，使用更广泛，凡是有关班级的大小事务，在做电子材料的时候都可以把班徽插入到文档的抬头位置。

班徽展示效果：

（1）张贴在教室前门的效果：一抬头就能看见，一目了然，对班徽所传达的精神，以及班级的目标引领等，能起到一个潜移默化和激励的作用。

（2）应用于班级事务各种电子文档的效果：比如班服的设计、主题班会、班级表扬、座位表、公告、诚信材料等，可以达到随处可见班徽，让学生产生一种自豪感和潜移默化的作用，要求每个学生看到班徽都能诠释班徽的内涵，从而起到自我激励的作用。

（本设计方案由怀集县第一中学陈晓帆提供）

（三）励志班旗

班旗是班级的一种标志，能展示一个班集体的精神形象。在各种场合展示使用班旗，有助于同学们对班级产生认同感和自豪感。班旗由同学们自己设计、制作更有助于激发学生的创造力，增强班级的凝聚力，增进学生间的了解和信任。

班旗设计方案

班旗尺寸：

旗帜1.92m×1.28m；旗杆2.5m。

班旗底色：

红色、蓝色、黄色（建议七、八、九年级，每个年级一种颜色）。

班旗图案：

有校徽、校名、班徽、班名和班级口号等内容。

班旗寓意：

班旗是每个学生心目中一面必不可少的旗帜。班旗所到之处，体现了一个班的精神风貌和班级凝聚力，能起到引领作用。

班旗使用情况：

课间跑操的时候，各班旗手扛着班旗跑在最前面；班级、学校开展活动的时候，比如校运会、外出研学、社会实践或者参加公益活动等，经常使用。

（本设计方案由怀集县第一中学程林提供）

（四）励志标语

教室标语要有励志、悦心、醒脑的功效，即用积极的语言催人上进，用温暖的话语暖人心脾。教室的前后、黑板两侧都可以精心设计出较好的标语。班主任可组织全班同学共同设计和投票选出最合适、最能激励全班同学的"励志语",作为本班教室固定标语。教室也可以设置流动标语栏,每天一条"励志心语"在黑板的左上角或右上角展示,学生就都能看到,时时提醒自己,激励自己,规范自己,跑操时励志语可作为口号,上课起立之后励志语可作为振奋班级精神的诵读材料。

(五)励志板报

班级板报是一种主题鲜明、内涵丰富、形式活泼的班级文化,是教室面积体量最大、同学们喜闻乐见的班级文化形式。在教室后墙设置励志板报。"励志板报"改变全校"定题式"黑板报模式,让黑板报成为宣传班级的"励志班刊"。每月出两期班刊,内容可以是身边榜样事迹、班级正能量事件、校长或班主任寄语等,可以激发斗志,培养情操。"励志板报"由班干部策划,向全班征稿。

(六)励志梦想墙(目标墙)

全班每一个学生把自己的梦想或者目标写在纸条上并张贴在教室墙壁,设计成"梦想墙",提醒自己加倍努力朝自己的目标前进。每学期开学第一周引导学生设定第一次月考的目标,第一次月考结束后认真分析目标的达成情况,分析总结并设定第二次月考的目标,每一次考试学生都要结合自身实际设定目标,并用便笺纸张贴在目标墙。学生心中有目标,学习就有方向,才能不断通过努力去实现自己的目标。目标墙有利于增强学生的目标意识,起到激励作用。

(七)励志荣誉角

主要放置本班级在各级比赛中获得的荣誉、班级内部活动等个人荣誉内容。"荣誉角"主要放置本班级在各种评比中获得的奖状。班主任要经常引领全班学生去回味获得奖状的过程,激发他们的集体荣誉感,激励他们一起努力争取更多的荣誉。

（八）励志风云榜

教室里设置班级风云榜，总分前10名和单科成绩前3名者在"风云榜"上有名；设置"进步之星"专栏，鼓励进步学生；设置"励志之星"专栏，激励学生向榜样学习。

励志之星专栏

七B1　邓亦富

取得的成绩：

2020年11月，被怀集县教育局授予"怀集县优秀少先队员"称号；

2020年11月，被怀集县第一中学授予"学习标兵"称号；

2020年12月，在"科技托起强国梦"征文比赛中获得怀集县第一中学二等奖；

2021年1月，被怀集县第一中学授予七年级"十大学习标兵"称号；

2021年2月，被怀集县第一中学授予"诚信明星""三好学生"称号和"成绩优秀奖"。

励志事迹：

邓亦富同学，现就读于广东省怀集县第一中学七年级（B1）班，担任班长，是班主任的得力助手。他能在学习方面取得优异成就，除了老师的教导外，也离不开自身对学习的独特见解。他认为，真正的知识并不是硬邦邦的，它们取之于生活，贴近实际，是鲜活的、有趣的。真正的学习应该是知识思考发自内心的共鸣，欣然地接受，并不是老师的强行灌注与自己的死记硬背。只要能对所学知识真正地理解、贯通和运用，取得理想的成绩就如探囊取物般简单。

邓亦富同学的学习成绩还源于他的"狠"劲。他总是说："总会有人成功的，那为什么不能是我呢？总会有人比我更努力，那我为什么不能付出双倍、三倍、十倍甚至百倍的努力？不把自己逼到绝处，又何谈置之死地而后生？像长夜后一定有日出一样，那无涯学海过后一定会有满天璀璨星光。不惧艰辛，不畏坎坷，直达彼岸。"

（本设计方案由怀集县第一中学程林提供）

（九）励志图书角

每个班都有一个图书柜，建设成励志图书角。每个图书角都有一个符合班级特色的名字，每一本书都来自班里同学们的分享或者家委会的捐赠。每个图书角都有专门的图书管理员，负责图书的整理、清洁、借阅登记等工作。引导每一个同学多读书，读好书，营造一个良好的读书氛围。图书角要添置足够励志书籍。一本励志书籍，就是一位励志专家。建立班级图书角就是用书香润染孩子的生命，让书香改写班级的温度，营造良好的班风和学风。读书，点燃学生学习的激情，让空虚的日子变得精彩纷呈，激发学生拼搏的斗志，让迷茫的心灵找到归宿。

（十）励志绿色走廊

由家长或学生把家里闲置的花卉盆栽带回班级，经过巧妙设计，有序摆放，建设成班级"绿色走廊"。绿色走廊文化的建设有利于构建和谐班级，让学生自己养护、珍惜和爱护花草，创建绿色班级，让学习的环境更加美好，也有助于激发学生热爱班级、热爱学校的情感，促进学生奋发向上，增强班级的凝聚力。同时，它也能锻炼学生的动手能力，提高学生的审美能力和责任感。

绿色走廊建设方案

首先，要统一认识，高度重视。

其次，家委、班委齐参与，共谋划。

最后，用心美化与呵护。

（1）起名。给绿色走廊起个温馨或有特色的名字，比如"花缘廊"。

（2）温馨提示语。比如"一花一草皆生命，一枝一叶总关情"。

（3）专属《绿色植物养护手册》。可以通过手机软件去识别每一种植物，将植物的养护方法、话语、相关诗词等打印出来，装订成册，形成班级独特的《绿色植物养护手册》。

（4）制作精美卡片。利用育人小组将每一盆花都分配到人，让他们利用《绿色植物养护手册》为每种植物制作一张精美卡片，过塑后挂放在植物上。

（5）护花使者。各班选出2名护花使者，负责打理绿色走廊的花花草草、日常的浇水和修剪等工作。

（6）若放长假，小盆的可以让负责的学生各自带回家养护，大盆的按年级统一放在一个教室，由各班班主任轮流回校浇花、护理。

（本设计方案由怀集县第一中学程林提供）

（十一）励志宿舍文化

学生宿舍是学生生活、学习和思想文化交流的重要场所之一，是学生人生道路上重要的成长环境，宿舍文化对学生的健康成长有着重要的影响。班主任要建设体现学生身心愉悦、积极向上的精神风貌，体现人文关怀的励志宿舍文化。班级可以结合宿舍管理，举办"励志宿舍文化评比活动""宿舍文化长廊展示""文明宿舍流动红旗"等评比，促进励志宿舍文化建设。

励志宿舍文化评比方案

一、活动主题

励志宿舍，携手共建。

二、活动意义

高中生活丰富多彩，宿舍是内宿生另外一个家，为养成良好的生活习惯，营造良好的学习环境，形成良好的学习风气，结合我校"励志校园"主题，携手打造具有励志特色的宿舍文化。

三、评比内容

（一）物质文化（50分）

1. 宿舍整体整齐干净，整体布局合理美观。

2. 床上用品如被褥、枕头等叠放整齐；生活、洗漱用品整齐摆放，包括鞋、箱、衣物、毛巾、牙杯。

3. 地面明净整齐、无明显污渍，卫生工具干净；窗户玻璃清洁明亮，无贴画。

4. 宿舍空气清新、无异味。

（二）精神文化（30分）

1. 宿舍制度内容积极向上，励志标语等张贴在宿舍入口醒目处。

2. 宿舍两侧墙正中间相对张贴2幅贴近学生生活、激发励志的名言名句或学生自创毛笔字画等。

3. 宿舍要有室名。

（三）宿舍纪律（20分）

按时作息；不擅自带外客进入；遵守学校规章制度。

四、评选方法

本次宿舍文化评比，9月份为前期准备阶段，评比时间为10月8日，由年级班主任代表10人和教师代表10人，共20人担任评委。考评人员在客观公正的前提下对各宿舍进行打分，汇总后以分数高低排名，评出一等奖3名、二等奖6名、三等奖10名，颁发证书。

二、"励志"的班级精神文化建设

精神文化是班级文化的核心和灵魂，是一个班级最宝贵的精神财富。它可以使学生树立正确思想观念，增强班级的凝聚力和战斗力，激发班级成员对班级目标、班级制度的认同感，使学生在日常学习和生活中时刻以维护班级荣誉为己任，把个人利益和班级的前途紧密结合在一起。建设励志班级文化就要把"励志教育"作为班级文化建设的主题，将"励志励学、成人成才"的核心办学思想融入班级精神文化建设中。[①]

---

① 张晶晶，韩文根. 红色文化的时代价值及其美育作用［J］. 美与时代（下），2021（1）：44-47.

（一）励志班名

取一个励志的、有意思的班名，让自己的班级与众不同，这是一个非常能激发学生自豪感的做法，能让他们更加喜欢这个班级。班主任应和学生一起给自己的班级取一个既能体现班级特色和时代精神，又通俗易懂、具有激励意义的班名。

怀集一中初中2018级A1班班主任钟剑玲，与学生研讨后，定下班名"亮剑班"。亮剑体现了一种力量，亮剑是一种团结，亮剑凝聚无畏的战斗意志，体现势不可挡的爆发力和强大的凝聚力。诸如此类，还有班主任黄丽云班为"凌云班"；班主任高原初班为"高飞班"。其他励志班名有"奋进班""王者班""荣耀班""辉煌班"，等等。

（二）励志目标

班主任要结合学校、班级和学生情况，让学生充分发表自己的意见，确定班集体共同的励志目标。班级要设定班级励志目标，每个人也要设定个人励志目标。班主任要做耐心细致的思想教育工作，使班级励志目标内化为每个学生的励志品质和人格，成为引领学生前进的方向和动力。[①]

（三）励志班级口号（班训）

班级口号（班训）是班集体的一面旗帜。好的班级口号一定是简约、励志、接地气的，一定能抓住学生的兴奋点，激起学生好好学习的欲望，引起学生筑梦追梦的共鸣，激励全班学生勤奋学习、积极进取。班主任在确定班训时要从班级的实际出发，充分发扬民主，让同学们一起参与班级口号的确定，这样确定的班训得到全班同学的认可，从而成为共同奋斗的目标。[②]班级口号确定后，每天跑操、每周班会等班级重要活动时，让学生集体高喊。朗朗上口、铿锵有力、振聋发聩、鼓舞人心的励志班级口号，激发学生斗志，陶冶学生心

① 李小莉. 谈如何丰富校园红色文化内涵充分发挥红色文化德育功能［J］. 才智，2018（12）：1.
② 龚彤. 校长的办学思想刍议——以重庆市江津中学校为例［J］. 华夏教师教育，2021（3）：73—77.

灵，增强学生的自信心，增强班集体的向心力和归属感。

（四）励志班歌

班歌是班级精神风貌和班级特色文化的标志，它的思想内容代表着班集体的精神，能让学生的心灵受到熏陶，成为激励学生刻苦奋进、努力向上的动力。班歌的创作要根据班级的具体情况而定，有条件的班级可以由全班师生发挥才情原创，旋律应该是活泼、奋进、欢快的，歌词应能集中表达班级成员整体的精神风貌、理想和追求，并得到班级成员的一致认可。没有条件的可以由全班同学投票"海选"符合班情的经典或流行励志歌曲作为班歌，也可以借用经典歌曲或流行的励志歌曲，填上班级歌词，变成本班班歌。班歌确定后，要组织全班同学经常歌唱，才能让班歌深入学生的心灵。每天晨会课唱，班会开始唱，重大活动唱，取得奖励唱等，通过齐唱班歌提振精神，营造气氛。

（五）励志班级舆论

班级舆论是班级精神文化的重要元素，指班级中多数人赞同的观念、态度和意见。在励志班级文化建设中，班主任一定要对班级舆论进行有效引导，让正确的班级舆论对学生的成长起到激励和鼓舞的作用。如何培养班级的正确舆论呢？

一是经常性对学生进行正能量思想引导。班主任经常通过晨会、班会、专题会等形式，对学生进行正能量思想引导，并让正能量思想内化成性格、意志、行为习惯，让学生对集体充满自豪感和责任感。在正能量思想引导中，班主任要善于弘扬闪光点，鼓舞人，采取以表扬为主、批评为辅的方式，对班上出现的好品质和风气及时进行表扬；对于班内出现的或大或小的不良倾向，予以及早地制止与批评、教育，形成"好人好事有人夸，不良现象有人抓"的风气。

二是引导学生向榜样学习。班主任要实事求是地树立班级中先进学生典型，引导学生向先进看齐。对取得优异成绩、表现突出的学生授予各种荣誉，在班级中形成一种崇尚先进的良好风尚。学生中威信高的同学往往被选为班干部，因此每班中的班干部往往成为其他学生的榜样。大多数情况下，学生的不良倾向是没有老师在场的时候才表现出来的，所以班干部便是老师的代言人，是管理者，他（她）便是正确舆论的先锋和榜样。班主任要把具有正义感、能经得起考验的同学选拔出来，充分发挥他们的带头作用，在各个方面做表率，使他们带头制止坏事坏言论①。只要有人带头，"正确舆论"这部机器就可以运转起来。

三是充分利用学校和班级的舆论阵地与宣传工具，扩大正确舆论的影响力。如利用黑板报、宣传橱窗、学校广播、图书阅览室等，大张旗鼓地弘扬社会正气和健康的思想，批评歪风邪气和错误的思想行为，从而在班上形成励志的舆论导向。

（六）励志班风

班风是指班级的作风和风气，是班级文化建设的精髓外显。励志班风是一种学生团结友爱、文明有礼、奋发向上的良好班风。励志班风是一种巨大的教育力量，对全班学生起着熏陶感染、潜移默化的作用，推动着优秀班集体的形成、巩固和发展。

建设励志班风，班主任要抓习惯，注重养成教育，这是奠定励志班风的基础；正舆论，注重倡导教育，这是引导励志班风的方向；树学风，注重知识教育，这是建设励志班风的关键；建队伍，注重榜样教育，是打造励志班风的核心；投真情，注重情感教育，是培育励志班风的基石。

---

① 金云波. 中小学创客教育生态系统模型构建［J］. 信阳师范学院学报（哲学社会科学版），2018，38（1）：84–89.

● 第三节
励志红色文化

一、红色励志教育的内涵

红色文化是中国共产党带领中国人民在长期的革命斗争和建设中形成的文化形态。它包括物质层面和精神层面，前者主要是指革命遗址、纪念馆、会议会址或烈士陵园等，是重要的载体；而后者包括爱国奉献、信念坚定、艰苦奋斗、勇敢坚强、团结一心等精神。红色文化是中华民族特有的文化基因，是中国共产党领导中国革命带领全国各族人民共同创造出来的精神瑰宝，是中华民族在历史奋斗过程中形成的精神价值，是中国特色社会主义文化的有机组成，对于实现伟大中国梦具有重要的现实推动作用。[①]由此可见，红色文化不仅是精神瑰宝，同时也是时代发展的重要推动力量，更是一所学校的精神文化的底色。

非常幸运，怀集一中就在它的历史长河中生成了浓厚的红色文化，资源丰富、真实感人、价值永恒。这种红色文化对于提升学生的道德修养、培育学生的艰苦奋斗意识、强化学生的崇高理想信念、培养学生的爱国主义精神、塑造学生的集体主义价值观、培养学生的积极心态等有着十分重大的意义。

二、红色励志教育的意义

培养爱国主义精神。利用各种红色文化资源加强对广大青年学生的爱国

---

① 于春梅，柳昊. 红色文化的时代意义［J］. 现代交际，2018（6）：40, 39.

主义、集体主义和民族精神教育，有利于学生自觉坚定爱国信念，增强爱国情感，培育高度的民族自尊心和自豪感。

强化崇高理想信念。中国共产党之所以能领导中国人民推翻"三座大山"，就在于共产党员有着坚定的政治信念和崇高的社会理想。利用红色文化资源让学生树立崇高的理想信念，才有可能让他们不断超越自我，提高生命的质量。

提升道德修养。在中国共产党领导中国人民所经历的革命斗争与建设实践中，有无数可歌可泣的先进人物和先进事迹，他们对学生有鲜明的榜样示范作用。红色文化中蕴含的务实、诚信、敬业、奉献等精神，无论是对一个人的成长或一个社会的发展都具有潜移默化的积极影响。

培育艰苦奋斗精神。"苦不苦，想想长征二万五；累不累，想想革命老前辈"，艰苦奋斗是红色文化的核心之一，是我党我国的优良传统。艰苦奋斗精神能够激励学生不怕困难、勇于吃苦，在学习和生活中，乃至实现中华民族伟大复兴的征程中奋发有为。

激发学习热情和创新精神。丰富的红色文化资源蕴含锐意进取、改革创新的优良传统。深入挖掘、充分利用红色文化资源当中的这些精神财富，能够极大地激发学生的创新欲望和开拓进取的精神，使他们敢于探索、善于创新、勇于创新，将爱国热情转化为认真学习、掌握本领、报效祖国的自觉行动。

培育积极心态。革命乐观主义精神始终是红色文化的主基调。深入挖掘和提炼红色文化中蕴含的革命乐观主义精神等思想内涵和精神品格，有助于培养学生积极乐观的心态，增强自信、自强、自立意识。

三、红色励志教育的途径

唱红色歌曲。一是教唱《义勇军进行曲》《团结就是力量》《保卫黄河》《东方红》等一系列红色经典歌曲，培育学生崇高的理想信念；二是利用"红米饭，南瓜汤，秋茄子，味好香，餐餐吃得精打光。干稻草，软又黄，金丝被儿盖身上，不怕北风和大雪，暖暖和和入梦乡。"等体现红军的革命乐观主义精神歌谣培育学生积极向上的心理品质；三是组织编印红色歌曲，在团日活动中教唱红色歌曲，在全校开展红色歌曲比赛，增强师生的凝聚力和向心力。

看红色电影。《保卫延安》《铁道游击队》《开国大典》等一系列红色影片，鼓舞了一代又一代的中国人。这些红色经典之作，在学校校园里依然有魅力，备受当代学生的喜爱。在学校励志教育活动中，经常开展一些"红色电影播放周"等活动，对于强化学生的理想信念、激发学生的爱国情感无疑有很大帮助。

读红色书籍。在学校开展"读红色书籍"活动，引导学生自觉了解革命历史，铭记红色历史，强化对党和国家的认同，从而激发学生的爱国情感，激发学生坚定理想信念，激发学生的责任感、使命感。《林海雪原》《青春之歌》《小城春秋》等红色小说都会让学生读后深受感动和鼓舞。这些来自中华民族自强不息的奋斗精神和红色基因的传承，是最好的励志教育教材。

讲红色故事。红色人物的英雄形象最能感染人和激励人。李大钊、瞿秋白、黄继光、董存瑞、邱少云等革命先烈，焦裕禄、雷锋、王进喜、孔繁森、任长霞等时代楷模，他们每个人身上都具有丰富的人格魅力所产生的励志价值。他们身上留存的感人故事激励着一代又一代青年人，使这些年轻人深受影响。讲红色故事，可以聘请老红军和党史部门专家定期到学校作红色报告，回顾光辉灿烂的革命历史[①]。学校定期组织开展"讲红色故事"比赛，引导学生体验红色精神，感悟革命家的精神品格，以革命前辈和仁人志士们崇高的爱国主义情怀培养爱国主义精神。

寻红色足迹。引领学生到英雄纪念碑、革命博物馆、革命英雄纪念馆等爱国主义示范基地参观、学习，让学生在见物见景中追思前辈的思想与精神，让他们游在其中、学在其中，经受思想的洗礼，产生情感的共鸣和共勉。

建红色基地。红色文化资源丰富的学校，可以结合学校实际建立革命传统教育基地，每周一次组织学生到教育基地开展活动，让学生了解革命年代艰苦奋斗、自强不息的历史，接受心灵的洗礼，产生心灵上的共鸣。

---

① 李小莉. 谈如何丰富校园红色文化内涵充分发挥红色文化德育功能［J］. 才智，2018（12）：1.

第三章

课程励志 课堂育人

　　课堂教学是实施素质教育的主阵地，是开拓学生思维，对学生进行能力培养的重要途径。在励志教育体系中，课堂教育的重要性不可忽视。做好励志课堂教育是从内心深处唤醒学生的远大志向的最可靠、最实际的方法。怀集一中通过课堂教育陶冶学子情操，培养他们自我约束、追求高尚的精神境界，帮助他们树立起牢固的道德信念。

　　秉承着这种励志育人的伟大梦想，怀集一中实施"五位一体"的励志教育模式，旨在让学生树立远大志向，培育其积极向上的心态，使其具有崇高的历史使命感和社会责任感；有较坚实的学科基础知识和解决问题的能力；能诚实守信，身心健康；全面发展，学有特长；达到德智体美劳全面发展。

第一节
励志晨会课

一、励志晨会的特征

励志晨会是指每天学生到校后，教师利用早晨10分钟左右的时间围绕励志主题与学生进行对话，以促进学生发展为目的的系列活动。一年之计在于春，一日之计在于晨。晨会课是学生一天学习和校园生活的开始，也是老师和学生交流的最佳时间。利用晨会课对学生进行循环往复、有层次的励志教育，引导学生积极向上，激发学生的斗志，会对他们一天的学习生活起到积极的牵引或暗示作用，会有较高的学习效率，并能促进学生养成良好的品德和行为习惯。励志晨会是学生每天的必修课，虽然只有10分钟，但如果组织得好，无疑是学生的"营养早餐"。励志晨会的特征如下：

1.励志晨会列入课程表，是每班每天必上的第一节课。

2.励志晨会的时间较短，一般只有10分钟。

3.励志晨会的执教者一般以班主任为主，当然也可以是学校领导、科任老师、学生、家长或校友。

4.励志晨会承载着立德树人的重要目标，是教师进行思想教育和班级管理的重要阵地。

5.励志晨会是班级治理的重要抓手，是加强班级管理、提高学生修养、规范学生行为的重要载体。

二、励志晨会的目的

1. 明志。让每一个学生能发现自己的闪光点，并根据自己的长处树立远大志向，树立必胜的信心。

2. 笃志。让每一个学生都能磨砺意志，坚守志向；教会学生自立自强、自信自律；增强学生追求梦想的行动力，会发展自己；在人们的赏识中能看到自己的力量并挖掘自己的潜能；不断朝着既定的目标前进，满怀信心获取成功。

3. 践志。让每一个学生树立责任和担当的意识，践行理想目标，走向成功。

三、励志晨会课程

励志演讲

励志演讲是励志晨会课最常用的上课方式。演讲者可以是班主任，也可以是学校领导、科任教师、学生、家长和社会贤人。特别是校长等学校领导到班进行励志演讲，励志教育效果会非常好。班主任要主动邀请学校领导到班演讲，学校领导也要有计划地针对个别班级情况进行励志演讲。班主任要提前计划安排演讲者并让演讲者精心准备演讲内容。励志演讲围绕理想信念、阳光心态、艰苦奋斗、感恩进取等主题进行，激发学生内驱动力，让学生健康成长。励志演讲要做到"精""新""好"，真正成为滋补学生的一道"心灵鸡汤"。以下是高三某班月考后励志晨会安排的一次励志演讲（学生演讲）。

亮剑

亮剑，何为剑？我以为，理想与目标便是剑。

同学们，如果我们缺少亮剑精神，就将被这个快速发展的时代所淘汰。让我们将目标记在心里，写在纸上，贴在桌前。每当内心感到自满、浮躁时，理想会让你冷静、淡定；每当你感到无助、绝望或失去信心时，抬头看看书桌上自己的理想，你将会感受到理想的力量。

兄弟姐妹们，时间飞逝，不愿为某一个人停留。五次月考已经过去了。联考即将到来。你是否还在为没能找到学习方法而烦恼？你是否仍旧拿着手中的试卷，唉声叹气？如果是，那么，请亮出你的剑吧！用理想的大学指引前进的方向。不必太在意结果，只要能够做到无愧于心就够了。

常常会听人讲，大学只是一个平台。考试成绩靠后的同学们，月考考得不好，不代表高考我们将会失败，就算高考不尽如人意，也不能决定一切。考得最差，意味着提升空间最大。我们只要始终保持积极、乐观、向上的心态，每天进步一点。距高考还有144天，时间够了，亮出你的剑吧！我们无所畏惧。

正所谓"天将降大任于是人也……"，失败了，并不可怕。可怕的是一颗因为遭受失败一蹶不振的心。

所以，亮出你手中的剑，胸有成竹，脚踏实地地干；亮出你手中的剑，多问多练，熟能生巧。

最后，祝愿我们在今年的六月，在那个充满收获的季节里，给自己和支持你的人一个满意的答复！

目标激励

目标激励是指设定一定的目标来激发学生学习的动机、指导其学习行为，让学生的个人目标与集体目标关联起来，进而提高学生学习的自主性、积极性和创造性的一系列激励行为[①]。班主任要利用晨会明确班级目标并指导学生确立有社会意义的个人奋斗目标，让学生树立远大理想。鼓励学生朝着既定的目标循序渐进。班主任帮他们制订每个学期的学习计划，包括德智体美劳方面，都达到什么样的目标。把阶段性目标融入大目标之中。每过一个阶段，班主任要和学生一起回顾目标任务的完成情况，肯定成绩，鼓励学生再接再厉。目标激励是励志晨会的阶段性上课方式，一般在每学期开学初、每次月考前后开展，效果比较明显。

---

① 　缪祥斌. 通过目标激励激发学生学习源动力的策略研究［J］. 教学管理与教育研究，2021，6（1）：98-99.

以下是七年级第二学期开学初某班晨会方案。

我的目标我管理

班主任主持：

心向着自己目标前进的人，整个世界都会给他让路！新的学期，新的开始，让我们确定新的目标，前进！

发放"我的目标激励卡"，学生确立目标。

表3-1　我的目标激励卡

姓名				品德目标				
学习榜样				目标 （年级排名）				
	语文	数学	英语	政治	历史	地理	生物	体育
目前分数								
期末目标								
我的誓言								
家长寄语								
班主任寄语								

举行成功目标集体宣誓。

成功目标誓词

今天我郑重定下这个目标，这个目标要在＿＿＿＿年＿＿月＿＿日实现。我始终牢记并真切地为我的目标而努力，我一定会实现！我会脚踏实地，勤奋学习，并走稳每一步。我以坚不可摧的信念付出全部的智慧和百倍的汗水，以行动说话。我在任何情况下都会保持积极的心态和寻找积极的因素，以使我坚持不懈，战胜自己，走向成功。我要行动，我现在就去行动，立即行动！

宣誓人：

结语：奋斗是我的性格，成功是我的目标。朝着目标奔跑吧，少年！

榜样表彰

表彰班级先进人物，树立榜样，用先进人物的事迹，对学生进行宣传感染，使学生受到激励。班级里总有学生获得各种表彰，班主任不要悄悄把奖状发给学生，应该借此机会利用晨会隆重颁奖，树立榜样，弘扬班级正能量。班主任也可以利用晨会针对具体事迹表扬一批学生，或给学生一定的物质奖励，让班级内的学生向优秀的榜样看齐，这样学生就能够形成竞争的学习心理，这样优秀的学生就能够做到不骄不躁，后进生能够积极进取，最终形成良好的示范带头作用。组织品学兼优的学生在晨会课上现身说法，用他们的好思想、好行为去感染同学，激励同学，这也是一种榜样激励教育。通过在晨会中树立榜样，实施正向激励，肯定学生的行为价值，能赋予他们正面、积极的心理暗示。学生一旦觉得自己有能力做好，做更好，有获得感，就会自觉避免一些不良行为，许多纪律问题就能从根本上得到解决[①]。

以下是高一某班一节励志晨会方案：

"每周之星"事迹学习晨会方案

1. 表彰班级"每周之星"。（主持人解说颁奖词，班主任颁奖）
2. "每周之星"发表获奖感言。
3. 学习"每周之星"事迹。（小组讨论，代表发言）

班歌口号

一首学生喜爱的班歌是凝聚人心、鼓励全班同学积极进取、开拓创新、团结协作、和谐共处的精神旗帜。班主任要懂得利用晨会课让学生把班歌唱起来，激发学生进取心，提高学生自信心，促进学生身心健康发展。班级口号具有导向、励志、激情、凝聚和规范等多种功能。利用晨会课巧妙、准确地运用班级口号，是班级励志教育的有效攻略，是每一位有思想的班主任的好帮手。唱班歌、喊口号只能作为励志晨会阶段性上课策略或者特定情境采用的手段。

---

① 王维审. 真实故事视域下的班级晨会设计［J］. 教学与管理，2019（13）：27-28.

如果每天晨会都让学生唱班歌、喊口号，只会令学生越来越反感，失去了本策略应有的价值。一般情况，每周安排一次晨会进行班歌及口号的拉练展示，提振士气，效果比较好。在重要活动日、庆祝日或者利用晨会及时组织学生进行班歌及班级口号的展示，效果是最好的。

八年级A5班晨会纪实

11月7日，班主任在晨会宣布我们班在本届校运会中取得学校初中组团体总分第一名。班里自发唱起了班歌，同学们脸上洋溢着喜悦和自豪，形成一种激昂的士气和凝聚人心的班级氛围。12月17日，杰灿同学参加省赛获得一等奖，晨会颁奖时，同学们唱着班歌为他喝彩。以后凡是班里同学获得大奖，同学们都会齐唱班歌为获奖者喝彩。参赛同学为了颁奖时齐唱班歌的感动，会更加奋力拼搏，勇夺更多奖项，以感受全班齐唱班歌的荣耀！

视频微课

励志视频形象生动，积极向上，充满正能量，更能引起学生的共鸣。班主任只需要根据所教育的主题内容精挑细选一段励志视频在晨会课播放展示，就能够感动学生，振奋人心，起到很好的励志效果。教师也可以把励志人物的事迹制作成微课，也能很好激励学生。微课融合了图像、动画、音乐等元素，能强烈吸引学生的注意力，很容易把他们带入预设的教育情境中，触动他们的心灵，引发他们的思考。视频微课是励志晨会课中学生十分喜欢的一种上课方式，这需要班主任经常在网上搜索相关题材的短视频、动画，抑或是用镜头记录下生活中的现象，使抽象的理论具体化、清晰化，使学生思维活跃、兴趣盎然，以生动活泼的形式提高励志育人效果。[①]

励志晨会课纪实

教学目的：培养学生自强不息的精神。

教学策略：播放短视频《寒门贵子713分清华男生林万东》。视频讲述

---

① 缪祥斌. 通过目标激励激发学生学习源动力的策略研究［J］. 教学管理与教育研究，2021，6（1）：98-99.

曾在工地搬砖的励志少年林万东在2019年高考考取理科713分，通过清华大学"自强计划"并被自动化系录取。他在日记中默默写下：唯有自强不息，我们才会有日后的无限可能。

教学效果：视频播放结束后，同学们被励志"搬砖"少年的事迹所感动，纷纷表示向他学习，自强不息，艰苦奋斗。

励志游戏

晨会课中设置一些小游戏，不仅可以提高学生兴趣，吸引学生注意力，更可以让他们通过游戏认识自我、超越自我，增强他们调控自我、承受挫折、适应环境的能力，培养学生健全的人格和良好的个性心理品质。比如，晨会课开展"跨越障碍"心理小游戏，通过跨越障碍小游戏，帮助学生超越自我，让学生认识到前进的路上会遇到一些障碍，包括看得见的和看不见的。超越自我，关键是克服内心的障碍，例如自卑感等，从而在精神上、心理上超越自我。

盘点展示

班主任或班干部利用晨会课盘点本周班级"得失"。盘点"得"，即对班级表现好的方面逐一点赞，对班级建设贡献大、表现突出的同学表扬肯定，提高班级自豪感和幸福感。盘点"失"，即对班级表现欠佳的方面逐一提醒，并分析原因，提高班级责任感和危机感。班主任平时做一个"有心人"，把同学们精彩、感人、自强等表现突出的情景用镜头拍下来，在周末晨会盘点课时利用多媒体进行展示，对学生的激励效果非常好。盘点展示是班主任常用的励志晨会上课方式。采用这种方式上课要求执教者必须做好充分的准备，了解班级"得失"，避免简单铺陈而变成说教课或"批判课"。

活动体验

利用晨会课创造或创设与教学内容相适应的具体场景或氛围，以引起学生的情感体验。活动体验是德育教育的有效载体。通过开展活动让学生体验到亲切、温暖的情感，从而产生积极的情绪和良好的心境，在积极向上的精神状态下愉快地学习，并能主动克服困难，奋发进取。活动体验型励志晨会要求执教者事先做好活动设计策划，活动时间不能超过10分钟。

教师节利用晨会课开展献花表师恩活动，培养学生感恩进取精神；晨会课举行小型"成人礼"活动，培养学生责任担当品质；"我有话跟你说"活动邀请家长录制视频，用简短的话语跟孩子说说心里话，让学生理解父母的爱，这些都是容易组织且效果良好的活动体验型励志晨会。

名言故事

利用晨会课有计划、有目的地讲述一些红色故事和人物传奇，让学生在不知不觉中受到感染，进而自觉磨砺意志，战胜挫折，努力拼搏。也可以利用晨会课展示和学习励志名言。励志名言警句给人启示，激人上进，催人醒悟，具有很强的励志教育作用。有些名言警句对学生触动非常大，让他们受到巨大的鼓舞。在晨会课展示学习名言警句时，学生会自觉地把触动自己的部分抄录下来，或制作成卡片放在书桌里，或贴在卧室的墙壁上，或夹在课本的书页中，作为座右铭，时刻对照自己，鞭策自己。班主任也可以利用晨会课的时间来让学生抄写名言、警句、励志诗词，不断地陶冶学生的情操。

以上励志晨会菜单可以独立使用，也可以组合进行，班主任按照班级实际和主讲内容进行最优安排。当然，班主任也可根据学校和班级实际积极创新晨会的内容和形式，晨会内容丰富多彩，形式生动化，会赢得学生的喜爱，教育效果更明显。

四、励志晨会"操作"事项

励志晨会要突出"励志"主题。尽管有时候我们班主任利用晨会对班务做必要的布置或传达学校相关通知等，但其他时间还是应紧扣"励志"这一主题进行教育设计。励志晨会要做到目标明确、主题鲜明、内容专一，争取"一课一得"。通过日积月累的励志教育，晨会课对激发学生的潜力、构建学生的身心健康、培养良好行为习惯，将发挥不可估量的作用。

　　励志晨会要提前做好充分的准备。班主任要围绕"励志"主题做好晨会计划。晨会的细化主题及内容一般应提前一周考虑好。特别是活动型励志晨会需要班主任提前策划并和学生做必要的互动沟通，让学生有充足的时间去考虑和准备。另外，教师还可以准备一些资料和信息，让仅有的10分钟变得更加精彩，更有广度和深度。当然计划不是一成不变的，班主任可随时根据学校、班级的具体情况调整晨会课的内容。

　　励志晨会要做到"真""新""小"。由于班级励志晨会只有10分钟，晨会素材的选择就显得尤为重要。选材要"真"，真实的思想、真实的事件才能给学生带来真实的思考与体验，也才能起到更大的励志作用。身边的人和身边的事，对学生的影响力最大，班主任积极与学生进行互动交流，在对话与商讨中走进学生的内心世界。这样挖掘出来的晨会素材，更接近学生、更接近事实。选材要"新"，就是所选主题和内容要紧跟时代脉搏，符合主流思想。晨会话题古老陈旧，内容空洞枯燥，只会让学生对晨会越来越反感。晨会课要敏锐地"跟踪"社会思想、流行文化，并密切关注它们在青少年中的影响，并从学生实际出发，选择学生感兴趣的、易于理解和接受的话题，为他们排忧解难，激励他们为理想而努力奋斗。选材要"小"，晨会目标要明确，只有集中一点，渲染强化，才能深入"生"心，切不可纸上谈兵，漫无中心，漫无边际①。班主任要善于从琐碎的班级生活中寻找具有可塑性的事件，以便在设计班级晨会时作为素材使用。只有当晨会内容与学生生活相对接时，才会激发学生的激情。

　　励志晨会要突出学生的主体性。班主任一人包揽晨会往往乏味枯燥，学生易产生厌烦心理，所以晨会课要大胆"放"。很多时候，班主任可以主动退到幕后做策划，扮演导演角色，让舞台给学生，给学生提供更多的表现、尝试和创造机会，充分发挥学生自主意识，鼓励班干部和其他学生自愿参与并轮流担任晨会主持人，让学生走上晨会课的讲台，但班主任需做好充分指导。

---

① 　缪祥斌. 通过目标激励激发学生学习源动力的策略研究［J］. 教学管理与教育研究，2021，6（1）：98-99.

第二节
励志班会课

　　班会课，是班级活动的重要形式，是班级教育的主要途径和班级管理的有效手段。因此，班会课是励志教育的主阵地。好的班会课是学生学习、生活的加油站，对学生的健康成长有鼓舞、激励和引导作用。[①]怀集一中励志教育主题班会课是学生每周的必修课。班会课根据初中三年或者高中三年不同年龄阶段学生的心理特点和学习任务，围绕明志、笃志和践志三个环节作整体的规划与设计，并且做到设计有教案和课件，形式主要以学生喜欢的励志视频、励志活动、课堂讨论、励志歌曲等为主。

表3-2　　"五位一体"励志教育课程体系

"五位一体"励志教育课程体系			
培养模块	核心素养	培养轴线	培养目标
明志 （敢于有梦）	人文底蕴	理想信念	了解志向的内涵；明确立志的重要性和必要性；掌握确立目标、树立远大志向的方法
		认识自我	通过正确认识自己，了解自己的长处和缺点；学会找准目标，超越自我；增强追求梦想的信心和决心

---

① 缪祥斌. 通过目标激励激发学生学习源动力的策略研究［J］. 教学管理与教育研究，
2021，6（1）：98-99.

（续表）

培养模块	核心素养	培养轴线	培养目标
笃志 （勇于追梦）	健康生活	阳光心态	正确对待学习压力，克服厌学情绪和过度的考试焦虑，培养正确的学习观念和成就动机；学会调节和控制情绪，保持乐观、积极的心态；客观分析挫折和逆境，寻找有效的应对方法，养成勇于克服困难和开拓进取的优良品质。磨砺意志，陶冶情操，坚定理想志向。学会识恩、知恩，善于施恩；增强感恩意识，并把感恩之情化为学习中自强不息、顽强拼搏的励志精神
		自信自律	了解自信和自律的含义；明确自信和自律对实现目标的意义；增强追求梦想的信心
	科学精神	持之以恒	懂得坚持的意义；培养恒心和毅力；学会确立和坚守志向；具有好奇心和想象力；能不畏困难，有坚持不懈的探索精神
		自立自强	了解自立自强的含义；明确自立自强对实现理想目标的意义；增强追求梦想的行动力；向榜样学习，激发拼搏进取精神
践志 （勤于圆梦）	学会学习	激发潜能	了解潜能的含义；明确激发潜能对实现目标的意义；掌握激发潜能的方法；培养解决问题的能力；增强实现理想目标的行动力；在实践中提升自我
	责任担当	责任担当	明确责任和担当的意义；树立责任和担当的意识；践行理想目标，担当有为
	实践创新	走向成功	理解成功的内涵；培养成功的品质；掌握成功的方法

一、明志——敢于有梦

青少年要敢于有梦。"梦"是一种理想信念、一种美好的愿望、一种对人生的执着追求与进取。人有了梦想，才有前进的动力。

有梦需明志，即要明确理想志向。志不立，天下无可成之事。立志分为两个层面：一是志气，代表的是精神意志；二是志向，代表的是行为动力。志向是一种行为目标,代表了你对未来的成长规划。认定了什么样的目标,选定了什么样的职业,期望能成就什么样的事业,体现了你在人生过程中的价值意愿和进取方向。认准了一个目标,就向这个目标努力,力求获得预期的成功。志气奠定了你一生的做人原则,而志向则确定了你在各个时期的做事目标。志气是一种精神力量,表明了个人对人生价值的理想和追求,反映为一种积极上进的信心和勇气,会演化为持久的精神激励和行为动力。[①]

主题一:理想信念——成功路上最强大的推动力

励志先立志。所谓立志,就是立下未来的人生理想,确定人生奋斗的方向目标。琼·菲特说:"信心和理想乃是我们追求幸福和进步的最强大推动力。"有志者事竟成,万事皆由立志起。一个人如果没有理想,那么生活就没有目标,学习、工作就没有动力,像一只无头苍蝇到处乱撞,遇到困难,便却步不前,半途而废。聪明的人,有理想、有追求、有上进心的人,一定都有明确的奋斗目标,懂得自己活着是为了什么。因而他所有的努力,从整体上说都能围绕着一个比较长远的目标进行,他知道自己怎样做是正确的、有用的。有了明确的奋斗目标,也就产生了前进的动力。因而目标不仅是奋斗的方向,更是对自己的一种鞭策。有了目标,就有了热情,有了积极性,有了使命感和成就感。有明确目标的人,会感到自己心里很踏实,生活得很充实,注意力也会神奇地集中起来,不再被许多繁杂的事所干扰,干什么事都显得成竹在胸。只有那些立志高远、自强不息、奋力拼搏的人,才能在自己的人生旅途中把一个个问号变成感叹号,最后画上一个圆满的句号。

"理想信念"主题班会课,侧重于中学学段的初一和高一年级。励志教育第一步就是帮助学生树立远大志向。一个人的志向越远大,他的上进心就越强,求知欲就越烈,而奋斗也就更为努力。"理想信念"主题班会课也让学生明白立志不是挂在嘴边上的口头禅,也不是贴在墙上的座右铭,而是一种刻于心间而后现于行动的大智慧、大境界。它需要辛勤的汗水去浇灌,也需要付出努力去滋润。

---

① 王维审. 真实故事视域下的班级晨会设计 [J]. 教学与管理,2019(13):27-28.

· 案 例 ·

心怀梦想，为梦起航

一、班会背景

临近期末，学习应该是紧张的。可是随着冬天天气越来越冷，班上因起不来床而迟到的同学越来越多。某些同学晚上作息仍然不规律，因为一些琐事、玩手机睡得晚，导致第二天在课堂上精神状态不好，听课效率低。还有一部分学生因高二内容难度大，出现跟不上老师节奏、兴趣不浓、课堂犯困、自暴自弃的现象。期末将近，大部分学科新课还未结束，剩余复习时间不足也使很多学生焦虑不安。

以上种种不良的状态，严重偏离了学习的正轨，与开学之初定下的大学梦想背道而驰，急需用一场励志主题班会重新唤起学生的斗志。

二、班会目标

通过本次主题班会，再次帮学生明确自己的大学梦想和奋斗目标。

通过班会上分享的系列励志视频和故事，帮助学生正确认识梦想的重要性，只有持之以恒地付出才会有实现梦想的希望。

通过班会中讨论、提问、分享等方式，引导学生不断认识自己梦想路上的各种阻力。

通过本次主题班会，用梦想点燃学生期末学习的热情，用励志精神唤起学生的斗志。培养学生面对困难，勇于挑战，不轻言放弃的坚定信念。

三、班会准备

安排班会主持人：郭欣婷、莫辉贺。领誓人：伍婉珊（班长）。

扩音器3个、课件、便笺纸、笔。

励志视频：《飞扬的卡农》、《永不放弃》、班级照片。

情景剧：（1）剧本。（2）演员：欧启湛、梁宏朗、孔炼雄。

歌曲《平凡之路》：歌词。

四、班会流程

【主持人开场白】大家好，班会开始前，首先感谢前来观摩本次班会的老师们。

辉贺：《光阴的故事》里有这样一句"风车在四季轮回的歌里它天天地流转"，不知不觉中我们又即将走完高二的第一个学期。

欣婷：在这个学期里，我们一起定下梦想、一起合唱（播放照片）

辉贺：一起远足塔山、一起运动

欣婷：你们的掌声停留在读书分享和演讲比赛上

辉贺：你们的笑声回荡在趣味的赛场和实验室里……

欣婷：是的，时间过得太快了，我们就是在这像是被缩短了的日子里，品味着高中被放大了的酸甜苦辣。

辉贺：是的，可是还有很多故事还没来得及回味，马上就要进入紧张的期末冲刺了。有幸的是，青春、成长，一直在路上。

合：更有幸的是，此时此刻，成长的征程我们也在路上。

辉贺：现在宣布，高二C1班主题班会正式开始。

【环节一】重温梦想，反思不足

辉贺：诶，欣婷，在刚才回顾的班级内容中，你还记得我们上一次"认识自我，逐梦高中"的主题班会吗？

欣婷：当然记得，那次班会上班主任让我们从多角度认识了自己，还根据自身的情况制定了自己的梦想和目标呢。

辉贺：那你还记得你当初制定的梦想或目标吗？

欣婷：当然记得。不过，这个问题，我觉得更适合问我们班的所有同学。（面对大家）大家不妨现在冥想一下，你当初制定的梦想和本学期想要完成的小目标是什么？我们1分钟后进行采访提问。

（投放班级墙上贴纸）（1分钟后现场每小组提问1个同学）

（采访过程：可以追问，制定的本学期目标实现了吗？通过本学期的学习，你离你的梦想更近一步了吗？主要是什么原因阻碍了你的前行？为什么你能一直保持如此高的激情和斗志？）

…………

点评：……

欣婷：你们的目标为什么没有实现呢？是否也有以下的情况？接下来请欣赏由欧启湛、梁宏朗同学给我们带来的情景剧《我要努力》。

（情景剧表演）

欣婷：感谢欧启湛和梁宏朗同学带来的出色演出。是的，我们在制定目标和梦想，抑或是在月考反思的时候，总是会想着接下来要多努力。可是在现实的行动中，我们却总是为自己的失利而找这样那样的客观理由和借口。其实，这个原因，主要是我们自身的定力不够。比如"早上下雨、好冷，要不再睡一会儿吧""多睡几分钟，后面早读完再去买早餐吧""今天是周六，发手机可以玩一个小时游戏""一周就一次打球时间，要玩个够"……萌生出这些无数的想法的时候，我们都是在回避梦想和目标。

【环节二】心怀梦想，用心坚持

辉贺：是的，有梦想就要去坚持，要时刻记在心上。哪怕你的梦想看上去可能不切实际，哪怕你在学习的路上会遭受无数次冷眼和嘲笑，在前行的路上你都要走得坚决。下面我们一起来看一段视频，看看一个聋哑女孩是如何演奏属于自己的天籁之音的。

【播放视频】《飞扬的卡农》

【励志视频介绍】《飞扬的卡农》讲述一个聋哑的女孩喜欢小提琴，但是因为听力不好，又无法表达，总是被身边的人嫌弃和嘲讽，别人的冷落一度让她丧失继续下去的勇气。一个同样也是聋哑人的街头小提琴艺术家，在女孩将要放弃的时候，给了她坚持的勇气。她是这位女孩的启蒙老师。做音乐不是功利的，不要受他人的影响，音乐不是光靠听的，用心也一样听得见。受到启发的女孩，开始放下包袱，她走近自然，走进街头，用心去听和演奏着属于自己的音乐。最终经过刻苦的训练和忘我的演奏，她终于在古典音乐大会上击败曾经看不起自己的对手，博得了全场评委和观众热烈的掌声。

辉贺：这个视频虽然拍得有点早，画面已不是很清晰了，但是想必其中的内容大家都看懂了。看完这个视频，大家是否深受触动呢？对于一个小提琴艺术家来说，最重要的应该就是听力。可是故事中的小女孩，她既听不见音律，又不会表达，对小提琴满腔热爱，结果还遭到一群人打击。可是就是在先天不足、外界不看好的情况下，她选择了用心去听和感悟自然的音律，在心无旁骛的坚持和努力下，再现了经典。

其实，这样的人物并不只在故事中，更在我们的现实生活里，还在我们优秀的C1班级里。

现在请大家掌声有请我们两位优秀的班长上台发言，简单谈谈在坚持梦想的路上，为何能做到如此自律。

【班长1】孔炼雄，男，在本学期多次考试中位列全校第2名。很少迟到、犯困，也很少有不完成作业的情况。

……

【班长2】伍婉珊，女，在本学期多次考试中位列全校第1名，第一次月考突破680分。总是能保持满腔热情学习。上课认真听课，下课再做作业、看书，就是享受……

【环节三】梦想面前，永不言弃

欣婷：正如婉珊所说，如果心中有梦想，就要有行动，在梦想面前不要小看自己高看别人。不逼一逼自己，怎么知道自己不行呢？下面一起来看一个励志视频。

【励志视频介绍】《永不放弃》：布洛克是一支校园橄榄球队的核心队员，在一次新教练的集训中，完成了10米的死亡爬行训练，便和队友坐在地上休息，并且感叹球队下一个对手是联盟实力最强的，在新教练刚来、球队战绩不佳、集训不完善、队友水平弱等客观条件下，无论怎么训练也根本没有赢得比赛的希望。这些吐槽被一旁的教练听在耳里。教练于是想通过死亡爬行的最佳成绩来鼓舞布洛克和全队。最开始布洛克觉得自己根本很难完成30米的爬行，教练也怕布洛克提前放弃，于是在开始前就先让他蒙着眼睛听指挥去完成爬行。爬行开始后，没过10米，布洛克就觉得身上背的人很重，有点想停下。可是教练不断地呐喊和鼓励说，远没达到要求，不可以轻言放弃。接着布洛克挺过了30米。他感觉全身发烫、酸痛。教练便说，烫就让它燃烧变成力量吧，继续爬，别停下……听了一连串的加油鼓劲的话后，布洛克爆发出了惊人的潜力。他脚步越来越快，越来越快，跟着教练的口号爬到了终点，最终因力竭才倒下。旁边闲聊的队友也为此感到震惊不已。摘掉眼罩，布洛克觉得自己完成了50米的死亡爬行。可是当教练公布结果时，连他自己也不敢相信，他竟然爬完了整个球场，直到边界，而且是背着一个160斤重的队友完成的。

欣婷：怎么样，看完了是不是觉得很不可思议？困难和失落面前，你是否也想说放弃？不，既然选择了远方，便只顾风雨兼程。不逼一逼自己，你怎么知道自己可以爆发出多大的能量呢。这里准备了一个下阶段的奋斗宣言，下面，我提议让班长婉珊给我们带头领誓。

【宣誓环节】

领誓人：伍婉珊

伍婉珊：现在请举起你们的右手，握紧拳头，跟着我说，

高中的苦，我不怕，因为我还有梦；

我不后退，因为我不想后悔；

我要用更好的成绩，拥抱更好的未来；

我愿从此不再害怕，

我愿从此不再退缩，

我要从现在奋起，

即使付出再多的泪水，也要脚踏实地；

争一个我想要的未来，

争一个我想要的未来，

争一个我想要的未来！

辉贺：接下来，给大家每人发一张便笺纸，请大家给自己的期末制定一个小目标，写在纸上，贴到追梦人的笔记本中。在写的过程中，有请班主任给我们也鼓鼓劲。

班主任：感谢辉贺和欣婷的精彩主持，感谢欧启湛和梁宏朗几位同学的本色演出，也感谢两位班长的示范引领。今天班会上所说内容，正是我想要跟大家说的心里话。同学们，青春是人生最美好的时光，如果你还有梦，请你坚持，如果需要，我的肩膀就是你无助时的依靠。梦想不是成功人士的名片，它也属于在座的平凡的我们。还记得有次班会上康辉的《平凡≠平庸》的演讲吗？我们是平凡的人，我们可能也在做着平凡的事，但是我们不能妥协和躺平，我们要去不断尝试把平凡变得不那么平凡，至少让自己看得下去，让别人觉得不是平庸吧。因此，我们坚持的梦想的路其实就是一条平凡之路。所以，

在班会结束时刻，我建议我们齐唱我们的班歌《平凡之路》。让下一个开学之际，我们又能遇见不一样的自己。

（作者系怀集县第一中学吴玉章）

主题二：认识自我——迈向成功的前提

人贵自知。对自己的认识不仅是一种能力，更是迈向成功的前提。通过正确认识自己，了解自己的长处和缺点，有助于我们找准目标，确立理想，进而追求梦想；通过正确认识自己，认识到自己的禀赋和独特性，有助于我们树立信心，更好地发展自己的能力。认识自己不仅赋予我们前进的勇气，更带给我们前进的力量！认识自己，才能超越自己！

"认识自我"主题班会课，侧重于中学学段的初一和高一年级。只有让学生学会认识自己，才能让他们更好地树立理想。因此，励志教育要引导学生正确认识自己，真实看待自己，勇于直面人生，不断奋斗，不偏离心之轨道。以最真实的态度勇敢生活，获得成功，驶向梦的彼岸。

·案例·

独一无二的我——认识自我

一、教学思路

高中阶段是学生自我意识迅速增强的时期，是人生观、价值观形成的关键时期。但由于高中生此时心智还未完全发育成熟，对于自我、他人和社会缺乏客观、辩证的认识，就会怀疑"现在的我"，茫然"未来的我"，在"现实的我"和"理想的我"之间模糊不清，不知道如何塑造和发展自我，找寻不到成长点，无法树立适合自己的发展目标。鉴于此，高中生能正确地认识并塑造自己显得尤为重要。

认识自己是塑造自己的前提，塑造自己是认识自己的提升，二者相互依存，密不可分，没有绝对明显的先后，不可完全割裂。本课旨在通过让学生回顾成长过程中自己的变化，更好地帮助学生认清当下的自己，掌握认识自己的正确方法，在角色期待行动中，进一步塑造、发展自己。

二、教学目标

1. 知识与技能：明确认识并塑造自己的重要性；了解自我的三个方面；学会通过多种途径来认识和了解自己。

2. 过程与方法：运用活动探究、知识讲述、课堂讨论的方式，把知识与学生实际需要结合起来，让学生在体验和感悟中，懂得如何将"现实的我"和"理想的我"整合统一，正确地了解自己，有目标地塑造自己。

3. 情感态度与价值观：让学生客观看待自己，增强学生自我认同感，逐渐形成稳固的自我评价态度和行为方式；培养学生人生发展意识，树立适合自己的目标，具有不断丰富完善自己的意识。

三、教学重难点

1. 重点：学生能全面客观地认识自己。

2. 难点：学生能无条件地接纳自己，明确塑造自己的方向，知道如何突破和改变。

四、教学方法

活动、讲述、讨论。

五、教学准备

1. 便利贴（每个学生两张）。

2. 课件制作。

六、教学时间

1课时。

七、教学过程

（一）课堂导入

想一想：你每天说得最多的一个字是什么？

答案："我"。

师：请同学们用几句话把自己介绍给老师认识。（老师先用几句话把自己介绍给同学们认识）

（二）自我的三个方面

师：谢谢同学们精彩的自我介绍。同学们想一想，刚刚我们在介绍自己的时候，都是从哪些方面来介绍的？

答案：自我的三个组成部分。

自我由生理自我、心理自我和社会自我三部分共同组成：

生理自我是个体对自己躯体生理上的认知，如外貌形象、高矮胖瘦等。

心理自我是个体态度、信念、价值观念及人格特征的总和，包括个体如何看待自己的内心世界。

社会自我是处于社会关系中的自我，如作为学生、朋友、家庭成员等不同的社会角色及其在群体中的特点。

师：我们同学要能全面深入地认识自我，就必须从这三个方面去反观自己，不断自我反省。

（三）活动一：假如"你"失踪了——寻人启事（自我评价＋他人评价）

师：下面请同学们根据自我的三个部分（每个方面至少写5个显著特征）给自己写一则寻人启事。

学生完成课堂活动（自评与他评）。

（四）故事分享：美国总统——林肯

林肯是美国历史上最著名的总统之一。由于他的相貌很丑，常常被政敌讥笑。在竞选总统之前，他的一位政敌开口骂道："你长得太丑了，简直让人不堪入目。"林肯微笑着对他说："先生，你很荣幸，你将因为骂一位伟大的人而被人们所认识。"

思考：林肯如果只把眼光停留在自己丑陋的外貌上，他的结局将会怎样呢？

（五）当下独一无二的我们

播放视频《当下独一无二的我们》（匿名展示学生提前写好的优缺点）

师：当下的我们可能会有较多的缺点，但我们要知道，因为不断地接受教育、思考、学习塑造自己，我们发现这一路上自己都在不断地发生变化，有成长，也有不如意，所以认识塑造自己是一个立体动态连续的过程，永无止境。

（六）活动二：未来理想状态的我们

根据自己当下实际多样角色身份，选出你满意的几种身份并写上这个身份中你最满意的2~3个特征，并对该身份进行一个期待。

比如我自己：作为家人，我是负责的、有爱的，……希望今后能更好地稳定自己急躁的性情；作为教师，我是认真的、积极的、合作的，……希望今后能逐渐培养安静沉思的品质，具备一定的科研能力。

（七）现实与理想自我整合四部曲（PPT展示）

1. 正确认识自己，明己之长，知己之短。

2. 确定符合自己实际的目标。

3. 克服困难，挖掘潜能，尝试突破和改变。

4. 不断塑造自己，接近角色期待。

（八）课堂结束

师：古人云"以铜为镜，可以正衣冠；以古为镜，可以知兴替；以人为镜，可以明得失"。日子每天都是新的，我们每天都会迎来新的自我，让我们学会找寻准确的镜子，用全新的目光重新审视自己，塑造自己，在成长路上挥洒精彩，成为有抱负、有韧性、有战斗力的新时代有为青年。

（作者系怀集县第一中学董敏敏）

二、笃志——勇于追梦

江水因为有了理想，并能在追求中勇往直前，才得以冲破高山的阻挡，开创了九曲回肠的壮美；树种因为有了理想，并能在过程中坚持不懈，才得以冲破巨石的重压，彰显出生命的坚毅和伟大；而我们，只有有了我们所追求的理想，并在憧憬中笃志追求，才可以冲破愚昧的桎梏，走向成功[①]。

青少年要勇于追梦。追梦路上并不是一路坦途，我们可能要经历许多打击和挫折。我们只有积极向上、自信自律、自立自强、持之以恒才能坚守自己的志向，为梦想努力拼搏，到达成功的彼岸。

主题一：阳光心态——追梦路上的垫脚石

阳光代表着乐观向上，阳光代表着明朗热情，阳光代表着积极健康。

---

① 周立扶. 激励教育原则在高中数学教学中的应用探析［C］//. 2020年教育信息化与教育技术创新学术论坛（西安会场）论文集（三）.［出版者不详］，2020：46-48.

阳光心态，就是一种积极的、向上的、宽容的、开朗的、感恩的健康心理状态。

立志易，笃志难。拖延、恐惧、懒惰都可能会让我们在追梦的路上停滞不前或迷失方向。只有拥有阳光心态，才能克服拖延，征服恐惧，战胜懒惰，扫除前进的障碍，走向成功，实现理想；只有拥有阳光心态，才能将挫折变成帮助我们成长的阶梯，而不再是阻挠我们前进的障碍；只有拥有阳光心态，才能让学习和工作变得高效，生活变得幸福。"心志"为"心"和"志"，心态好，志气保。无论是在学习中还是在生活中，都需要一种阳光心态。教师对学生进行励志教育，必须教会他们驾驭好自己的心态，让他们拥有阳光心态，获得精彩人生。

"阳光心态"主题班会课，适合中学所有学段学生。初一、高一年级侧重于培养学生积极、乐观的心态；初二、高二年级侧重于教会学生磨砺意志、战胜挫折；初三、高三年级侧重于知恩感恩教育，让学生把感恩之情化为学习中自强不息、顽强拼搏的励志精神。

·案 例·

悦纳情绪　调节有方

一、学情分析

当代高中生在科学不断进步、社会不断变革的今天，虽然身心快速发展，但他们的心理发展赶不上生理发展，而且此阶段的学生正处于人生的重要关口，已经有较强的独立意识，但是自控能力和心理调节能力还比较薄弱，又处于发展的不完全成熟期，形成了他们内心需要与意志调控能力之间的失调，从而导致他们在处理很多学习和生活中的问题时冲动、极端化，难以很好地调节自己的情绪。

二、教学目标

1. 通过体验学习、小组讨论、情景演练等形式提高认识，明确学会调节情绪的重要性，掌握常用的情绪调节方法。

2. 通过演练活动让学生学会表达情绪，善于驾驭情绪，优化个性品质。

三、教学重难点

1. 教学重点：认识到调节情绪的重要性。

2. 教学难点：学习掌握调节情绪的方法。

四、教学方法

游戏体验法、情境演练法、小组讨论法以及探究法。

五、教学准备

营造良好的心理氛围空间，准备多媒体课件、A4纸、笔、一个盒子。

六、教学过程

（一）课前小游戏——大风吹

规则：老师发布指令"大风吹"，同学们问"吹什么"，老师说"吹走所有戴眼镜的同学"。那么所有戴眼镜的同学就必须离开位子，重新寻找位子，最后一个找到位子的同学被邀请来做下一轮的发令员……

经过几轮游戏以后，请同学们分享，在游戏过程中，产生过哪些情绪。

同学们从热身游戏中，直观地体验、感受情绪的产生，引出情绪是一种内心体验，是伴随着我们的生活经历过程，自然而然所产生的内心体验。

（二）小组讨论

1. 分小组讨论，有哪些描述情绪的词汇是我们常用的。

2. 每个组派一个代表在黑板上写出3个常用的描述情绪的词语，尽量不重复。

通过小组讨论活动引导学生进一步正确认识情绪、尝试去描述情绪等，让学生感受情绪的多样性和复杂性。

（三）活动——情景演练

案例：

Lily是一名高一的女生，开学不久，她和室友A成了非常要好的朋友。后来A和另外一位同学走得更近了，Lily感觉受到了冷落。近半个多月来，一想到A，Lily的情绪就比较低落，睡眠也较差，能理解所学的知识，但是平时上课注意力下降，参加集体活动也减少了……

Lily遇到了困扰，请体会一下，她可能会产生哪些消极的情绪呢？

邀请同学们结合自身的经验和方法：

1. 想办法帮助Lily调节消极情绪，走出困扰，并把你的方法写下来。

2. 写完后折起来，放进老师的盒子里。

（四）分享——锦囊妙计

老师随机抽出学生们交上来的调节情绪的锦囊妙计，总结出常用的情绪调节方法，大家互相学习。

1. 宣泄法。

2. 理性情绪疗法。

3. 注意力转移法。

4. 幽默化解法。

5. 积极地自我暗示。

6. 换个角度看问题。

7. 建议寻求有效的帮助。

（五）拓展延伸活动

通过"帮帮看"这个环节可以看出大家的力量是无限的，相信Lily会在良好建议的基础上走出困境，也许我们的身边还会有被困在自设的困境中无法走出的同学，需要我们给予无私的帮助。

我们可以在班里面设一个心理信箱，当大家有不良情绪或困扰时，可以以匿名信的形式写出，大家一起来寻找解决问题的方案，俗话说"众人拾柴火焰高"！

（六）践行：21天积极情绪养成活动

要求：从今天开始，同学们在课后，每天记录自己学习、生活中所取得的收获以及带来的积极情绪体验，坚持21天。

重视行动，注重收获，记录积极的感受。通过21天的巩固，养成良好的习惯。

（作者系怀集县第一中学孙超）

主题二：自信自律——成功的第一秘诀

自信是成功的第一秘诀。自信是激励自己奋发进取的一种心理素质，是以高昂的斗志，充沛的干劲迎接生活挑战的一种乐观情绪，是战胜自己、告别自卑、摆脱烦恼的一种灵丹妙药。挫折与失败也许会慢慢吞噬我们的信心，使我们胆怯，甚至自卑。在不知不觉中，自卑会消磨软化我们的信念，钝化我们的锐气，使我们畏缩不前。只有重拾自信，才能让我们笃定心中的理想。①

自律，是指引前进方向的风帆。自律，即严于律己，就是要在思想、言行上从严要求自己。自律是很实在的，它堵死了一时的心血来潮，也拒绝了突然的心灰意冷。抵抗诱惑，始终那么平静、从容、镇定。不允许每一天虚弱，不放过每一天庸碌，不原谅每一天懒散。没有不切实际的狂想，只有在可能眺望的地方才能追赶到你想要去的地平线。

每一学段开始就要培养学生自信和自律的品质，因而"自信自律"主题班会课侧重于中学学段的初一和高一年级。自信自律教育是励志教育的重要课题，只有学生自信自律才能让他们始终保持正确的方向，追求目标理想，走向成功。

・案 例・

自律的人更自信

一、班会主题

自律的人更自信——做最好的自己。

二、教学目标

1. 让学生更深入了解自律与自信对行动的影响，引导学生树立自律与自信意识。

2. 通过多种教学方式开展教学活动，如观看小视频、列举事例、讨论研究等。

3. 通过观看视频，让学生去判断自己是自信还是不自信，认识自我，学会自律；以活动的形式，让学生感受自信；以唱歌的方式，让学生在快乐的旋律中培养自信。

---

① 刘丽萍. 浅谈在初中思想品德课教学中的感恩教育［J］. 中学课程辅导（教师教育），2016（22）：71.

三、活动对象

八年级B6班学生和授课老师。

四、活动背景

八年级B6班的学生，虽然现实是他们已经上八年级了，但是他们在心理上还不是很成熟，他们的自我控制能力比较差，不能很好地约束自己的行为。一方面，这个题目是切合我们班级特色"行为自律"的；另一方面，也希望此次活动让他们获得各方面的自信，行为上和学习上都能够自律、自信。

五、活动目的

针对本班部分同学不自律，喜欢调皮捣蛋，上课随便说话，以及在学习上不能自主独立，喜欢依赖家长和老师的行为，我们班举行了"自律的人更自信——做最好的自己"的主题班会。

六、活动准备

1. 准备好歌曲《我相信》和歌词。

2. 准备好关于自律与自信的励志小视频。

3. 收集好关于自律、自信方面的故事。

4. 提前制作好课件，以及课件里面的视频、音频插件。

七、活动过程

活动准备：播放记录学生从开学到现在生活点滴的视频。

袁文锋老师致辞：我们B6班（寒梅班）是一个团结友爱的集体，我与大家一起见证了成长的点点滴滴。在我们共同创建的一个大家庭中，老师真心希望每一个同学都是自信自律的，能够做最好的自己。我也希望每个同学都能够成为老师的助手，帮助老师一起来管理好自己，管理好班级。

PPT上显示出主题班会的题目"自律的人更自信——做最好的自己"。

【新课导入】

用双减政策前后的迟到现象提出问题：双减前，7:30上课，有人迟到，双减后，8:00上课，还是有人迟到，这是为什么呢？有没有可能，9:00上课，还是有人迟到？为什么呢？带着问题去看视频。

1. 观看名人自律视频。

（1）看完视频，你看到了什么？

（2）视频中主人翁是个什么样的人？

（学生分小组讨论3分钟）

2.什么是"自律"？

（1）自律的人会有什么样的表现？

自律的人善于自控……

（每个小组观看视频后派代表来发表观点）

（2）教师总结：

能够自律的人，一定是善于自我控制的人，能够对自己进行监督和催促的人。

人最难战胜的敌人就是自己的惰性，自己的缺点，自己的不良习惯。

自我控制，则是克服惰性、缺点和不良习惯的保证。

（3）双减政策下：

不懂得自律的人将一事无成，一生一塌糊涂，懒惰者出局。

自律者必自信，自信者必自强，自强者必优秀，自律者必出众。

3.观看视频《自律的威力》。

我们该怎么做才能让自己变得自律呢？

（学生小组讨论3分钟，由小组代表来作答）

（1）教师总结。

（总结自律的好处）

（2）自律诗：

（学生齐读）

我要自律，

因为自律可以规范我的人生。

自律就是约束自己，

自律就是警惕自身。

自律让我遵纪守法，

自律让我谦虚谨慎。

自律让我稳重踏实，

自律让我勇担责任。

4. 观看视频《自信法则》。

（1）引出问题：自律的人更自信，什么是"自信"？

（观看视频后，由学生分小组讨论3分钟）

（2）综合各个小组的回答，教师总结：

自信又叫自信心，是人对自身力量的一种确信，深信自己一定能完成某目标。

（3）视频的启发：

①要学会自信，自信是内在发出来的，它有个名字叫做魅力，要相信自己。

②不要太在乎他人对自己的评价，不是别人说你优秀，你才优秀。

③自律的人更加自信，因为自律的人威力无穷。

5. 培养自信的方法：

（1）学会正确认识自己。

（2）端正认识："金无足赤，人无完人"，不要一味与人比高低，不要过分敏感他人对自己的评价。

（3）学会做自己，相信自己。

6. 自信诗：

（学生齐读）

我要自信，

因为自信可以改变我的人生。

自信就是相信自己，

自信就是相信他人。

自信让我豪情满怀，

自信让我聪明勤奋。

自信让我勇往直前，

自信让我快乐真诚。

7. 分享一下你学到了什么，并谈谈对自律、自信的感受。

（学生分小组讨论4分钟，并由小组代表来发言）

8. 教师总结：

自律，指在没有人在现场监督的情况下，自己要求自己。

自信，伟人说"自信是成功的一半"。一个自信的人，会让身边的人感受到他的不同，充满活力，充满信心。这样的人怎么会不成功呢？

分享《一个瓶子》的故事：

一个空瓶子，如果拿去卖值一毛钱。

如果瓶子装的是水，它值1元。

如果瓶子装的是饮料，它值1元。

如果瓶子装的是奶茶，它值10元。

如果瓶子装的是酒，它值几百元。

……

希望同学们努力提升自己！

9.全班歌唱《我相信》，结束本节课。

想飞上天　和太阳肩并肩

世界等着我去改变

想做的梦　从不怕别人看见

在这里我都能实现

大声欢笑　让你我肩并肩

何处不能欢乐无限

抛开烦恼　勇敢地大步向前

我就站在舞台中间

我相信我就是我　我相信明天

我相信青春没有地平线

在日落的海边　在热闹的大街

都是我心中最美的乐园

我相信自由自在　我相信希望

我相信伸手就能碰到天

有你在我身边　让生活更新鲜

每一刻都精彩万分

I do believe

（一个男同学领唱第一遍，一个女同学领唱第二遍）

通过这首歌，学生的情感再一次得到升华，希望通过这次活动，把全班同学团结在一起，让他们在活动中有所学、有所悟，做行为自律、自信的好学生。

（作者系怀集县第一中学袁文锋）

主题三：持之以恒—— 一切成功的前提

欲起步的人贵立志，已起步的人贵坚持。绝大多数学生之间的智商是基本相同的，能否成才的关键在于学生是否有勤奋进取、持之以恒、刻苦钻研的学习精神，并养成良好的学习习惯。坚持是一切成功的前提，短于坚持，什么事情都不可能做成。志向再远大，如果不把努力落实在每天的具体行动中，理想就会成为空想。坚持需要磨砺意志。励志教育除了让学生树立远大目标外，还要培养学生的恒心和毅力，让学生坚守志向，脚踏实地，勤奋刻苦，走向成功。

"持之以恒"主题班会课，侧重于中学学段的初一、高一年级和初二、高二年级。初一、高一年级侧重于培养学生的意志力；初二、高二年级侧重于培养学生的刻苦拼搏精神。

·案例·

每天进步一点点

一、班会背景

11月19日学校举行期中考试，考试结束后许多学生情绪低落焦虑，不能正确看待成绩和暂时的失败，缺乏学习的动力。并且高二学生所面对的诱惑形形色色，如手机、网络游戏、早恋等。有少部分学生深陷不良诱惑，在学习方面意志力不坚定，有放弃学习的念头。

二、设计理念

1. 利用身边的正面例子，引起学生共鸣，感受持之以恒的强大力量。

2. 引导学生反思自身，是否受诱惑影响甚至放弃学习，明白持之以恒与放弃学习是两种不同的选择。

3. 教会学生懂得规划自己的课余时间，明确课余时间的计划并保证落实，坚持到底。

三、辅导重难点

1. 辅导重点：在学习上见贤思齐，反思自身。

2. 辅导难点：规划课余时间并制订好计划，保证落实到位。

四、辅导准备

准备好课件、视频，课前找好学习互助对象。

五、教学过程

（一）第一环节：锲而不舍，金石可镂——感受坚持的力量（10分钟）

活动一：观看第47届校运会高二A级男子拔河的高光时刻（3分钟）

师：播放两个年级男子拔河夺冠的视频并让参与其中的同学回忆比赛经过。让学生思考年级男子拔河艰难的夺冠过程对我们的学习有何启示。

生：（思考并回答问题）

（设计意图：让学生明白走向成功并非轻轻松松就可以实现，我们学习的竞争对手很强大，同时自己也要有必胜的信心，拼尽全力并持之以恒）

活动二：正面引领身边的榜样和苏炳添之神秘"一厘米"（7分钟）

1. 师：同学们，你有见过早晨六点的一中吗？

（采访早上第一个到教室学习的同学）

问题一：你每天都是那么早来到教室学习的吗？

问题二：是什么信念让你如此坚持？

2. 生：（思考并回答问题）

（设计意图：让学生领会这世界上没有所谓的天赋异禀，每一个你认为优秀的人并不是天生优秀，他仅仅是比你每天努力一点点，夙兴夜寐，披星戴月，你们便有了差距）

（二）第二环节：锲而舍之，朽木不折——拒绝不良诱惑，真抓落实（15分钟）

活动一：不良诱惑危害大，勿让诱惑误终生（3分钟）

师：同学们，在学习上有什么事情会让你分心？

生：（思考并回答问题）

师：（总结我们身边的不良诱惑及危害）

（设计意图：让学生认清身边的不良诱惑及危害，坚定学习的意志）

活动二：珍惜课余时间，每天进步一点点（12分钟）

师：请大家写出可利用的课余时间。这些课余时间你可以完成什么学习任务？

生：（写下可利用的课余时间和这些课余时间可以完成的学习任务是什么）

生：（小组讨论如何拒绝诱惑，坚持到底）

（设计意图：让学生清晰了解自己可以利用的课余时间有哪些，这些课余时间自己可以完成哪些学习任务，在落实方面既需要自身努力也要懂得向同学、老师或家长寻求帮助。每天进步一点点可以奔向理想大学）

（三）第三环节：时光不负追梦人（15分钟）

活动一：分享本节课的收获，做出奋斗承诺（12分钟）

师：（分享本节课的收获，让学生写出自己充分利用课余时间学习的决心，找好监督人并在全班承诺）

生：（分享收获，写出具体计划并在全班承诺，找好监督人）

（设计意图：让学生明确目标，学会时间管理，利用好课余时间。引导学生相互帮助，相互监督，形成课余时间班级良好的学习氛围，积小流成大河，持之以恒，共同进步）

活动二："习"语智典，集体宣誓（3分钟）

师：（引用习近平总书记关于持之以恒、顽强拼搏的重要讲话，鼓舞学生）

生：（领会习近平总书记的寄语，进行集体宣誓）

（设计意图：鼓舞学生，激发斗志，情感升华）

班级誓词：

我以青春的名义宣誓：

我坚信我是一名优秀学生。

学习是我的天职，高考是我的方向。

永不气馁，自强不息；

相信自己，我有潜力；

学而不厌，持之以恒；

勤思善问，严于律己；

团结友爱，共同向前。

决胜考场，拼搏努力；

父母为我自豪，老师为我骄傲。

我行，我要行，我一定行！

（作者系怀集县第一中学黄甲文）

主题四：自立自强——战胜困难的最好武器

在人生路上，我们可能要经历许多打击和挫折，而自立自强也正是我们战胜困难和挫折的最好武器。懂得了自立自强，学生就不会因为别人一句否定而怀疑自己；学会了自立自强，学生就不会因为一次考试的失败而一蹶不振；明白了自立自强，学生就不会被生活的困境打倒！因此，培养学生自立自强的优秀品质是励志教育的重要内容。

"自立自强"主题班会课，侧重于中学学段的初一、高一年级和初二、高二年级。教师通过培养学生自立自强的品质让他们在磨炼中成长起来，而且变得坚强，让他们依靠自己的力量立足，奋发图强。

·案例·

自立自强

一、教学目标

1. 让学生了解自立自强是一种优秀的品质，让学生懂得自立自强的重要意义，明白伟人都是自立自强的人。

2. 教育学生在生活中不得过分依赖父母、老师，要克服依赖心理，为实现自己的理想奋发图强。

3. 通过相关表演激发学生自立自强的热情，主动培养自立自强精神。

二、教学重难点

重点是让学生理解自立自强的含义和精髓，难点是如何让学生学会在日常生活中做到自立自强。

三、课前准备

1. 借助网络的力量搜查自立自强相关的素材，设置节目，分别是演讲（两篇）、朗诵、小品、合唱，内容形式多样。

2. 彩银老师负责指导参加表演和主持的学生，让学生的表演更具专业性。

四、班会流程

【主持人开场白】主持人：李丽婷和林紫莹

李：尊敬的老师，

林：亲爱的同学们，

合：大家下午好！

李：荆棘挡不住鲜花的怒放，乌云遮不住炙热的阳光。

林：心跳的声音是冲锋的号角，鸣奏着不息的节拍。

李：欢迎大家参加这次"自立自强"主题班会课，我是主持人李丽婷。

林：我是主持人林紫莹。

李：在班会课正式开始之前，我想问问大家对自立自强有怎样的认识呢？

林：我知道。自立自强大概就是成长道路上由稚嫩走向成熟，即使身处逆境却仍然拥有向前追梦的勇气！

李：你说得非常好。这也让我想到了很多自立自强的名人，他们的故事也都在激励着我们，让我们奋力前行。例如张海迪，即使高位截瘫也在坚持不懈地努力学习、奋斗。

林：嗯，又例如爱迪生出身低微、生活贫困，但凭借自己的奋斗和非凡的才智，自立自强，获得巨大的成功。这些事迹都在深深地影响着我们，感染着我们。

李：是啊。"千淘万漉虽辛苦，吹尽狂沙始到金。"这一句诗说的就是要自立自强，朝着理想不断前行。相信在这次的班会课中，同学们会对自立自强有更深一步的认识。下面请欣赏由黄美英同学带来的演讲《寒门子弟》。

【第一部分】黄美英同学演讲《寒门子弟》

林：感谢黄美英同学的精彩演讲，相信通过她的演讲，大家对自强自立有了更深刻的了解。

李：那到底什么是自强自立呢？

林：其实，在我们的学习和生活中，也有很多自立自强的例子。到底哪一些是自立自强的表现呢？让我们来采访几位同学。（随机采访）

李：看来同学们都对自立自强有了比较深刻的理解呀。

林：是的，作为当代的高中生，希望我们都能做个自立自强的人，不负青春。

李：嗯。对于每个人仅有一次的青春而言，也许我们常常会感叹，在梦里走过许多路，醒来却依然在床上。人不能活在梦幻式的理想中，有拼搏、有奋斗的青春才是最无悔的。下面请欣赏由陈富琳、植银英、卢加涛、邬镰好四位同学带来的朗诵《闪耀吧　青春的火光》。

【第二部分】陈富琳、植银英、卢加涛、邬镰好同学朗诵《闪耀吧　青春的火光》

林：感谢这四位同学带来的精彩朗诵。正如诗中所说：在青春的世界里，沙砾要变成珍珠，石头要化作黄金。青春是光芒四射的，青春是充满激情的！

李：同学们，天行健，君子以自强不息。下面有请徐小图同学为我们带来演讲《自立自强》。

【第三部分】徐小图同学演讲《自立自强》

林：谢谢徐小图同学的精彩演讲，说得多么具有气魄啊。

李：是的。正如小图同学所说，每个人都有一份属于自己的志向，也许远大，也许平凡。下面请欣赏由黄睿、黄俊荃、程迎弟三位同学带来的小品《只要我们努力》。

【第四部分】黄睿、黄俊荃、程迎弟同学主演小品《只要我们努力》

林：感谢三位同学带来的精彩表演。小品中，三位主人公都怀揣着各自的梦想，在山坡上立下誓言，感人肺腑，青春澎湃！

李：是啊，希望同学们也要坚定理想，自立自强，不辜负寒窗苦读十余载的付出，不枉费我们珍贵的青春岁月。

林：下面请谢海梅老师对此次班会作出总结。

【第五部分】班主任总结

1. 什么是自立？

自立意味着我们学会合理地安排自己的日常生活；意味着我们长大成

人，离开父母的保护，独立生活；意味着要靠自己的力量，创造生活。

2. 什么是自强？

自强意味着自力更生、奋发图强；意味着在困难面前知难而进，顽强拼搏。

3. 提几点希望：

第一，希望你们是一个健康的孩子，身体上和心理上都健康。

第二，希望你们做一个有爱心、有孝心的人。既然你们长大了，就不要过分地依赖父母，要自立自强，要承担责任，去给渐渐老去的父母一份安慰、一个依靠。

第三，希望你们做一个有教养、有学识的人。平时的作业要自主完成，不得抄袭；考试不得偷卷，做最真实的自己，自己努力得来的才真实，而不至于患得患失！

第四，希望你们做一个有理想的人，要有尊严地活着。既然是高中生了，就要为自己心中的理想打拼，执着于学习；要相信汗水，不相信泪水。不甘于平凡而务实于平凡的努力，才会不苛求成功而备受成功的青睐。

李：感谢谢老师的总结。最后，大家一起合唱《海阔天空》，现在有请徐子珊和李锋军同学上台领唱。

【第六部分】合唱《海阔天空》

林：同学们，在你们感人的歌声中我感受到了你们自立自强的决心！一个人只有自强不息，才能在面对困难的时候乐观向上、坚强勇敢，才能志存高远，为远大的理想执着追求！

李：自强不息的精神，已深深熔铸在中华民族的生命力、创造力和凝聚力之中，成为中华文明得以延绵千载、生生不息的精神动力。

合：同学们，拿出我们尝试的勇气，拿出我们青春的热情，让我们做个自立自强的人吧！下面我宣布，"自立自强"主题班会课到此结束，谢谢大家！

（作者系怀集县第一中学谢海梅）

三、践志——勤于圆梦

青少年要勤于圆梦。努力，是实现梦想的桥梁。青少年要奋斗拼搏，挑战自我，激发潜能；要增强实现理想目标的行动力，在实践中提升自我；树立责任和担当意识，践行理想目标，担当有为，追求卓越，走向成功。

主题一：激发潜能——为自己插上成功的翅膀

潜能，即潜在的能力，是隐藏的、平时不表露的，一旦表露便会释放出巨大能量。每个人都有内在的潜能，只要能发挥出这些潜能，就能超越自己。对于学生的学习来说，潜能，就是一个学生在特殊情况下，最大限度地发挥自身的体力、思维能力、想象力和创造力，运用已有的知识和技能去能动地学习新知识及解决学习问题的能力。这种能力外化时学生往往表现出超常发挥的特点[1]。励志教育必须着眼于学生潜能的唤醒、开掘与提升，促进学生的自主发展；必须着眼于学生的全面成长，促进学生认知、情感、态度与技能等方面的和谐发展；必须关注学生的终身学习的愿望和能力的形成，促进学生的可持续发展。

"激发潜能"主题班会课，侧重于中学学段的初三、高二年级。通过以往的教学，我们已经发现学生身上的优缺点，知道他们的兴趣爱好，在此基础上，对初三、高二学生进行挖掘潜力的训练，创设能调动学生潜力的特殊情境，训练学生积极发挥潜力，努力让他们朝一个好的方向发展。

·案例·

超越自我，激发潜能

一、课程说明

九年级的同学需要以良好的姿态面对充满挑战的九年级生活，在遇到困难时勇往直前、不轻言放弃，学会坚持到最后。本课旨在通过故事启发和实践活动让学生亲身体验如何把看似"不可能"的事情通过坚持变成可能的事情，以此激发学生树立信心，以正确的态度看待困难，从而激励他们去坚持追求自

---

[1]　彭发军，沈林. 医学院校"大医"文化育人体系构建的实践探索［J］. 装备维修技术，2020（5）：3.

己心中的目标。

二、教学目标

1. 认知目标：让学生认识每件事情都有存在的可能性，了解突破"不可能"的可能性。

2. 态度和情感目标：在活动中体验内在的力量，使学生感悟到不管遇到什么困境，不要轻易说自己不可能做到，不要轻易给人生设限。

3. 能力解决目标：通过活动使学生在遇到生活和学习上的困难时能积极主动去面对，尝试把自己看似不可能做到的事情变成可以做到的事情，思考把这种感受转化为生活中具体的行动。引导学生以坚持不懈的态度去面对九年级的学业挑战。

三、教学重难点

1. 教学重点：引导学生积极参与活动，在实践中获得体验和感悟。

2. 教学难点：思考如何把意识层面上的感悟转化为日常生活中的具体行动。

四、课时与教学对象

1. 课时：一个课时（40分钟）。

2. 教学对象：九年级A13班学生。

3. 教学策略与方法：

本节课主要采用实验、视频、讨论、分享、感悟等教学方法，采用动手尝试、讨论分享、教师总结等学习方式。

五、课前准备

多媒体：电脑（视频播放、音频播放、PPT）。

所用材料：卡纸。

六、教学过程

（一）课程导入（3分钟）

1. 教师引导：同学们，在上课之前，我想请同学们做一个游戏，游戏的名字叫掌声响起来，用最快的速度鼓掌。

鼓掌结束，请同学们回答20秒拍了多少次。我们实际只拍了20秒。继续提高要求，20秒内拍40次，20秒内拍60次。提问：三次鼓掌，哪一次你速度最快、状态最投入？

2. 学生分享：如果不去尝试，就永远不知道自己的潜能，不知道自己能做多好。

3. 教师总结：是的，一个有趣的小游戏，让大家突然发现，自己的潜力其实很大。

引出这堂课的主题"超越自我，激发潜能"，将"不可能"变成"可能"。

（二）课程展开（35分钟）

【环节一】分享实验，初步感受启迪

1. 教师引导：超越自我，将"不可能"变成"不，可能"。但事实上，很多同学面对可以做到的事，心里老在想这是不可能成功的。我在心理辅导室里，经常听到同学们会这样说"老师，我努力了，就那样，学习成绩怎么也前进不了"，这时，我往往会给他们讲一个实验，今天也拿来和同学们分享一下。

2. 教师引导进入活动二：请在卡片上写出进入初三后近三个月来学习上的具体困惑，例如"我不能____""我不会____""我无法____"等。

3. 学生：（1）我不能____。（2）我不会____。（3）我无法____。

请将卡片上的"我不能"改为"我能"，"我不会"改为"我会"，"我无法"改为"我可以"。

【环节二】观看坚持成功的视频，让心灵再次受触动

1. 教师引导：一个人不成功是因为没有目标，没理想，没追求，没自信，不知道自己的潜能有多大。相信这个视频可以让我们再次感受人的无限潜能，只要你敢想、敢做、敢坚持，就一定会成功。

2. 学生讨论分享：（1）最触动你的一幕或者一句话是什么？给你最大的收获是什么？（2）你自己或身边的人有没有类似的经历，和大家分享一下。

3. 教师总结：一个橄榄球场的长度是100米，布洛克背着一个160斤的人爬完了全场。我统计了一下，在这个过程中，他的教练喊了13次"对了（就是这样）"，15次"加油"，23次"别放弃"，48次"继续"。世间最容易的事就是坚持，最难的事也是坚持，从"不可能"到"可能"的最后一步在于坚持，就像这个挖井人，成功其实离他不远，可就差那一点坚持。

4. 《永不放弃》讲述在进行一项队员认为无法完成的训练项目时，教练

不断给予积极的心理暗示，激发运动员的潜能，将"不可能"变为"可能"。

所以，请同学记住，坚决挑战自我。心有多大，舞台就有多大。虽然自己是一只猫，但如果你认为自己是一只老虎，你就会有成为一只老虎的潜能。

5. 活动二续"不可能"变成"可能"。

6. 相信自己，只为实行心中的梦。对于一个生活中的强者而言，这个世界上不存在他不能办到的事情，关键在于他是否以巨大的热情和坚强的意志去改变他渴望改变的现实。没有什么力量能操纵你的命运，除了你自己！

【环节三】活动三：20秒鼓掌续

1. 规则如前所示，这一次请大家重新估计一下自己的预期次数，然后拿出自己的最好状态，再次挑战一下自己在20秒内的鼓掌次数，并记录在卡纸上。

2. 感悟分享：跟上一次相比，你的鼓掌次数进步了吗？达到你的预期目标没？你有什么感受？

3. 如何把"我能""我会""我可以"实现？开启智囊团：请把自己的卡片传给1位同学，请他为你开"处方"。

4. 教师总结：无论何种方法，最重要的是，要付诸实践，要真正去做才行。

我们每个人都在追求梦想，但要把梦想变为现实，不仅需要我们不断地发掘自己的潜能，更需要我们坚持不懈地付出努力和汗水，因为——没有人能随随便便成功！

【环节四】谈感想，表决心

1. 教师引导：通过今天的课，我想大家一定有很多感受，给大家2分钟的时间思考并写下来。同学们可以按你自己所思所感去写，写下来激励自己，陪伴自己，让自己的潜能无限激发出来！

2. 请小组同分享：（1）九年级一年里，我要坚持自己的目标，我决不轻易放弃。（2）我要突破自我限制，相信自己的无限潜能。（3）我自信、我成功。

（三）课程总结（2分钟）

同学们，学习的道路上你们可能会遇到很多困难，那么老师希望你们在面对困难时，不要轻易放弃，不要轻易否定自己，不要觉得自己不可能成功。

记住今天我们所听的，所看的，所想的，所写的。相信自己，把自己最大的潜能激发出来，那么我们就可以超越自己，把很多"不可能"变成"可能"。发挥自己人生的极致，实现自己心中美好的梦想。

（作者系怀集县第一中学黄柳庆）

主题二：拼搏奋斗——通往理想的道路

幸福都是奋斗出来的！

如果人生是一道风景，那么只有在风霜雪雨的路上永不停歇，才能看见更远更美的风景。如果人生是逆水行舟，那么只有在险滩密布中勇搏激流，才能感受奋斗的充实。

人生需要理想，理想就像航船，一程一程向前推进，不断驶向幸福的彼岸。我们通向理想的路，只有一条，那就是不轻言放弃，脚踏实地，不屈不挠，拼搏奋斗，励志笃行。

·案例·

拼一载春秋　搏一生无悔

一、活动背景

高一第一学期，学生经过一段时间的学习，已经逐渐适应高中的生活。然而我发现很多学生无论是在学习上还是心理上都还是很被动，上课被动，学习被动，提问被动，学习状态是被动，而不是主动；也有部分学生在心理上给自己过多的压力，所以高一期末出现了学习疲态，缺乏学习主动性的现象。这次的励志主题班会课旨在帮助学生找回自信，调整心态，更好地迎战期末。

二、活动目的

1. 通过本次主题班会，让学生了解已经进社会工作的人所面对的困难，明白困难的价值在哪里以及我们应该如何直面困难。

2. 运用积极心理学、多媒体技术，提高学生的应急能力，培养学生积极进取、不畏困难的坚强意志。

3. 激发学生学习的积极性和主动性，做好期末的备战复习。

三、活动准备

1. 活动形式：通过现实例子、学生讨论、多媒体展示等，学生能够深刻体会工作的不易、学习的重要性、人生奋斗的价值所在。

2. 制作PPT、活动方案、准备明信片等。

四、活动过程

流程一：（提问学生）回望高一已经过去的三个月，你的高中生活是什么样的？

让学生见识人们的现实生活，思考其父母是否就是其中一员。

1. 认识你学习困难和别人学习困难的区别。

2. "奋斗，努力"是图片中谁说的话？答案：周星驰《喜剧之王》的台词。

总结：高中，是一首关于拼搏的歌。

学生朗诵（富有感情）：很多孩子抱怨读书苦，读书累，可相比较而言，谁更苦，谁更累呢？命运向来不公，有的人生而富贵，有的人自幼贫穷。对于没有伞的孩子来说，读书是改变命运的最好出路。读书能照亮他们未来的路，能让他们看到外面更广阔的世界。好好读书吧，命运终将不会亏待任何一个努力的人！人生实苦，但请你足够相信：不要着急，只要不放弃，你会看到你的未来。那些你吃过的苦，熬过的夜，做过的题，都会铺成一条宽阔的路，带你走到你想要去的地方。

流程二：请各位同学组成小组，互相交流现在的学习状态。

老师总结几种常见典型情况。

学生感言：很多同学才升入高中时雄心勃勃，但是没过多久就觉得身心疲惫，激情退却。其实这种所谓的激情，多数是被动的，主动的较少。同学们感觉仿佛被绑在战车上，风驰电掣向前冲，惯性使自己不得不快速发生"位移"，所以学习起来缺乏兴奋点，新鲜刺激不够，疲沓困倦，心力交瘁。还有的同学患得患失，一次考试不错，似乎遍地阳光；要是哪次考砸，好像黑暗如磐。这些都是高中生缺乏良好意识状态的表现。

流程三：35天如何冲刺。

老师：距离考试只有35天，从历年备考经验来看，只要你现在全力以赴，一切都来得及。

分享故事《人生没有捷径》。

总结："不积跬步，无以至千里。"我们唯有积少成多，方可以量变之艰辛换取质变之升华。与其说考试是一场对智力的检测，不如说它是一次对积累的检阅。

分享学习和复习的方法与技巧。

流程四：冲刺宣誓。

流程五：学生在明信片写上感受，每组选一位同学在班级面前分享，最后将明信片挂在桌面，警醒自己。

流程六：老师总结发言。

不浪费点滴的学习时间，

不闲谈学习之外的事情，

保质保量完成复习作业，

全心全意进入冲刺状态。

请走进教室就打开书本学习，

请让在你身边讲闲话的同学闭嘴，

请劳逸结合，按时完成作业，按时休息，

请时刻提醒自己这是最后的冲刺！

五、活动总结

本次以"拼一载春秋　搏一生无悔"为主题的励志班会课，拉开了本班奋斗拼搏的时代序幕，让学生在班会课中，认识现状，认清自我，重新审视自己，最后反省自我，激发斗志，调动了学习积极性，保证了在期末最后的35天中，以冲刺的状态迎战期末考试。

（作者系怀集县第一中学卢渝辉）

主题三：责任担当——立身做事的基本条件

做好每一件该做的事就是责任。责任感是我们立身做事的基本条件，责任心是我们事业的基石。

担当，就是勇挑重担、敢于负责。担当是一个人责任心的延伸，一个有担当的人是有责任心的人，是能委以重任的人。高度负责，勇于担当，是一种气魄，更是一种精神。

一个人若是没有热情，他将一事无成，而热情的基点正是责任与担当。有无责任心，将决定一个人的成功和失败，这在人与人的所有关系中也无所不及。一个有责任意识的人一定会努力、认真学习和工作，不会中途放弃，充满动力，实现自己的理想目标[①]。

·案例·

责任担当

班会主题：责任担当

班会对象：九年级学生

班会主持人：班主任

一、学习目标

1.懂得什么是责任和担当，如何做一个有责任心的人。

2.学会做事应有责任心，认真负责，勇于承担。

3.感受责任心的重要性，增强责任意识，学会对自己、对他人、对集体负责。

二、课前准备

1.小品内容以及人员排练。

2.视频录制《交作业》《共创文明校园》。

3.故事《何为责任》《美国总统里根》。

三、班会流程

（一）引入

1.以网络热门话题"90后和00后是垮掉的一代"，展示与这个话题有关的百度百科的截图，让学生知道此话题的出处。

2.观看疫情防控期间的一个视频《疫情期间，90后挺身而出》。

总结：在这次抗击疫情的战斗中，以90后、00后为代表的青年一代，挺身

---

① 蒋国庆，陈和平．"三励教育"助力梦想远航［J］．高考，2019（14）：22-23.

而出，勇挑重担。

3. 小结：其实不只是90后站出来了，各行各业的人们都在各自的岗位上努力着，我们选择了这身护士服，穿上军装，就要承担起治病救人的责任。

（二）教学过程

1. 学生讲述故事《何为责任》。

有一天，彼得问上帝："上帝，什么叫责任？"上帝笑了笑，说："哦，那你就去人间走一趟吧！"于是，彼得就开始了他的旅行。

彼得先来到了一所学校，办公室里一位女教师正在教育一个游手好闲的学生，一个小时过去了，那位学生竟然对老师不理不睬。彼得上前，问道："既然他不听您的话，您干吗还锲而不舍地教育他？"女教师微笑着说："那是我的责任！"彼得明白，原来锲而不舍地教育学生就是责任。

接着，彼得来到了一座漂亮的公园，一位园丁正在辛勤地给草木剪枝，彼得上前问道："为什么你要在这儿剪枝呢？"园丁边工作边说："让它们长得更好是我的责任。"彼得明白了，原来让草木生长得更好就是责任。

接着，彼得来到了一间咖啡厅，一位服务员正在为顾客送咖啡，彼得问道："为什么他自己不来取，却要你送过去呢？"服务员轻声地说："因为那是我的责任。"彼得明白了，原来为顾客送咖啡就是责任。

最后彼得来到一家医院，一名护士正在照料一位非典病人，彼得上前问道："难道你不怕被传染吗？"护士微笑着说："当然怕，但这是我的责任。"彼得明白了，原来照顾非典病人就是责任。

2. 小结：责任是无处不在的，是无时无刻不在的。

社会犹如一条船，每个人都要有掌舵的准备。——易卜生

3. 学生讲述故事《美国总统里根》。

1920年的一天，美国一个小男孩正与他的伙伴们玩足球，一不小心，小男孩将足球踢到了邻近一户人家的窗户上，一块窗玻璃被击碎了。

一位老人立即从屋里跑出来，勃然大怒，大声责问是谁干的。伙伴们纷纷逃跑了，小男孩却走到老人跟前，低着头向老人认错，并请求老人宽恕。然而，老人却十分固执，小男孩委屈地哭了。最后，老人同意小男孩回家拿钱赔偿。

回到家，闯了祸的小男孩怯生生地将事情的经过告诉了父亲。父亲并没有因为其年龄还小而开恩，却是板着脸沉思着，一言不发。坐在一旁的母亲总是为儿子说情，开导着父亲。过了不知多久，父亲才冷冰冰地说道："家里虽然有钱，但是他闯的祸，就应该由他自己对过失行为负责。"停了一下，父亲还是掏出了钱，严肃地对小男孩说："我暂时借钱给你赔人家，不过，你必须想办法还给我。"小男孩从父亲手中接过钱，飞快跑过去赔给了老人。

从此，小男孩一边刻苦读书，一边用空闲时间打工挣钱还给父亲。由于他人小，不能干重活，他就到餐馆帮别人洗盘子刷碗，有时还捡破烂。经过几个月的努力，他终于挣够了赔偿的钱，并自豪地交给了他的父亲。父亲欣然拍着他的肩膀说："一个能为自己的过失行为负责的人，将来一定会有出息的。"

许多年以后，这位男孩成为美利坚合众国的总统，他就是里根。后来，里根在回忆往事时，深有感触地说："那一次闯祸之后，我懂得了做人的责任。"

4. 小结：其实"担当"一词还有更丰富的含义。担当：敢于承担责任；敢于承认错误；敢于挑战困难；为自己、为他人、为社会、为国家的道义而承担责任。里根就完美诠释了什么是担当。

5. 观看学生拍摄的视频《交作业》，小组讨论视频中的学生是否有责任心，是否有担当。

6. 小结：

（1）视频中英语课代表尽心尽责做到本分工作，自觉承担起自己的责任和义务，通过班级的事务，为班级提供良好的学习和生活环境，是一个有责任心的同学。

（2）视频中的雷同学缺交作业，没有按时上交作业还怪罪到家里人没帮忙收拾，不勇于承认自己的错误，还推卸责任，是一个没有担当的同学，对自己的学习也不负责任。

（3）通过视频，我们应该知道，作为学生的我们要对自己的学习负责，做好自己该做的事情，无论是在学习上和生活上都努力做到不让父母操心，要主动担起学习的责任。

7. 观看小品《值日》。

8. 小结：通过小品我们看到，在平常生活中，能及时发现自己的错误并且改正，体现了一个人有责任感。如果一个人没有了责任与担当，那他身边的朋友也会对他疏而远之。

9. 小组讨论"大家为什么要有责任心"，学生自由发言。

10. 小结：责任心是学习和生活的一种积极的态度，拥有了它，我们就会少一些抱怨，少一些牢骚，多一分认真，多一份激情。学习也会因此更加出色，人生也会因此更加精彩。责任是人这一生中必不可少的东西，如果你没有了责任心，你将变成一个别人厌恶的人；如果你没有责任心，你就将一事无成；如果你没有了责任心，你将面临别人对你失去信心的处境。

11. 究竟怎样才是一个有责任心的人呢？附责任心调查表。

（1）与人约会，你通常会提前一会儿出门，以保证自己能准时赴约吗？

是。否。

（2）当你发现自己脚下有纸屑时你会捡起并扔进垃圾桶吗？　是。否。

（3）你会把零用钱储蓄起来吗？　是。否。

（4）发现朋友违规，你会做出善意的提醒吗？　是。否。

（5）当外出的你找不到垃圾桶时，会把垃圾带回家去吗？　是。否。

（6）你会坚持运动以保持健康吗？　是。否。

（7）你忌吃垃圾食物、脂肪性过高和其他有害健康的食物吗？　是。否。

（8）你永远将正事列为优先，完成后再做其他休闲吗？　是。否。

（9）当在你玩得正起兴时，母亲请你帮忙去买酱油，你会放弃玩耍吗？

是。否。

（10）收到别人的信，你总会尽快回信吗？　是。否。

（11）没有警察时，你也会遵守交通规则吗？　是。否。

（12）你经常拖延交作业吗？　是。否。

（13）你经常帮忙做家务吗？　是。否。

（14）你会认真对待每一项作业吗？　是。否。

（15）当你作业做到深夜还未完成时，你会继续努力直至完成吗？

是。否。

12. 小结：回答"是的"，得1分。

分数为11~15：你是个非常有责任心的人。你行事谨慎、懂礼貌、为人可靠，并且相当诚实。

分数为9~10：大多数情况下你都很有责任心，只是偶尔有些率性而为，没有考虑得很周到。

分数为4~8：你的责任感有所欠缺，这将会使得你难以得到大家的充分信任。

分数为4以下：你是个完全不负责任的人。有些朋友的父母可能会对你有成见，力劝儿女少跟你来往。你一次又一次地逃避责任，将会造成你每个工作都干不长，手上的钱也老是不够用。

13. 明确我们的责任：

在家里

爱父母　　　做家务　　　分忧虑　　　少吵架　　　多和气　　　添欢乐

在班级

爱集体　　　爱同学　　　爱老师　　　守秩序　　　少浮躁　　　多认真

在社会

爱国家　　　守法律　　　讲诚信　　　秉公平　　　有爱心　　　敢担当

14. 同学们是如何行动的呢？观看视频《共创文明校园》。

15. 做出责任承诺。

每个人都有不同身份，我是你们的老师，你们是我的学生，也是你爸妈的宝贝，现在请大家写下自己的责任承诺，明确自己的责任所在：

我一定要＿＿＿＿＿＿＿＿＿＿＿，这是我的责任，

因为我是＿＿＿＿＿＿＿＿＿＿＿，所以我应该担起这个责任。

16. 全体起立宣誓：

我立志成为

有理想、有道德、有文化、有纪律的社会主义公民

在家孝敬父母，在校遵守纪律、努力学习

在社会上奉公守法，做一个负责任的初中生

真正做到无悔于青春、无悔于人生、无愧于时代

对未来，树凌云壮志，担使命责任。

17. 班主任总结：

（1）通过这节班会，同学们对责任心的重要性应该有了更深的认识。我们一定要告诉自己"我一定要成为有责任心的人"，我们还可以经常问自己"我怎样改正缺点""我怎样才能对自己负责"。如果每天都能反省自己，不断认识自我，我们就能成为有责任心的人。

（2）要把"人人有责"变成"人人行动"，我们要不断地对自己说"这是我的责任"。提醒自己，要承担属于我们自己的那份责任，但我们要明白"责任心"不是用嘴巴来标榜，而是要用行动来担当起来的。

（3）一定要明白，对自己负责的人，才可能对他人负责，对社会负责，才会是一个有责任担当的人。

18. 班主任寄语：

责任是一块砖，今天看起来微不足道，但它却垫起了每个人明天的高度。

我们要牢记"自强不息、追求卓越"的校训精神，不忘初心，担当起读书报国的使命！让我们与责任同行，为成长担当吧。

最后，宣告班会结束。

（作者系怀集县第一中学苏君）

主题四：走向成功——让青春活出精彩

青少年要勤于圆梦，让青春充满着力量，充满着期待，充满着求知和斗争的志向，充满着希望和信心，在学习生活中自觉肩负起时代责任，全力以赴，切实努力奋斗，用智慧和勇气扬起理想的风帆，用青春和生命奏响时代的强音，掌握航向，不懈摇桨，奏响那青春的激扬乐章，驶向美好未来。

·案例·

让青春活出精彩

一、班会标题

《让青春活出精彩》。

二、适用年级

高三年级。

三、班会背景

高三一轮复习时间已过大半,当初满怀希望与斗志的许多学生经过几个月的历练,仍然没能达到预期的高度;同学们时而懈怠,时而彷徨。本班虽然是学校最好的班级,但似乎许多同学感觉到考进985、211的希望渺茫。12月,正值2021年的最后一个月,本节班会尝试从榜样的力量以及本班学情出发,开展名为《让青春活出精彩》的主题班会,一起探索青春该如何度过才能绽放精彩。

四、班会目标

1. 感受榜样的力量,提炼青春的定义。

2. 从个人、家庭和国家层面加深对"青春该如何度过"的认识。

3. 引导学生全力以赴,在学习生活中切实努力奋斗,让青春活出精彩,自觉肩负起时代责任。

五、班会准备

(一)教师准备

1. 网上搜索名人18岁时的故事,名人的青春。

2. 制作"高考倒计时200天的感想语录"的视频。

3. 个人青春护照设计与制作(准备好卡纸)。

4. 青春榜样事例的印刷。

(二)学生准备

1. 学生按小组提前搜集关于青春的名言名句。

2. 每个学生提前书写"高考倒计时200天的感想语录"。

3. 录制短视频《我想对我的青春大声说》。

(三)班会道具

小组抢答组牌。

纸质材料:个人青春护照。

视频与黑板。

六、活动过程

（一）青春的定义

1. 教师活动。

提问一：

问题1：18岁的你，想成为怎么样的一个人？我们的青春应该如何度过？

提问二：

问题2：结合同学们的青春活力，说说你眼中的青春。

问题3：如何定义青春的内涵？

小结：问世间青春为何物？直教我们拼搏努力！

过渡：青春应是与时俱进的坚守与奋进，在不同时代有不同的内涵。

2. 学生活动。

（1）班会前，以小组名义各选择并写一段话描绘1名班级青春榜样，让其他小组竞猜并思考班级公认的青春榜样。

（2）讨论如何定义青春，并书写到个人青春护照上。

（3）反思：在高考倒计时200天之际，学生代表录下所思所想。

3. 设计意图。

（1）以《再见吧，青春》导入青春主题，使学生明白青春易逝，努力经营当下，直至未来明朗。

（2）通过竞猜活动活跃班级氛围。使学生明白：凡事有因必有果，反思备考的学习状态是否与青春相符。

（二）如何让青春活出精彩

1. 教师活动。

活动：聆听学生代表感想——《一个个懊悔的故事》。

提问：录音中主人公后悔莫及，懊悔当初没有在对的时间做对的事儿。

思考：结合青春榜样革命年代的多松年、新中国建设初期的邓稼先以及现代化建设时期的张京的故事，思考为了更如意的未来，思考当下青春年华的意义。

讨论：当今世界表面上和平，实际上暗流涌动。从个人、家庭、国家层面去思考我们应该立下怎么样的青春志向。

结论：青年、时代、国家是形影相随的铁三角，又是互相助推的波涛。新时代的我们正值青春年华，不能仅考虑个人得失，而应将自己的奋斗目标与国家发展联系起来。

（1）个人层面：从自我价值和理想方面去思考青春时期应立下的志向。

（2）家庭层面：从对家人的回报以及家族荣耀层面去思考青春时期应立下的志向。

（3）国家层面：从国家需要人才以及脱贫攻坚、共同富裕、中华民族伟大复兴的奋斗目标层面去思考青春时期应立下的志向。

总结：科学研究表明，如果只是退想目标有多美好，是很难实现目标的。如果我们考虑通往目标的路上有哪些阻碍，明确障碍后再切实行动，就更有可能实现目标。

2. 学生活动。

（1）仔细聆听他人的感受，体会主人公的无奈。

（2）小组讨论3个故事带来的启发，将讨论结果书写到个人青春护照上。

（3）分享：小组派代表分享如何针对个人问题填补青春空洞。

3. 设计意图。

（1）通过问题的讨论和教师的追问，深层挖掘让青春活出精彩的做法。

（2）引导学生从不同层面去分析问题。

（3）引用WOOP思维模式，将做法具体化，将障碍变为行动力，引起学生的共鸣：一切得落到实处。

（三）班会升华

1. 教师活动。

（1）提问：

问题1：18岁的时候，你想成为什么样的人？

问题2：现在的你已经成为那样的人了吗？

（2）观看短视频《我想对我的青春大声说》。

（3）总结：班会已结束，但新的序幕才刚刚开始。我们躬逢一个千年未有之大变局的大时代，时间为老，理想仍在，青春万岁。

习近平总书记讲过，新时代属于每一个人，每一个人都是新时代的见证者、开创者、建设者。同时，我们班的每一个成员都是一中的见证者、开创者、建设者！只要我们明白青春是与时俱进的坚守与奋斗，我们个人的青春志向要与时代、国家紧密联系起来，在平日学习生活中朝着正确的方向努力拼搏，我们一定可以改写C1的历史，开创C1新面貌！青春易逝，岁月无痕，但成长有迹，理想志向仍在。让我们带着青春榜样的力量，携手青春护照一路向北。青春的精彩，人生的精彩，未来我们一起见证！

2.学生活动。

（1）派代表分享本节课所学。（结合个人青春护照）

（2）播放《我想对我的青春大声说》集锦，学生代表当场喊出自己想要对青春表达的心声。

（3）最后全班朗读青春誓词，一起宣誓活出青春的精彩，人生的精彩。

3.设计意图。

（1）检测学生从这节班会的所学。

（2）引导学生敢于表达出心中所想，用积极向上的态度感染身边人。

（3）在激昂的氛围中达到情感共鸣的效果，提升班级荣誉感。

（作者系怀集县第一中学缪素丹）

第三节
"5+1"自主励志课堂

　　学科教学推行基于问题驱动的"5+1"自主励志课堂教学模式，该课堂模式以"问题导入—自主学习—精讲点拨—强化训练—导图总结"为主要教学环节，以导学案为辅助材料，充分体现"以学生为主体"的现代教育思想，从而打造高效学习课堂。该课堂模式除了要提高学生们的科学文化水平之外，还要求每一个学科都要充分考虑学生的未来发展和持续发展，力争达到每一节课都撬动人的生命发展和人生成长，让每一位教师都成为学生的人生导师和未来引路人①。如思想政治学科通过课堂教学对学生进行品德、行为规范和法制教育，进行爱国主义、集体主义和社会主义教育，进行国情、历史和文化教育，进行社会生活和社会环境教育；通过调动和利用学生已有的经验，结合学生现实生活中实际存在的问题，进行符合社会规范的价值观的教育；通过多种教学活动，帮助学生获得丰富的情感体验，进行积极的人生态度和良好的行为习惯养成教育。语文、历史、地理课等利用课程中语言文字、传统文化、历史地理常识等丰富的思想道德教育因素，潜移默化地对学生进行世界观、人生观和价值观的引导②。数学、科学、物理、化学、生物等课加强对学生创新能力的培养，促进学生树立勇于创新、求真求实的思想品质。音乐、体育、美术等课加强对学生审美情趣、健康体魄、意志品质、人文素养和生活方式的培养。

①　赵云芳，姜秉权."三全育人"资助模式的构建与实践探索［J］. 亚太教育，2020（4）：188–189.
②　王希. 高校思想政治"三全育人"模式的研究与实践［J］. 散文百家，2021（21）：127.

附录："5+1"自主励志课堂优秀教案

·案例一（语文励志课堂）·

《定风波》教学设计

一、教学目标

1．学习作者通过小事表达深刻哲理的写法。

2．反复诵读，加深对词内容和情感的理解，体会作者面对困境的旷达。

3．联系学校的赤足精神励志教育，树立正确的人生观和培养面对挫折的勇气。

二、教学重点

1．诵读，读懂作品，读出作者的思想情感，读出自己。

2．欣赏词作，赏出作品情感美、人生哲理美，感悟励志人生。

三、教学难点

引导学生进入文本，与文本进行心灵的交流，以己证诗，打通文本与自己的联系，实现情感的共鸣，对作者和作品作出个性化的评价。

四、教学设想

1．从读入手，引导学生在多次诵读中读懂作品，读懂作者，读出哲理美感。在读中完成对诗歌内容的理解、评价、鉴赏，实现情感的共鸣。

2．学生品味、感悟和老师引导相结合。

五、课时安排

1课时。

六、教学过程

（一）设置情境导入

在我们漫长的一生中总要遇到狂风暴雨，难免会被淋得狼狈不堪，你是怎么面对的呢？是不惧，让它淋个够，接受雨水的洗礼还是赶紧狼狈地躲开？——学生回答。那么，苏轼又会如何选择呢？今天就让我们学习苏轼的一首《定风波》，来看看他如何选择，以及他那样选择的深层原因。【板书：《定风波》苏轼】

过渡（创作背景），即检测预习：苏轼，我们都很熟悉了，他晚年曾写过一首《自题金山画像》来总结概括自己的一生，后两句是"问汝平生功业，黄州惠州儋州"。《定风波》就创作于黄州时期。通过阅读预习资料，我问大家两个问题：第一，他为什么会到黄州的呢？——经历乌台诗案，九死一生，被贬到黄州。第二，这首词是他到黄州三年后所写，这三年间他又经历了什么呢？他的内心会有哪些变化呢？——我给大家描述：朋友疏远，弟弟身在远方，寄居寺院，生活极其艰难，还是囚犯之身，孤独寂寞，曾经的辉煌荡然无存，仅是一个乡间野夫。三年间，为了排遣这份寂寞与内心的凄凉，他寄情山水，寻找远逝的古人，反省自身，超越苦难荣辱，内心越来越宁静。三年中，他有愤懑痛苦，但却始终能以超人的旷达心态泰然处之。他以为他此生将终老于此，于是到城外买田，然后在归途中，遇到了一场狂风暴雨，他会如何面对呢？于是——我们先来看"小序"。

（二）初步了解小序

齐读小序。具体时间？在哪里？和谁一起？什么事？人物的反应？（"同行皆狼狈，余独不觉"，注意这里的对比）"故作此"说的是什么？——创作缘由。

因为某事心有所感，于是用诗词抒发自己的感慨，这种写法叫"即事抒怀"。【板书：即事抒怀（诗人就某件事发表自己的议论，抒发自己的感慨】作者因何事抒怀？——道中遇雨。【板书：道中遇雨】这件事大吗？我们从寝室到教室也会遇雨，这是生活中的小事，这是什么写法？——以小见大，我们也要学会通过小事表达深刻哲理的写法。那么，他抒发怎样的"怀"？——就让我们走进这首词，去了解苏轼有着怎样的感慨，词中的苏轼是怎样的苏轼。

（三）品读、表达：反复诵读、鉴赏品味，走进词与苏轼的内心世界

过渡："三分诗词，七分读"，要读好一首古诗词，必须达到三重境界。第一重：读准字音；第二重：读出节奏；第三重：读出情感。

前两重，通过布置的课前预习，我相信大家都能够达到，能不能达到？——齐读。

好，大家基本上都已抵达前两重境界，那么我们提高难度，努力抵达第

三重境界。友情提示：这一重境界的抵达需要把握两个方面。

1.朗读技巧：音量轻重、速度快慢或语气长短、音调升降、强调能抒发作者感情的词。

2.对内容的理解。

把二者结合，才能抵达第三重境界。

播放范读。我们先听一遍名家的范读，让我们先感受下读得怎么样。

接下来，我们来和他PK，争取超越他。大家有信心吗？大点声告诉我，告诉你自己。好，年轻人，就要有这种勇气、豪气与自信。

讨论、研读：下面6个学习小组各选几句进行合作讨论3分钟，试读——选择尽量不要重复，想一想哪些词直接表达了作者的何种感情，应该怎样读，并请你示范。其他小组同学认真聆听、点评。讨论完请各组推荐代表展示成果，其他小组推荐代表点评。

提示：抓住词作中的关键词（关键性动词、形容词和体现情感转折的词）和关键句鉴赏。

品读上阕：好，讨论时间到，下面我们先来品读上阕。【板书：上阕】

上阕主要写的是什么内容？诗人在哪里？——沙湖道中。天气如何？——狂风骤雨。诗人在雨中做什么？——雨中漫步行走，"何妨吟啸且徐行"。【板书：雨中行】为什么？"雨具先去"何意？没料到会下雨，结果很狼狈。苏轼狼狈吗？肯定也被淋得像落汤鸡一样，但是他身狼狈，内心怎么样？——不狼狈。

小结：上片针对小序的事发表议论，不要在意那穿林打叶的雨声，不如"吟啸且徐行"，且行且歌，任性自然。拄着竹杖、穿着芒鞋，此刻比骑马的人更逍遥。不要怕任何风雨的侵袭，何不像在风雨中自顾自地垂钓而不受天气影响的渔夫那样，以任性逍遥的态度对待一生的风雨坎坷呢？

上阕给我们展示的苏轼是一个面对风雨泰然自若、从容不迫、毫不畏惧的形象。下面让我们齐读，努力朝向第三重境界，读出情感。点评：……

品读下阕：下面再来看下阕。【板书：下阕】

余秋雨在《苏东坡突围》最后两段中是这样概括的（请大家齐读）："这一切，使苏东坡经历了一次整体意义上的脱胎换骨，也使他的艺术才情获得了一次蒸馏和升华，他，真正地成熟了——与古往今来许多大家一样，成熟于一场灾难之后，成熟于灭寂后的再生，成熟于穷乡僻壤，成熟于几乎没有人在他身边的时刻。……成熟是一种明亮而不刺眼的光辉，一种圆润而不腻耳的音响，一种不再需要对别人察言观色的从容，一种终于停止向周围申诉求告的大气，一种不理会哄闹的微笑，一种洗刷了偏激的淡漠，一种无须声张的厚实，一种并不陡峭的高度。"

归去，此时的主人公只想着"归去"，是像陶渊明般归隐吗？这里也许表现的是苏轼的忧乐两忘、祸福不惊的旷达，但也许表现了他身上的道家意向：退隐和逃离。在苏轼的思想体系中，儒、佛、道是兼容并蓄的，他崇尚老庄哲学、颂扬陶渊明的人生态度，因而在仕途上屡遭挫折后产生隐逸思想是很自然的事，然而苏轼一生始终没有真的归隐过，这说明即使严遭挫折，他的基本思想还是儒家的思想观念，他所说的归隐，只能看作是一种自我心理调节、自我心理宽慰，表现了他旷达通脱的人生态度。这也可以理解为"心灵的归隐""回到自己的本心"。

著名美学家李泽厚先生说："苏东坡一生并未归隐，也从未真正地归田，但他通过诗文表现出来的那种人生空漠之感，比任何口头上或事实上的归隐、归田的人更深刻、更沉重。他是一个真正的智者。"【悠然延长】

经过大家的共同努力，我们边读边品了全词，下面让我们齐读全词，努力朝向第三重境界，读出情感。

1059年，母亲去世；1065年，他深爱的结发妻子王弗病逝，年方二十七；1066年，父亲苏洵去世；1079年，经历了几乎置他于死地的乌台诗案；1082年，在黄州已经三年，生活困苦，内心孤独。此时的东坡，已经成熟，他融合了儒家、道家、佛家的思想。

小结：上阕写对风雨的态度（"谁怕"），下阕则更进一步，写雨过天晴后的心理感受，对整个人生的态度，大意是说，那料峭的春风吹散了我的酒意，感觉到有点冷，但山头的斜阳立即照射过来，让我又感到丝丝温暖。人世间总是有阴有晴，有得有失，祸福相随。但是，当我回首走过的风雨历程时，回首自己充满坎坷的人生时，我的内心是释然的，那曾经的一切，我都已经放下了，宠辱不忘、超乎物外。我已经从那人生风雨中"归去"，返回到自己的本心，那里一片空明，既没有风雨，也没有晴天。

过渡：关于这首词，通过我们的品读、朗读，我们基本上达到了终极境界，对词的内容，对苏轼的了解与理解也比较深入了。那么对苏轼的形象，我想用我的一篇论文题目作为概括，事实上是王国维先生对苏轼的评价：旷者东坡。【板书：旷者东坡】

（四）写作：迁移拓展，观照自我，深刻感悟怎样的人生才是励志人生

1. 学习了这首词，我们知道了苏轼善用生活小事表达对人生的思考（本词写作技巧，即"以小见大"）。俗话说"人无千日好，花无百日红"，我们在人生中也难免会遇到这样或那样的坎坷，面对风雨时我们该怎么办呢？不知同学们对自己的人生作何思考？是否从苏轼面对挫折面对逆境的态度中受到一些启发呢？

下面拿出发给大家的预习材料以及让大家通过自主预习所写的读后感想，结合我们这节课的探究，加入自己新的体会与想法，重新修改。完成后请各组推荐至少一位同学向大家朗读展示，展示你们的文字，展示你们的内心。

阅读以下几段体现苏轼对我们产生影响的高考作文片段，进一步体会苏轼的人格魅力，进行写作练习：以《从苏词看励志人生》写一段话，谈谈你对苏轼的感悟。

2. 朗读、分享、评价，掌声鼓励。

（五）联系赤足精神、励志教育总结本文

《定风波》是苏轼经历生死考验后，被贬居黄州时所写的作品，记述的虽说是途中遇雨的一件小事，但从中表达了苏轼的洒脱、旷达的人生态度，这是一种值得我们学习的励志精神。

道中遇雨，同行皆狼狈，余则不觉，为什么？苏轼赢在哪里？赢在心里。他在《观棋》中有一句诗："胜固欣然，败亦可喜。"所以说，当今后我们在人生中遇到风雨时，我们要像苏轼一样"何妨吟啸且徐行"，且行且歌，歌唱着、从容地面对所遭遇的一切，就像他说"谁怕？一蓑烟雨任平生"；同时，不管是顺境还是逆境，不管是富贵还是贫困，"归去，也无风雨也无晴"，像苏轼一样超乎物外，回到本心。心有东坡词，人生无难题。人生再多的风雨，经过东坡的过滤，都变成一片晴空了。苏轼为我们撑起了一把伞，撑

出了一片晴朗的天空，愿我们活得像他一样明亮，一样潇洒，一样豁达。

让我们伴着一曲《高山流水》，最后一次带着你的感情，再一次向朗读的最高境界进发，吟诵苏轼的这首《定风波》。

七、作业布置

1. 背诵这首词。

2. 写作练习：在周记本上，以《从苏词看励志人生》写一段你的感悟，500字左右。

（作者系怀集县第一中学赖庆福）

·案例二（数学励志课堂）·

利用问题驱动实现励志教育在高中数学课堂的应用实例

一、授课题目

方程的根与函数的零点。

二、授课教师

陈魅魁。

三、设计依据

（一）课标分析

课标要求本节教学中，学生会应用零点定理求零点所在区间，会将零点问题转化为交点问题，将其他问题转化为零点问题。

在授课中老师要注意，本节对学生准确地画函数图像要求较高，要求学生对函数图像，函数的奇偶、单调，导数与切线等知识有清晰的理解。

（二）核心素养

通过对方法与技能的总结锻炼学生的转化与化归能力，提升学生的数学抽象素养。通过对零点问题的迁移和转化，提升学生的学科内综合能力。

四、教学目标

1. 理解零点存在性定理的判定条件，会求函数在某区间上零点的大致区间。

2. 能够理解函数零点与方程的根之间的关系，能将零点问题转化为交点问题。

3.体验数形结合思想和转化思想的意义、价值，发展学生对变量数学的认识，体会函数知识的核心作用，体验数学内在美，激发学习热情，培养学生的创新意识和科学精神。

4.培养团队合作精神，提高学习效率，互相激励，奋发向上。

五、教学过程

环节一：启发教学，激发兴趣

问题1：求下列方程的根。

（1）$3x+2=0$　　　　（2）$x^2-5x+6=0$　　　　（3）$x^2-2x+3=0$

画出每个方程与对应函数的图像。（多媒体展示）

问题2：你们发现以上方程的根与对应函数的图像有什么关系吗？

学生：（观察方程的根与对应函数图像，小组讨论并派出代表发言）

教师：（教师对学生的回答进行点评，并告诉学生这个结论可以推广到一般的情况——方程$f(x)=0$的实数根$\Leftrightarrow$函数$y=f(x)$图像与x轴交点的横坐标）

环节二：营造氛围，激发成功

利用一般的函数图像与x轴交点的横坐标引出新概念：函数的零点。（多媒体展示）

对于函数$y=f(x)$，我们把使$f(x)=0$的实数x叫做函数$y=f(x)$的零点。

问题3：

函数$f(x)=(x+2)(x-3)$的零点为（　　　）。

A．（-2，0），（3，0）　　　　B．-2，3

C．（0，-2），（0，3）　　　　D．$f(-2)$，$f(3)$

问题4：方程$f(x)=0$有实数根，函数$y=f(x)$的图像与x轴有交点，函数$y=f(x)$有零点三者之间有什么关系？

学生：（独立思考再小组交流）

教师：选代表回答，并对回答进行评价，得到三者之间的等价关系，即方程$f(x)=0$有实数根$\Leftrightarrow$函数$y=f(x)$图像与x轴有交点$\Leftrightarrow$函数$y=f(x)$有零点。

环节三：团队协作，竞赛励志

问题5：所有的函数都有零点吗？请举出反例。

学生：（思考回答，做笔记）

教师：（对学生举的反例进行归纳总结）

教师：（引出函数的零点的存在性问题，并继续追问）函数 $f(x)$ 在连续的区间 $[a, b]$ 零点存在的条件是什么？

学生：$f(a) \cdot f(b) < 0$。

教师：（归纳出结论）如果函数在区间 $[a, b]$ 上的图像是连续不断的一条曲线，且满足 $f(a) \cdot f(b) < 0$，那么，函数 $y = f(x)$ 在区间 (a, b) 内有零点，即存在 $c \in (a, b)$，使得 $f(c) = 0$，这个 c 也就是方程 $f(x) = 0$ 的根。

问题6：

下列结论正确吗？若不正确，请使用函数图像举出反例。

（1）函数 $y = f(x)$ 在区间 $[a, b]$ 上满足 $f(a) \cdot f(b) < 0$，则函数 $y = f(x)$ 在区间 (a, b) 上有零点。

（2）函数 $y = f(x)$ 在区间 $[a, b]$ 上连续，且满足 $f(a) \cdot f(b) < 0$，则函数 $y = f(x)$ 在区间 (a, b) 上有且只有一个零点。

学生：（思考回答后展示反例）

教师：[在结论（2）追问] 需要加什么条件，就可以成立了呢？

学生：（小组交流得到结论）$f(x)$ 在 $[a, b]$ 严格单调。

问题7：通过这节课我们学习了判断函数零点，有几种方法？

学生：（1）方程法；（2）定理法。

环节四：知识迁移，激励成功

问题8：本节课你们学习了什么内容？

学生：（回顾总结，回答）

教师：（补充回答不足之处，梳理知识点，并用多媒体呈现本节课内容）

教学反思：励志教育的课堂应用的要点

1. 设计好问题。课堂上的问题要紧贴教材，符合当前学生的认知逻辑规律与知识能力水平。为了带动大多数学生学习的积极性，问题的设计要由浅入深，分层设计（例如本课中的问题3与例题）。教师应该对于学生的学习进行全面的调查和分析，了解学生的知识掌握情况，然后根据学生的情况分成多个等级，从而可以根据不同等级的学习需要来选择合适的方法，做到因材施教，这是开展励志教学法的基础条件。

2. 学生在探讨问题时，要根据问题的难易程度决定采取哪种方式进行解决。比如一些简单基础问题让学生独立思考即可，而一些有深度问题或比较抽象的概念（比如案例中的问题7、8）应给出合理的时间让学生独立思考，再小组讨论。此外，要培养学生较为浓烈的竞争、探索精神，积极寻求新知识，这能够让学生在学习中获得尊重，成为学习的主人，也能够促进学习积极性的提升，为自己今后的学习打下良好的基础。

3. 励志教学要求教师在课堂上清楚自己的角色位置，他是课堂的组织者与引导者。教师不仅要拉近与学生的距离，走到学生中间与学生交流、讨论、探究问题，而且要掌握好全局的动态走向。对于遇到困难的学生，教师要及时做好指导，力求令每个学生的能力得到发挥，成为一个参与者。根据学生每个问题的解决完成程度，趁热打铁提出后续问题，抓准时机巩固拓展已有学习成果，深挖学生的潜力。

4. 在学生完成问题探究后，教师要及时引导学生总结反思，探究过程中出现的典型错误，并提出今后的改进措施。设置学习角，将好的学生心得展示出来，让学生在内部学习，形成良好的学习氛围，这样可以更好地促进同学的共同进步与发展，更好地掌握所学习的知识，促进自身能力和水平的全面提升。

高中数学的知识点繁多，理论更抽象，如果教师不改变现有的教学观念，巧妙地把教学内容与问题结合起来，学生很难自主完成学习任务、在解决的过程中发现新问题，也不能形成主动探究数学知识的良好素质和自主学习能力。实践表明，利用问题驱动把励志教育融入课堂教学中，对于学生学习积极性的提升和课堂效果的提高是一个相当有效的方法，尤其与原来传统的单纯的教师台上讲授，学生台下接受，题海训练的教学方式相比，前者的学习效果更佳。

（作者系怀集县第一中学陈魅魁）

·案例三（英语励志课堂）·

《Working the Land——Reading for Writing》教学设计

一、主题语境

伟人学习——袁隆平院士。

二、语篇类型

应用文写作。

三、语篇分析

这节课是高三的单元知识点复习课，本单元主题语境围绕着主要人物袁隆平院士展开，最终落到写一篇赞扬袁隆平的演讲稿上。复习课的知识点主要以串联复习为主，和新课的知识点有部分相同，但是复习课更倾向于知识的激活与运用。考虑到课文语篇素材较旧，因此结合本单元话题，笔者找到了与袁隆平院士相关的近期素材，把本单元的重点单词与短语串联起来做成微课视频，形成新的语篇作为导入，然后再整合内化，再运用到完型、阅读、写作中，引导学生在学习词汇短语时，要下意识地学会释义，想到更多的同义表达，更换不同的表达形式，为写作丰富语言形式。这节课意义深远，蕴含丰富的人文精神和积极的生活态度。本节课能让学生更深入地了解我们中国这样的一位伟人，一生致力于研究杂交水稻，以及现在的海水稻，不断突破，造福全世界，为我们青年人树立了积极的榜样。如果学生认真贯彻落实袁院士送给大家的勉励话语，重视知识的力量，认真学习，付出汗水，寻找灵感，等待风口的到来，即时起飞，走出怀集去看一看，就能用自身的知识为社会的发展贡献力量。

四、学情分析

教学对象是怀集一中高三实验理科班的学生，男生31人，女生21人。对比其他5个实验班，该班学生基础是较差的，班级平均分基本稳居第六，且两极分化严重（第一小组历次考试平均分为100分左右；第七小组历次考试平均分为60分左右）。虽然基础不一，大部分学生在前面的学习中已有一定的理解能力，也已深刻了解积累单词的重要性，但是很多学生仍然不知道如何运用所背的单词，所以首要任务是多鼓励学生，让学生明白学习英语单词是有办法的。

本节课通过在课堂上不断输入语言知识点，再引导学生结合所学输出，以降低难度和提高他们的自信心；同时致力于提升综合学习能力，重在引导学生把所学词汇与高考题型中的完型、阅读与写作联系起来。

五、教学目标

1. To learn more about Dr. Yuan Longping's deeds based on the video.（Appreciation）

2. To understand the words and expressions in the context and learn how to use them in cloze，readings and writing.

3. （Language Skills Building）

4. To learn from Dr. Yuan's deeds and learn how to connect them with students' study life.（Critical Thinking）

六、教学重难点

重点：掌握5个重点单词和短语，特别注意其语言知识是如何在具体的上下文和文化背景中表达意义的。

难点：引导所学5个表达如何融入运用到考试题型——完型、阅读、写作中，引导学生学以致用。

七、教学活动

（一）教师活动

Teaching Procedures

Step 1：Lead-in and Introduction Part （about 5 min）

1. Watch a video clip about Dr. Yuan.

The video clip is about Dr. Yuan's work and life connected with the words and expressions in Book 4 Unit 2.

2. Guide the students to activate the key words and expressions.

3. The teacher will post the five key words and expressions that will be explained in detail.

Step 2：Words and Expressions Application（about 22 min）

①The analysis of "struggle"

1. What can we learn about the butterfly?

A. It came out by its own efforts.

B. Several tries failed before the cocoon broke.

C. It is easy to become a butterfly from a cocoon.

D. The old man is nice and did a good thing.

2. Born in 1930, Dr. Yuan is now 90 years old, _____

_____.

出生于1930年，现在袁院士已经90岁了，但他仍在为高产的粮食而奋斗。

3. As they 24. underline{announced} the final boarding, I noticed a man 25. underline{running up to} the counter. The ticket agent said that 26. underline{unfortunately} his reservation had been cleared. She 27._____ and told him politely that she would do everything she could to get him a 28.underline{seat} on a later flight. (NO.1 Newspaper)

27. A. cried   B. struggled   C. left   D. apologized

（The remaining four expressions "regret, build up, make it possible to do, lead to" are the same as the teaching of "struggle" concerning the practice of cloze, reading and writing. Thus, they are left out in this teaching design.）

Conclusion about the usage of expressions in cloze, readings and writing.

Cloze & Readings: paraphrase and different expressions to express the same meanings.

Writing: put what we have learned into practice and replace the normal sentence with a better one.

Step 3: Consolidation in Writing (about 12 min)

Watch a video clip about Dr. Yuan encouraging the youth.

在成长过程中，我们会有仰慕与敬佩的伟人。看完袁院士勉励青年的视频，为学习其朴实无华的奉献精神，近期你班将以 "Father of Hybrid Rice" 为题举行演讲比赛。请你写一篇英语演讲稿，内容包括：

1. 简述对袁隆平的了解；

2. 对你影响最大的事迹以及启发（至少2点）。

半开放性作文（学生补充完整这篇演讲稿）

Good morning, everyone! I am extremely honored to deliver a speech to share the person I adore and respect most with you. Undoubtedly, the person is Dr. Yuan Longping, who has a great impact on me.

When it comes to Dr. Yuan Longping, a sense of pride hovers over me.

_____

As for his great deeds, the following two aspects inspire me most. First and foremost, _____

_____. In addition, _____

_____.

It is not easy to enter the ideal university. _____

_____. Thank you for your listening.

Step 4: Homework (about 1 min)

1. Learn the words and expressions by heart and feel them how to be connected with cloze and reading.

2. Finish the writing.

（二）学生活动

The students are divided into 7 groups.

1. After watching the video, students should underline the key words and expressions based on Book 4 Unit 2.

2. Choose the right answer in the reading practice in advance and check it in the class.

3. Translate the given Chinese into English in the writing material in advance.

4. Choose the right answer in the cloze practice under the context. Check the answers in the class directly.

5. Finish the equivalent practice before the class.

6. Review what we have learned in class and conclude the usage of expressions in cloze, reading and writing.

7. Watch the video clip and try to absorb the expectations conveyed by Dr. Yuan.

8. Put "struggle, regret, build up, *V.*+it+*adj./n.*+to do sth.（it作形式宾语, to do sth.为真正的宾语）, lead to" into the writing; try to polish the sentences as

required.

9. Team up with the group members to discuss how to put the above expressions into writing.

（三）设计意图

调动学生的积极性；合作学习，降低难度。

1. 通过微课视频导入，让学生对袁隆平有更深入的了解。

2. 明确任务，调动学生已有的知识储备，为接下来的练习做铺垫。

3. 抓住对关键词"struggle"的释义，厘清正确选项与"struggle"的联系；将时文、美文贯穿渗透到平常的阅读教学中，使学生熟知各种话题。

4. 继续贯穿词汇、短语的教学，培养词块意识，进而提升学生运用词汇进行准确表达的能力。

5. 为最后的语篇写作做铺垫。

（1）重在引导学生如何在语境下选出正确的答案，而不是刚学完struggle就选它；培养做题时运用逆向思维的能力。

（2）5个重点词汇与短语的学习，都是重在引导学生把所学词汇与高考题型中的完型、阅读和写作联系起来。

（3）结合所学的5个表达，引导学生做阅读与完型时应学会释义，构建和丰富话题词汇与句型网。

（4）两个视频首尾连接，贯穿整个课堂；旨在让袁院士的话语激励学生，引导学生结合自身生活体验，发扬袁隆平精神，深化对主题意义的理解。

（5）引导学生将本节课重点讲解的单词、词组学以致用，学会反思并运用语篇知识和话题词汇来组织篇章，用条理分明的内容和准确的语言来表达观点。

（作者系怀集县第一中学缪素丹）

· 案例四（政治励志课堂）·

《在实践中追求和发展真理》教学设计

一、教学理念

本课是认识论的重要内容，起着承上启下的作用，结合神舟十三号航天员进驻中国空间站的实际，增强学生的文化自信和制度自信，促进素养落地。通过人类对太空的求索识记真理的含义和基本属性，理解并区分真理的客观性、条件性和具体性，形成正确区分和判断真理与谬误的能力，做到坚持真理，反对谬误。通过中国人的航天梦正在一步步照进现实理解认识的反复性、无限性和上升性，进一步树立追求真理的永恒信念，坚持在实践中认识和发现真理，在实践中检验和发展真理。①

通过本节课的学习，学生能明确，真理和谬误相伴而行，人不怕犯错误，怕的是不能正确对待错误、修正错误。同时学生能结合自己的生活实际，切身理解认识的过程并不是一帆风顺的，认识具有反复性，需要具有顽强拼搏、不懈努力的精神，才能最终获得正确的认识。

二、教学过程

（一）问题导入（情境导入）

联系上节所学内容进一步提出问题：什么是真理？真理有什么特点？我们如何追求和发展真理？设置情景材料，播放视频《神州十三号航天员进驻中国空间站》。从人类对太空的求索开始导入本节课的学习。

（二）自主学习

1.播放视频《古代航天指南》，结合视频和书本知识合作探究：

（1）从古至今，人类想出的飞天方法为什么不一样？

（2）如果有人找出了正确的飞天方法，哲学上会说他发现了什么？如果是错的呢？

（3）能够飞天（飞离地球，遨游太空）的正确方法会有几种？这说明什么？

2.播放视频《太空生活如何颠覆我们的认知》，结合视频和书本知识合作探究：

我们熟知的物理学常识在太空会失效，这是否意味着这些物理学常识从来就不是真理？这说明什么？

3.播放视频《中国人的航天梦正在一步步照进现实》，结合视频和书本

---

① 黄开来，周文来. 新时代高职体育课程"课程思政"模式和实施策略［J］. 运动精品，2021，40（2）：32-33.

知识合作探究：

（1）中国人对太空的探索为什么要经历如此长的发展过程？这说明了什么？

（2）我们对太空的认识会止步于此吗？这又说明了什么？

（三）精讲点拨

1.认识的含义。

2.真理的含义、特性，以及真理与谬误的关系。

3.追求真理是一个过程，认识具有反复性、无限性、上升性。

4.在实践中认识和发现真理、在实践中检验和发展真理。

（四）强化训练

1.下列关于真理和认识关系的说法中正确的是（ B ）。

①认识是不断变化的，而真理是永恒不变

②真理的内容是客观的，认识的内容是主观的

③两者都是人脑对客观事物的反映

④真理属于认识，认识不一定是真理

A．①②　　　　B．③④　　　　C．②③　　　　D．②④

2.面对网络民主的发展，有人担心地提出"真理会在不明真相的网民的热议中走失"。这句话的错误在于它没有认识到（ A ）。

A．真理最基本的属性是客观性　　B．真理都是有条件的

C．真理是对客观对象的反映　　　D．真理都是具体的

3.在《集安高句丽壁画》一书中，作者称图一为"剁肉图"，把古人右手所持工具看作菜刀；后有研究者结合该书图二"烤肉串"和图三"厨师燹风"，认为古人右手拿的都是史称"便面"的中国古扇，因此图一应叫"烤肉图"。对文物图像命名中存在的不同见解，应坚持的正确观点是（ B ）。

A．真理是客观的，是对客观对象的认识

B．对同一确定对象的认识，真理只有一个

C．真理是有条件的，都有自己的适用范围

D．真理是具体的，是相对特定的过程而言的

4.材料：20世纪60年代，恶性疟原虫已对氯喹等一线抗疟药产生抗药性，

致使数亿患者无药可治。对此，以屠呦呦为首的科研团队在无效—有效—无效、失望—绝望—希望的痛苦煎熬中一次又一次地试验着，终于发现了青蒿素。在科学上，青蒿素作用的机理，尚未完全阐明，仍是有待深入研究的科学问题。青蒿素也并非无缺点，迄今国内外仍然试图寻找更好的衍生物，以便改进疗效、减少抗药性。

结合青蒿素的研制过程谈谈认识过程的特点。（9分）

参考答案：

①认识具有反复性，人们对一个事物的正确认识往往要经过多次反复才能完成。青蒿素是在多次试验和筛选的基础上取得的。（3分）

②人类认识是无限发展的。青蒿素作用的机理仍然是有待深入研究的科学问题。（3分）

③认识运动的反复性和无限性，是认识的波浪式前进或螺旋式上升。人们对于抗疟疾药物的研制是不断在曲折中前进的过程。（3分）

（作者系怀集县第一中学欧阳珍莲）

・案例五（音乐励志课堂）・

《少年》合唱课教学案例

一、教学目标

1.能用活泼、动听的声音演唱合唱曲《少年》，用歌声激发每一个少年在追梦路上的一次次跌倒和爬起，初心不改的励志精神。

2.运用美声唱法，提高声乐的歌唱能力和技巧。

3.通过合唱等形式表演歌曲，锻炼和声音程和创作、表演能力。

重点难点：能用美声方法演唱歌曲，并能用合唱等不同形式表演歌曲。

教学方法：听唱法、练习法、自学与引导相结合、合作法。

教学准备：多媒体设备、钢琴、打击乐。

二、教学过程

（一）激情导入

1.《少年》，会唱的学生跟着哼唱，边听边摇动身体。听后说说歌曲风格怎么样。

2. 这首歌曲的作曲者、作词者是谁？整体表达了什么内容？

3. 咱们来进行和声合作，如何？（学生唱主旋律，老师唱第二声部）

（二）学习新课——寓教于乐

1. 感受歌曲的情感和声部划分。

（1）仔细倾听旋律，随旋律摇动身体，并加入敲击节奏，感受歌曲的韵律，注意节奏的强弱对比。

（2）按照学生音域和声音划分成四个声部，变成一首混声合唱曲。

（3）四个声部歌词既统一，也有穿插，还有说唱，丰富听觉效果，更能表达少年的意气风发和无惧无畏的精神。

师：我们喜欢的，不仅仅是这首歌的旋律和歌词，歌曲真实还原了每个"少年"在追梦路上的一次次跌倒和爬起，初心不改的内核精神，引发了当下所有人的普遍共鸣，同时配合歌手高亢的演唱，更将永不妥协的主题发挥得淋漓尽致。

2. 新歌学习。

（1）学唱简谱。

①按声部训练：把四个声部学生分别集中在不同的地方，选出声部长，由钢琴和识谱能力较好的学生担任，让声部长带组员训练。

②两个声部合作：第一和第三声部为主旋律，第二和第四声部稍难一点，出现变化音等，我们先一三、二四声部合作，配合好和声的效果。

③两个声部完成和声的合作后，再进行四个声部合作，循序渐进，完成简谱的训练。

（2）读歌词。

歌曲大致分为四大部分：第一部分比较抒情，细腻地诉说情感；第二部分比较高亢、激昂，坚定有力；第三部分为说唱，加入现代rap风格，更受大众喜欢；第四部分为歌曲的升华部分，曲调升高了半音，把歌曲推向高潮再回到原点，歌词"我还是从前那个少年miya"重复四次，表达不忘初心的坚定。

生：（用坚定有力的声音，大声朗读高潮部分）"我还是从前那个少年，没有一丝丝改变，时间只不过是考验，种在心中信念丝毫未减；眼前这个少年，还是最初那张脸，面前再多艰险不退却，Say never never give up Like a fire。"

师：你们读得真好啊，看来每位同学都有一颗永不言败的心，让我们怀着激昂的心情来完整地读一下歌词，把对未来人生路上不畏艰辛、不忘初心的心情释放出来。

（3）跟伴奏唱歌词。

首先哼旋律：用"LU"音来唱。声音稍稍放出来。（师提示：听前奏，轻轻地，并跟着哼）提示正确发音，正确坐姿，再次用"LU"哼唱。

用"LA"音来唱。微笑，闭上眼睛，用"LA"音来唱。

师：请第一声部尝试伴着音乐唱第一段歌词。（四个声部逐一进行）

师：有感情地伴着音乐唱第二段歌词。（咬字清晰、气息保持）

师："我还是从前那个少年，没有一丝丝改变"，唱出了大众共鸣，令人激动，是吗？少年是国家的栋梁，少年强则国家强！那么，你们要努力学习，克服困难，为祖国的未来做一番贡献。

师：就让我们把这份激动心情带到歌词中，朗读第三段歌词（追逐生命里光临身边的每道光，让世界因为你的存在变得闪亮，其实你我他并没有什么不同……别因为磨难停住你的脚步，坚持住就会拥有属于你的蓝图）。说唱是最难的部分，我们首先要把每一个字的发音咬准，字正腔圆，说清楚。最后按照节奏xxxx xxxx xxxx xo进行说唱，有感情地、有节奏地进行。

（4）师范唱，生无声跟唱。

师：你们对《少年》的情感我能感受到，在座的每一位都能感受到。让我们再次聆听歌曲，感受对祖国青少年的未来可期。

请同学们听音乐，跟着老师唱。

3. 难点突破。

老师指出学生唱得不好的地方，进行范唱，学生边听边敲节奏，跟唱，反复唱。

师：合唱最主要是和谐，声部像一个人的声音，而不是突出个人。声部之间既是独立的，更是统一的，是建立在和声音程的基础上，是声乐跟视唱练耳的结合，讲究声音跟音准的准确性。最后是情感抒发，没有情感的歌曲都是无生命的，它不单单是个人的情感，还有对祖国未来的情感。带着感情，我们再来一遍，口形不变。

（三）创造表现

老师让学生聆听和分析为庆祝建党100周年而新编歌词的《少年》，让学生也尝试为《少年》再次改编歌词，以高中生学习生活为题材，说感想，并深情演唱。

（四）课堂总结

师：同学们，这节课收获了什么呢？这节课不仅收获了一首歌，更收获了励志的情感。励志是人世间最重要的东西，无论我们遇到什么困难，都可以握紧拳头，勇往直前，不忘初心。

（五）教学反思

《少年》，是一首励志的歌曲，它以优美的旋律、动感的节奏表达了少年无畏无惧，在逆境中成长，把磨难变成生命里的一道光，永不服输，坚持不经历风雨，怎能见彩虹的信念。在音乐教学过程中，我们需要培养学生爱好音乐的情趣和丰富的感受音乐的能力，注重兴趣的培养，更多地让学生通过欣赏、感受，到模仿、创作，实现情感态度、价值观、过程、方法、知识与技能多种目标的配合，从而实现教学目标。①在课堂教学中，我注意调动每一个学生参与的积极性，从朗读歌词入手，激发学生富有感情的歌唱。

脱离了情感的教学，音乐会黯然失色。《少年》是一首四声部的混声合唱曲，要求声部平衡、音色统一，重难点突出，特别是励志这个情感。我主要采取了有感情朗读歌词这一教学环节，抓住了"情"字，以"情"字入手，采用自由朗读、齐读、个人朗读等形式，激发学生内心不畏困难、越挫越勇之情。声部之间的合作也非常重要，在训练过程中，让他们明白团结就是力量，只有目标一致，才能达到共赢。因此，学生对音乐热爱之情油然而生，对自己未来可期的热流也在心中缓缓涌动。

（作者系怀集县第一中学孔秋琼）

---

① 李辉祥.中学班级德育教育的实践与思考［J］.基础教育论坛，2021（16）：99-100.

第四章

活动励志　实践育人

　　励志活动是进行励志教育的重要载体，是渗透励志教育意识的媒介。根据学校实际创设以励志文化为核心，具有全员性、参与性、个性化特点的校园励志活动，能让学生在一个具有灵魂、温度的励志环境中健康成长。一个有序列的教育励志活动系统，能帮助学生成为一个会思考的人。真实项目、真实场景，让学生在具体的项目活动中获得经验的增长和知识的自我建构；逐渐在经验累积的基础上建构起知识框架，获得适合自己的学习方式，并不断提升自我学习能力。在活动中让学生去体验、去感悟世界的本真。体验学习和行走学习是促进学生感悟世界的主要途径。情景模拟、参观调查、角色扮演、观赏体验、阅读感悟等都是帮助学生体验的有效途径。活动总是需要一些仪式的，这些仪式会让师生真切地感受到满足、幸福、热情和责任。在学校教育中，仪式作为一种文化象征，有着特别重要的作用。仪式能够帮助学生将校园生活中有意义的时刻以各种方式记录下来，成为成长之路中深刻的记忆。

第一节
聆听感悟式励志活动

聆听感悟式励志活动是指创设时机让学生聆听，触动学生内心，让学生有所感悟，进而激发学生内驱动力的励志活动。此类活动有励志讲堂、励志国旗下讲话、励志专题讲座、励志分享会等。

励志讲堂

怀集一中励志讲堂于2019年9月设立，是怀集一中常规性励志教育活动，现已成为学校励志教育品牌活动。讲堂通过讲座、访谈、演讲等形式，对学校广大学生开展具有贴近性、实效性的励志教育，拓展视野、启迪心智，激发学生积极追求上进的内在驱动力，帮助他们树立更加远大的人生目标和制定更加清晰的人生规划。励志讲堂由励志大讲堂、舆论讲堂、活动讲堂和会议讲堂组成。讲堂实行学校主导、年级组协调、励志办管理的新模式，学校励志教育办公室做好制订计划、联系主讲人、场地安排、海报宣传、录音录像、新闻报道和档案资料整理等工作；大讲堂和舆论讲堂的现场管理具体事务由学校励志教育办公室负责；活动讲堂的现场管理具体事务由活动组织部门负责；会议讲堂的现场管理具体事务由年级组负责。

励志讲堂实施方案

一、指导思想

全面贯彻党的教育方针，坚持立德树人，结合学校实际情况，以全面推进素质教育为目标，以培养学生的成功品质为重点，促进学生全面发展和健康成长。

二、目标任务

讲堂旨在通过讲座、访谈、演讲等形式，对我校广大学生开展具有贴近性、实效性的励志教育，拓展视野、启迪心智，激发我校学生积极追求上进的内在驱动力，帮助他们树立更加远大的人生目标和制定更加清晰的人生规划，使励志讲堂成为我校开展励志教育的品牌性活动，从而实现我校新时代德育工作的内容与形式的双创新。

三、讲堂内容

（一）讲堂寻志。引导学生树立正确的世界观、人生观、价值观。勉励学生树立远大志向，追寻梦想。培养学生吃苦耐劳、坚忍不拔的毅力，教育学生从现在做起，从身边小事做起，正确对待挫折，自立自强自信，促进学生健康成长和全面发展。

（二）讲堂明志。听成功人士讲述自己的亲身经历以及奋斗历程，意在给予在场学生心灵的触动，激发学生奋进的意念，明确自己前进的方向。

（三）讲堂言志。同学们抒发心志，分享自己的梦想，与同伴共勉，开启梦想之旅。

四、讲堂形式

（一）授课讲堂。即由学校"励志教育"领导小组组织的大讲堂，多层次组建励志教育讲师团在讲堂进行励志讲座。包括励志教育家长讲师团、校友讲师团、学生讲师团、教师讲师团（学校领导及部分优秀教师）、社会成功人士讲师团等，不定期聘请专家到堂宣讲。

（二）会议讲堂。要求每学期每年级由落级领导或级长至少召开一次励志型年级会议，参加对象可为特定学生群体。

（三）舆论讲堂。在学校微信公众号等宣传媒体开设专栏和专题，刊发励志知识、励志征文、讲堂快讯、典型人物的先进事迹等，营造"励志教育"的浓厚氛围。

（四）活动讲堂。组织大型室外讲堂活动。如初三、高三百日誓师冲刺会、高考和中考壮行大会、成人礼等活动。组织励志主题演讲、个人事迹宣讲活动等。

（五）视频讲堂。对一些优秀资源无法直接面对面获得或交流，可利用方便的媒体资源，选择优秀视频播放，如"感动中国人物"、尼克·胡哲的"我和世界不一样"、俞敏洪的励志演讲等。

五、组织管理

（一）讲堂实行学校主导、年级组协调、励志办管理的新模式，学校励志教育办公室做好制订计划、联系主讲人、场地安排、海报宣传、录音录像、新闻报道、档案资料整理等工作，大讲堂和舆论讲堂的现场管理具体事务由学校励志教育办公室负责，活动讲堂的现场管理具体事务由活动组织部门负责，会议讲堂的现场管理具体事务由年级组负责。

（二）讲堂设立专职负责管理员，由学校励志教育办公室成员担任，初中、高中各一人，负责讲堂组织管理工作。

（三）讲堂面向全校所有学生，因讲堂座位限制，年级可以针对特定群体开展活动。每场讲堂时间一般应在40至80分钟之间。常规讲堂设在初中阶梯室、高中艺术楼报告厅。

（四）主讲人填写"励志讲堂活动记录表"，并将电子稿上传励志教育办公室存档。学期结束学校为主讲人颁发证书。

（五）学生参加励志讲堂活动，记为学生课外活动课程，填入成长档案。

（六）励志课堂活动资料作为《山区中学励志教育模式研究》课题材料。

励志分享会

励志分享会是怀集县第一中学每学期常规性榜样的励志活动之一，旨在切实落实立德树人的根本任务，培育践行社会主义核心价值观，积极推广宣传先进典型，充分发挥引领榜样示范作用，帮助学生"扣好人生第一粒扣子"。励志分享会是学校深度挖掘本校励志文化资源，吸收励志文化宝贵精神财富的创新路子。通过开展怀集一中革命先辈红色励志文化事迹宣讲会、优秀毕业生学习成长经验分享会、"新时代好少年"事迹报告会、优秀学生学习方法分享会等形式多样的励志文化主题教育活动，掀起学习榜样的热潮，充分调动全校师生的积极性，促进学生全面发展。

红色励志文化事迹宣讲会。开展红色励志文化事迹宣讲会，向当代学生宣传学校革命先辈的英勇斗争事迹。让学生们了解学校百年历史发展沿革、校友的革命足迹与奋斗历程，传承红色基因，弘扬赤足精神，鼓舞学生立志向先辈学习，树立远大志向，并为此努力、奋斗终生。通过一个个生动而感人的报国故事，号召学生要学习先辈胸怀祖国、服务人民的爱国精神，踏实求学、努力奋进，为实现中华民族伟大复兴的中国梦而奋斗。

优秀毕业生学习成长经验分享会。在中高考动员会上，邀请学校往届优秀毕业生返校举办励志成长讲座。充分发挥优秀毕业生的示范引领作用，为广大学子提供实用的学习成长经验，进一步促进学校、班级良好学风建设。同时，让学生们在这样的分享会上汲取精神营养，树立好人生目标，让优秀成为一种习惯并坚持不懈为之奋斗。相信大家能够定好方向、明确目标、找准方法，将优秀毕业生的经验学以致用，在学习成长的路上一帆风顺。

"新时代好少年"事迹报告会。开展"新时代好少年"先进事迹宣讲活动，真正诠释新时代好少年的魅力，引导同学们见贤思齐，培养良好道德行为习惯，并强化学生身体力行、热爱祖国、热爱学习的情感。促进其从自身做起、从身边小事做起、积极参加德育实践活动，争做新时代好少年。

优秀学生学习方法分享会。在阶段性测试总结会上，由优秀学生分享学习方法，使同学们在聆听过程中取长补短，构建属于自己的学习指南和复习计划，做到按部就班，方法对头，稳中有升，事半功倍，而且还让同学们对各学科有了多层面的理解，对有序的学习有着重要意义。更重要的是，传承与弘扬崇善求真、乐学多思的求学精神。

励志演讲

励志演讲是怀集一中实施励志教育活动的重要品牌之一。励志演讲用语言的力量激发学生的斗志，让学生敢于有梦，勇于追梦，勤于圆梦。

邀请专家开展励志演讲。每一场演讲会都是震撼灵魂的演讲，激发梦想的演讲，是我校打造励志教育的具体行动，唤醒了高三学子心灵深处对成功的渴望，点燃了他们挑战高考的激情，鼓舞了高三全体师生决战高考的信心。演说家从梦想、决心、自信、坚持等方面深入浅出、激情饱满地向学生传递"一切皆有可能"的正能量，激励学生树立坚定的信念，充分挖掘自身潜能，朝着自己的目标坚定地前进。学生大声喊出心中的梦想与追求，呐喊声铿锵有力，响彻校园长空。庄严的高考冲刺宣誓，一字一句，掷地有声，势破苍穹。誓言驱散了自卑和胆怯，喊出了自信和坚定，表达了必胜的豪情。

组织学生开展励志演讲。励志演讲比赛和国旗下励志演讲，让学生畅谈自己的理想和对未来的憧憬，饱含深情地抒发对理想的向往和实现中国梦的决心；声情并茂地讲述各自的成长故事、收获及感悟，发自肺腑地讴歌自己身边的感人事迹及其奋斗精神；展现新时代青少年学生积极乐观、奋发向上的精神面貌和蓬勃向上的朝气、开拓进取的锐气、追求卓越的志气。他们的演讲魅力四射、散发活力，给人以启迪、以教育，让聆听的同学深受感染和鼓舞，能激励他们奋发有为，扬帆起航。

● 第二节
情境体悟式励志活动

要取得励志教育的良好教学效果,在励志教育实施过程中需要借助有一个集中撞击学生内心深处的机会,让学生在浓郁的环境氛围中充分感受到励志的力量,要在特定情境中让学生去体悟励志元素,进行精神感染。情境体悟式励志活动是依据德育目标和学生个体经历创设相关的情景,让学生在情景中体验,在体验中感悟,通过情景的常设活动的开展,打动学生的内心世界,感悟其价值所在,并内化为学生素养。

百日誓师

学校在距离中、高考100天时举行百日誓师大会。百日誓师点燃师生激情,激励全体师生在中、高考备考之路上,不负韶华,只争朝夕,全力以赴,众志成城,精心备考,奋战百日,践行承诺,圆梦中、高考。100天精诚团结,100天奋发图强;100天卧薪尝胆,100天百炼成钢!教师庄严承诺,师生同心,其利断金;学生斗志昂扬地呐喊庄严的誓词,虔诚地填写心愿卡;父母温暖祝福,殷殷期盼;校长嘱托,寄予厚望;决战中、高考,青春无悔!

诚信银行

怀集一中"校园诚信银行"是学校和中国人民银行等金融机构一起创办的全国首家集金融知识宣传、诚信文化教育、学生实践参与、创新德育管理为一体的实体模拟银行。"诚信银行"存取的不是金钱，而是比金钱更宝贵的诚信，"银行"的存单是一份学生的诚信档案。学校每位学生都有一本《学生诚信成长档案》，里面都有一个积分账户，模拟银行的储蓄方式，实行对学习和生活方面守信加分、失信扣分的原则依次累计。根据"收支存"明细表中的量化考核标准，对学生进行奖惩性质的加分、扣分。我校以这间校园诚信银行为依托，不仅给学生传授金融知识，而且能有效地激励学生诚实守信、奋发向上，促进班级的有效管理。[①]

"校园诚信银行"工作方案

怀集一中"校园诚信银行"（以下简称"诚信银行"）是一家虚拟的"银行"，"银行"的存单是一份学生的诚信档案，借助"诚信银行"记录学生诚信行为是推动学生管理科学化、制度化，促进学生以学为主，德、智、体、美、劳全面发展的一种形式。为有效地激励学生诚实守信、奋发向上的精神，最大限度地调动学生德才兼备、好学上进的积极性，并为各类评优、评先提供量化依据，特制定本方案。

一、总则

（一）诚信银行收、支管理应力求体现测评体系的科学性、评议内容的导向性、测评对象的可比性、测评方法的操作性和测评结果的客观性。

（二）学生在诚信银行的诚信积分是学生"诚信明星""道德十佳少年""三好学生""最美学生"等评优、评先活动的定量依据。

（三）诚信币可换取礼品（诚信积分不能换取礼品），诚信银行的诚信积分是学生兑换诚信币的定量依据。

二、诚信银行存储和诚信币兑换依据

（一）学校根据《怀集一中学生德育量化考核条例》《怀集一中学生违纪处分规定》《怀集一中诚信教育实施计划》《怀集一中校园管理规定》《怀集一中学生评优、评先奖励办法》制定诚信银行收、支管理细则。

（二）诚信积分达到规定标准且获学校"诚信明星"，给予兑换诚信

---

① 李小莉. 谈如何丰富校园红色文化内涵充分发挥红色文化德育功能［J］. 才智，2018（12）：1.

币，诚信币可换取相关礼品。

三、诚信银行存储办法

（一）每个学生在"诚信银行"对账明细表中开设户头，学校在每个户头存款100万元积分，德育考核与诚信银行汇率是一分为10000元。各班从本班实际出发，制定具体方案，认真组织实施。

（二）诚信加分，失信减分，同一类的奖惩只按照最高标准收、支入账，不累计分值。

（三）在诚信银行每存入100万元积分，每学期可获得10万元积分的活期存款利息。

例：学期末存入积分为188万元积分，获利息是18.8万元。

（四）有关说明：

1. 各班成立"管委会"，每周班会小结，每月公布一次对账结果。所有诚信记录存入个人档案。

2. 班主任在收、支管理过程中必须严格审核，不符合存储条件的行为表现一律不得随意收、支入账。

3. 若学生的诚信积分低于60万，班主任、级长根据实际情况约见其家长，家校形成合力对学生进行纪律教育，帮助学生提高诚信度。

四、诚信积分兑换诚信币及礼品

（一）诚信积分兑换诚信币

学期末，校园诚信银行给荣获学校"诚信明星"的学生兑换100元的诚信币（诚信明星120人）。

学校"诚信明星"评选条件：诚信积分达180万以上才有资格评选，名额最终由年级长和班主任确定。

（二）兑换方式和流程

1. 兑换方式：

每学期兑换一次，兑换礼品分五个等级，摆放在礼品柜里，学生依据自己的诚信币数量到校园诚信银行营业厅申请兑换相应的礼品。

2. 兑换流程：

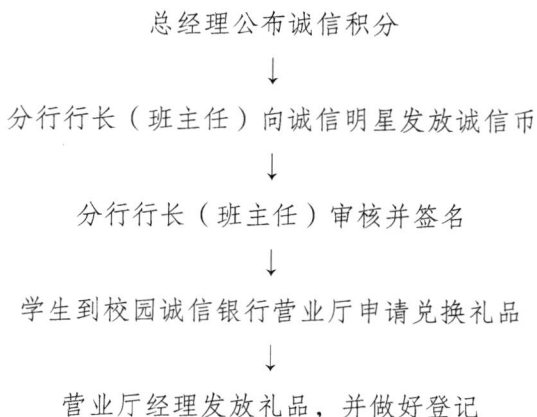

总经理公布诚信积分

↓

分行行长（班主任）向诚信明星发放诚信币

↓

分行行长（班主任）审核并签名

↓

学生到校园诚信银行营业厅申请兑换礼品

↓

营业厅经理发放礼品，并做好登记

五、实施要求

（一）各班成立"管委会"，每周班会小结，每月公布一次对账结果。作为年级月交叉评分中的一项内容。

（二）每月各班把"诚信银行对账明细表"在班宣传栏张贴公布，所有诚信记录存入个人档案。

（三）每月各班评选"诚信明星"（20名）在教室宣传栏张贴名单表扬，每班还要推选10名学生成为年级"诚信明星"，并在年级显眼位置公榜。

（四）"诚信明星"名单及"诚信银行对账明细表"张贴公布时，要求用红色A4纸打印。学期末把纸质材料装订成册，和电子文档一起上交德育处进行检查和资料归档。

（五）诚信积分兑换诚信币及礼品每期末进行一次。

励志感恩

感恩是一种生活态度，更是一种美德。感恩祖国，感谢她给予你我幸福生活，感谢祖国，感谢她赐予你我安宁社会；感谢父母，他们给予你生命，抚养你成长；感谢老师，他们教给你知识，引领你做"大写的人"。通过感恩励志活动，全体师生和家长的心灵会得到一次洗礼，如沐春风。感亲情，应躬行践履；报师恩，当奋发图强！如《让爱你的人为你自豪》活动后，学生纷纷表示这次感恩励志演讲会给予他们太多的感悟，理解到父母对自己无私的爱和付出，明白了老师们对自己的用心良苦，决心今后更要尊敬师长、孝顺父母、勤奋学习，更好地回报社会！感恩励志活动让学生感受成长的喜悦和责任。感恩活动要让学生深知肩上责任，学会感恩，心存感恩。感恩我们的父母、感恩我们的老师、感恩我们伟大的祖国。

感恩国家的关爱。 开展爱祖国、爱人民、爱劳动、爱科学、爱社会主义的教育活动，引导他们感受今天的幸福生活来之不易，树立正确的世界观、人生观和价值观。通过演讲比赛、文艺表演等形式，使学生体会到社会对他们的至关至爱；利用"学雷锋活动""服务志愿活动"等形式，激发和增强学生"报答社会、感恩社会、报效祖国"的深刻情感。[①]

回报父母养育之恩。 与校外志愿服务队联合开展大型励志感恩教育活动，开展亲子活动等活动让学生体会和感激父母的艰辛和不易，培养学生感激父母的养育之情，扣好人生第一粒扣子。

感激老师的教诲之恩。 借助每年教师节的良好契机，开展学生向老师献真情活动，向老师送祝福道感恩，来表达对老师的感激之情。

感激同学间的爱心相助。 开展给同学做一件有益的事，给班级做一件有益的事等活动，掀起同学之间互帮、互助、互学、互进的热潮，增进同学之间的友谊。

感恩革命先烈。 开展清明缅怀先烈活动、感恩先烈主题演讲比赛，学好先烈故事，讲好先烈故事，感受先烈爱国精神，激发感恩先烈之情，传承与弘扬爱国主义精神。

励志家访

励志家访活动是由校长等亲自带队走进家庭，关爱学生，送荣誉暖人心的活动。校长和老师们到学生家庭为获得学校成绩优秀奖、学习进步奖、三好学生等奖项的优秀学子举行简单而隆重的颁奖仪式，给予学生最大的肯定和最真诚的祝贺，为美好教育注入温馨力量。同时，到家颁奖的形式也增强了学生

---

① 李小莉. 谈如何丰富校园红色文化内涵充分发挥红色文化德育功能 [J]. 才智, 2018（12）: 1.

和家长的自豪感和荣誉感，引起家长对孩子教育的更大关注，激励学生不断努力，保持优秀。

励志成人礼

励志成人礼是加强全校师生爱国情怀，激发高三学子成人感、使命感、社会责任感，激励高三学子勇创高考辉煌战绩的励志品牌系列性活动。在活动中设置了向师长鞠躬献花感恩、高考冲刺与成人宣誓、接受师长成人祝福等环节，激发学生的爱国主义热情，激励广大学生成为理想远大、勤奋学习、艰苦创业、道德高尚的一代，加强爱国主义教育；引导学生严格遵守法律法规，自觉履行公民义务，积极承担社会道义，不断立志、成才、爱国、奉献；增强了他们的社会责任感和道德责任感；让他们在未来的成长道路更有信心努力前行。

励志壮行会

励志壮行活动是我校为要参加高考、中考的学生准备的鼓励加油大会。通过壮行会点燃毕业班学生励志奋斗的热情，激发与增强他们的使命感、责任感，让他们全力以赴，决战中、高考。

励志班会赛

怀集一中每年举行一次励志教育主题班会课比赛。班会课围绕明志、笃志、践志三大主题进行。具体主题包括塑造自己、自立自强、积极向上、天道酬勤（勤奋拼搏）、生命和责任、创造美丽人生、开发潜能、战胜挫折、前途理想、坚定目标、梦想需要行动、全力以赴、创造奇迹、高考心理辅导等。励志教育主题班会优质课比赛，是励志教育的优秀示范课，是励志教育的具体实践，有效地提高了学校主题班会的总体质量和班主任的班级管理水平，使班会真正成为了班主任实施思想道德教育、推进班级建设的主要舞台和学生自我教育与锻炼成长的平台。同时也让学生们更加明确了人要树立远大志向，爱拼才会赢，要传承自强不息、追求卓越的一中精神，成为胸怀大志、情趣高尚、崇善求真、乐学多思的一中人。

● 第三节
参与体验式励志活动

参与体验式励志活动是指学校规范性地组织学生参与特定生活或置身在特定环境的活动，让学生在特定氛围中体验、感悟，通过反思，内化形成个人的品质，在反复的体验中积淀成自己的意志行为。参与体验式励志活动强调体验，注重学生的主体地位，注重教育的过程，注重对学生的激励，着力组织和引导学生全身心地参与实践，用心体验，用心感受，不断把全面发展的要求内化为自身的素质。

励志运动

励志特色运动包括一年一度的励志运动会和每天常规性励志跑操活动。励志运动会是怀集一中一年一度的体育盛事。励志运动会，作为学校大型综合性集体活动，集体育、美育、德育于一身，是学校整体实力的一次大检阅，是对全体学生集体主义观念、拼搏向上意识和敢于争先精神的一次集中考验，是对各年级各班级纪律水平和集体凝聚力的一次集中检阅，是展示怀集一中师生精神风貌的大舞台，是学校艺体工作的有效载体。励志跑操是怀集一中每天常规性励志活动。跑操过程中要求学生气势激昂、目视前方、口号洪亮、步伐整齐，提高了学生精神面貌，培养了学生意志品质，促进了学生身心健康成长。

励志跑操实施方案

为了提高学生精神面貌，培养学生意志品质，深化励志内涵，擦亮励志品牌，不断提升对外影响力，促进学生身心健康成长，特制定实施本方案。

一、实施原则

1. 全体性原则。活动的开展要做到面向全体学生，人人参与活动，达到全体健身、全员励志的目的。

2. 科学性原则。遵循学生身心发展的规律，合理整编队形，因地制宜、循序渐进开展活动。

3. 激励性原则。跑操已经不仅仅是一种体育锻炼活动，它更是一项提升校园精神文化的德育励志活动。

4. 安全性原则。在活动的组织与实施过程中，加强安全教育和管理，制定出必要的安全措施、应急措施，避免和防止意外事故的发生。

二、活动时间

在每天上午第二节课后大课间进行，时间为30分钟。因场地问题，个别年级可安排在下午第九节活动课进行。

三、活动程序

（1）学生有序入场集队（8分钟）：出操音乐响起，各班学生迅速到达操场指定位置站成四路纵队。

（2）预备运动（4分钟）：各班在体育教师的统一指挥下做预备运动。

（3）体育活动（10分钟）：由学校统一安排，各班进行跑操活动。

（4）学生有序离场（8分钟）：学生有序地离开活动场地，返回教室。

四、规范要求

（一）队形整编要求

1. 精心挑选并培养2名敢说敢为、有责任心的体育委员，站在队伍内侧一前一后，矮个在前、高个在后，分列2、5排。

2. 全班学生按照身高不分男女统一排队，前低后高，内低外高。

3. 体育委员站在第一跑道中间，班级队形严格执行"三八"占道排列制，即三道八路，全班按八路纵队排列，共占2、3、4三条跑道。

（二）激情跑操要求

1. 每周一至周六早晨、大课间跑操，周一大课间升旗，如有特殊安排教育处将提前通知各年级。

2. 早间操各班按规定时间（跑操前奏音乐停为止）在指定位置集合，班主任检查人数，任何班级不得以任何理由不参加跑操（学校统一安排的除外），迟到人数将以双倍扣分计入班级量化。

3. 集合时班主任、体委密切关注学生到位及站姿情况，严格要求，真正做到精神饱满、抬头挺胸、头正肩平、目视前方。

4. 在跑操过程中要求气势激昂、目视前方、口号洪亮、步伐整齐。每个学生必须精力高度集中，抬头挺胸、目视前方，严禁说笑，手握半拳、两臂夹紧置于腰间，前后小摆臂；用眼角余光标齐排面，借助肢体接触传递信息形成一心；听清口令，同起同停，动作规范干净利索；呼喊口号时每人都要喊出自己的激情和力量，人人相比、班班相比。

5. 在跑动过程中要求人贴人，班级方阵前后可弹性范围不能超出50厘米，班与班之间的距离保持在3.5米左右；在弯道时内侧学生步伐不变，外侧学生步频不变加大步幅，已保排面整齐；如出现班间距过近或过远，应充分利用3秒时间进行调整，严禁急停急起。

6. 如遇前面班级发生异常事情，前排8名学生应及时根据发生位置做出分班跑，分别从两侧绕过出事地点再合班，在此过程中第一体委负责指挥协调工作。后面班级亦如此，如有其他更好的方法也可实行。

励志研学

怀集一中每年组织开展远足研学、文化遗址研学、科技研学、基地研学等励志研学活动。远足励志研学让学生走进自然和社会，培养学生对自然和社会的亲近感，增强学生关心社会、关爱生命的主动性和积极性；参观历史遗迹，让学生直观地感知传统文化，激发爱国主义热情；走进科技馆，感受科技创新的力量，培养锐意进取的意识，激励学生努力学习，提升自己，做一个具有家国情怀的高科技人才；参观怀集一中励志教育基地，让学生以优秀为榜样，树立远大理想，增强学习动力。

励志实践

励志实践内容渗透在学生校园生活的多个方面，例如心理游园会、班级音乐会、创客实践励志活动、书法励志活动、经典励志、志愿服务实践活动等，这些实践活动让学生在一个具有灵魂、温度的励志环境中健康成长，全方位地激发学生树立远大志向并为之奋斗的内驱力。

心理游园会活动方案

一、活动目的

为了提高我校师生的心理健康素质，以促进师生对生活的热爱为目标，我校心晴驿站与心晴社策划开展本次心理游园会活动。为了进一步加强心理健康教育在师生校园生活中的作用，本次游园会将通过多种多样的形式，为我校师生创造一个缓解心理压力的平台，丰富师生们的校园生活，集娱乐和学习于一身，加强同学们的心理健康意识，使同学们在参与中掌握更多心理健康常识，提高自身心理健康调节能力，更利于其全面发展。[①]

二、活动主题

关爱心灵，阳光成长。

三、活动安排

（一）同舟共济

1. 以组为单位，每组6~8人，两组或两组以上就可以开始挑战。

2. 将报纸铺在地上，所有人的脚踩到报纸（内）上。要求：除脚可接触报纸外，身体的其他部位只能接触组员，坚持5秒。

3. 将报纸对折，要求所有人继续站到报纸上坚持5秒，脚不能踩到报纸外，否则为失败。

4. 继续对折，同上操作，直到对折4次以上者（含4次）算挑战成功。

（二）不倒森林挑战

1. 保持杆直立，不允许用手抓握，不允许身体其他部位接触杆。

---

① 张慧芳，逯卫红. 农村学校后进生转化方法研究探微［J］. 信息周刊，2019（17）：0141-0142.

2. 宣布开始前，双脚分开，不允许移动，开始后大家按自己队伍口令，在保证自己的直立杆不倒的前提下，迅速移动步伐将右手掌心按到相邻的同伴的杆上，保持杆不倒。

3. 每次有一根杆倒就算失败，失败后可重新开始，但每队最多挑战3次，连续换位10人才算挑战成功。（8~10人一队）

（三）手脚并用

用身体对应的手脚部位去接触图片，并完成全程。比如图片上画的是左手印，就用左手掌去接触；画的是右脚印，就用右脚去踩；同时身体其他部位不能接触除图片以外的区域，否则视为犯规，先到终点者为胜。（2人以上即可挑战，犯规从起点重新开始）

（四）无敌风火轮

全队一起踏着风火轮从指定起点走到指定终点，用时少的队伍获胜。（6~8人一队，2队即可挑战）

（五）跳抖乒乓球

队员在腰上系装满彩球的抖球盒子，开始跳动抖球，将彩球全部从盒子里面抖出为胜，用时少的队伍获胜。（2人即可挑战）

（六）珠行万里

1. 所有队员一字排开，手持U形槽，在保证圆球不掉落的情况下从指定的位置运珠到达终点的杯子里。

2. 中途若球掉落在地上，则挑战失败，失败后可重新开始，但每队最多挑战3次。

3. 将6个球全部运送到终点的杯子里即获胜。（8~10人一队）

（七）盲行

两人一组，其中一位同学戴上眼罩扮演盲人，不能看，不能说。另一位同学扮演盲人的拐杖，能看不能说，只能通过非语言提示，全力协助盲人，保护好盲人的安全，帮助其顺利到达目的地，用时少的队伍获胜。（2人一队，3队以上即可挑战）

（八）摸石过河

1. 每个队员3块砖，队员2只脚分别踩在两块砖上，手里拿着一块砖。

2.脚依次踩在砖上不能落地，中途脚落到地面则挑战失败，失败后可重新开始，但每队最多挑战3次，直到全部队员到达终点。用时少的队伍获胜。（5人一队，2队以上即可挑战）

（九）解忧杂货铺

写一个烦恼或者困惑放进树洞箱，从解忧箱中抽取一个答案。

四、其他工作注意事项

积分规则：

1.参加游园会的同学需要先领取书签（每人仅限一张）。

2.每一个活动（1~8号）的获胜队伍或者个人都可以获得一个印章。

3.根据书签上印章的数量来换礼物，先到先得，换完为止。

励志军训

新生励志军训是学校开展励志教育的一项重要内容。通过国防教育，爱国爱校教育，学校规章制度、纪律及行为规范等入学教育，以及队形队列训练、宿舍内务整理、军营歌曲等军训形式与内容，增强学生体质，磨炼坚强意志；提高政治觉悟，激发爱国热情，提升国防意识，培养爱国主义、集体主义和艰苦奋斗精神；培养学生团队精神，互帮互助精神；增强集体荣誉感，提高班集体凝聚力。它不仅激励新生们要将军训中培养起来的坚强意志、自律意识和艰苦奋斗的作风延续到未来的学习生活中，更好传承无惧艰难困苦的一中"赤足"精神，还激励新生们在今后的学习生活当中，不负时代，不负韶华，不负党和人民的殷切期望。

励志阅读

励志阅读活动是怀集一中为营造浓厚的读书氛围，培养学生爱读书、多读书、读好书、会读书的良好习惯，让学生从读书中丰富精神生活，增强学生的文学素养和综合素质而创设的常规性励志活动品牌。通过每学年定期举行相关励志阅读活动，为学生争取在校阅读时间，为其创设阅读环境与氛围，并以多样形式进行阅读评比活动，激发学生阅读热情与兴趣。希望在校园书香氛围的熏陶下，在老师的引导下，学生真正做到爱读书、多读书、读好书、会读书，将励志阅读融进自己的生命中。这是一项不仅利于学生学习，更利于学生成长的励志教育活动。阅读，可以洗涤师生的内心；阅读，可以燃起师生的行动力。山区学生在阅读中更能找到人生前行的奋斗方向，树立远大志向，自强不息，追求美好未来。

励志阅读活动方案

一、指导思想

为了营造浓厚的读书氛围，培养学生爱读书、多读书、读好书、会读书的良好习惯，让学生从读书中汲取民族文化和世界文化精华，积累知识，丰富精神生活，增强学生的文学素养和综合素质，我校开设励志阅读活动。

二、活动时间

每年一期，每期举行一次励志阅读活动。

三、组织机构

成立励志阅读活动领导小组，负责活动的组织、协调和管理工作。

四、读书内容

按照学段分初中、高中两部分，内容分必读书目和推荐书目。各年级亦可在此基础上结合年级实际补充一些可读书目。

五、活动流程

（一）宣传发动阶段：学校制定活动方案，组织宣传发动，每个班级要结合班级实际情况，制定出相应的班级读书目标和读书成长规划书，其中要有措施、有保障、有效果、有考评，简洁明了，易于操作。并且指导每个学生结合个人实际，每学期制定出读书成长规划和读书目标。具体格式可让学生根据自己喜好来设计，其中要有读书的内容、目标、措施、实现时间等。宣传发动要有人负责，结合单位实际，充分利用宣传栏、板报、广播站等多种手段，加强对读书活动的宣传发动。

（二）组织实施阶段：为保证活动实施的有序高效，应做到以下几个方面。

（1）营造读书氛围。

要不断加强校园文化建设，开辟宣传栏、涂鸦壁、图书角、校报校刊等形式多样的活动阵地，教室内、校园中要张贴诗文警句，让学生时时处处沐浴在诗文氛围之中，在学校中形成"我读书，我阅报；我成长，我快乐"的浓厚氛围。

（2）创造励志阅读条件。

首先是学校要积极充实学生读物，图书室和阅览室要全天向老师和学生开放，进一步规范图书管理，为学生创造良好的阅读环境；其次是建立班级图书角，以班级为单位，让家庭条件好的学生自愿分别购买一本书，鼓励学生捐献一本好书，以充实班级图书资源；再次是建立"好书交换站"，同学间定期交换阅读，让班级成为同学间的"交换站"，让年级成为班级间的"交换站"，同时倡议每个学生每年向学校捐一本自己已经读过的图书，进一步充实校级图书室，把校图书室建成最大的图书交换站。既要保证学生有充足的读书资源，也要尽可能不增加学生的经济负担。[①]

（3）保证励志阅读时间。

可从课程中安排一定课时或要求学生在课外安排一定时间进行读书活动，也可渗透在语文学科教学中。学校要组织语文教师讨论研究，分年级段提出不同的阅读要求。有目的、有计划，循序渐进地指导阅读，教给学生阅读方法，学校也可根据各年级情况统一确定图文并茂的读书笔记内容。[②]另外，语文教师要指导帮助学生合理安排课外阅读时间，教师要抓住寒暑假和法定节假日布置学生在家进行课外阅读的任务，引导学生正确处理好课内学习与课外阅读的关系。

（4）发挥教师榜样作用。

语文教师首先要勤于读书，在教师自身读好书、好读书的基础上，结合语文教学对学生做好读书方法的指导，使课外阅读成为课堂教学的拓展与延伸。语文教师及班主任要通过各种形式与家长建立联系，形成教育合力，保证

---

① 龚彤. 校长的办学思想刍议——以重庆市江津中学校为例［J］. 华夏教师教育，2021（3）：73-77.

② 金云波. 中小学创客教育生态系统模型构建［J］. 信阳师范学院学报（哲学社会科学版），2018，38（1）：84-89.

学生有计划地进行课外阅读，营造良好的班级、家庭读书氛围，促进学生养成良好的读书习惯。

（5）开展励志读书实践活动

组织学生开展形式多样、丰富多彩的读书实践活动，如故事会、演讲比赛、调查报告、书签制作、手抄报、读书征文比赛、报刊剪辑、编辑班级或个人作品集锦等，向同学们介绍自己看过的新书、好书，交流自己在读书活动中的心得体会，在全校形成良好的读书氛围，让学生在实践活动中体验读书的快乐和成功的喜悦。

（三）励志阅读成果评选推荐阶段：按年级段组织学生全员性参与，活动形式有读书征文大赛、读书知识竞赛、读书演讲比赛、读书朗诵比赛、读书笔记展评等活动。可采取从班级到年级到学校层层评比的活动方式，自主创新活动形式，确保活动开展灵活、务实、高效。

（四）励志阅读成果展示阶段：通过大赛展示全校学生读书活动成果。活动将评出先进个人和先进集体，颁发相应的证书和奖品。

（五）励志阅读活动总结提高阶段：举行励志阅读活动总结表彰大会，大会将全面总结活动开展情况，对大赛中先进个人和先进集体进行表彰，并交流成功经验，将成功的做法加以全校推广，以促进读书活动持续、深入地开展。

励志社团

励志社团活动是怀集一中落实立德树人的根本任务的重要组成部分，是全面推进素质教育、提升学校办学档次和品位、培养学生个性特长的一项重要举措；是学校"五位一体"励志教育模式的有力抓手；是课堂教学的课后延伸和有益补充。在各社团教师的指导下，学校社团活动蓬勃发展，取得一定成效。目前，学校开设的书法社、朗诵社、舞蹈社等20多个社团，每个星期开展社团日常特色活动，每个学年举行社团成果验收、展示活动，这既活跃了校园独特文化氛围，又满足了学生个性特长成长发展的需求。社团活动实现了以导师为指导、以学生为主体的第二课堂效果，充分激发了学生成长发展的积极主动性。

第五章

榜样励志　全面育人

榜样励志，力量无穷。一个人、一个故事、一段话语，看似平凡简单，却能点燃许多人心中的激情与梦想。榜样把人生的意义变成鲜活的形象，让远大理想、优良品格、高尚人格在自己的实际行动中生动展现。

先进模范榜样以强大的感召力、凝聚力、向心力，引领学生见贤思齐，奋发进取。身边的榜样，不似名人大张旗鼓，但依然能如阳似火，温暖我们的心头。校友们的事迹和精神让我们倍感自豪，深受鼓舞！

榜样可以感染人、鼓舞人、带动人，榜样的力量催人奋进。大多数学生都是力求上进且不甘落后的，如果有了榜样，学生就会有努力的方向和赶超的目标，从榜样成功的事业中得到激励。榜样教育是励志教育的重要方法。

学习榜样要把榜样的力量融入眼中。榜样不只是一种简单的模仿，更是一种精神。教师要引导学生找到榜样，看到他人身上值得学习的精神。有敬佩的榜样固然很好，但切莫将自己的实际情况束缚在榜样的框架里，成为一种死板的效仿，这样反而会阻碍自己的发展。

学习榜样要把榜样的力量融入心中。教师要引导学生时刻以榜样的精神激励自己、鞭策自己，用榜样的力量涵养心灵。

学习榜样要做到知行合一。榜样教育的效果体现在付之以行上，不能止于感动而无行动。教师要引导学生以知促行，做到知榜样、学榜样、做榜样，让自己成为榜样。

学习榜样要发挥学生的主观能动性。只有让学生自主、自发地学习榜样，才能使榜样教育起到最大的励志作用。教师在励志教育中要充分尊重、理解学生榜样的选择，尤其对学生喜欢的偶像明星不要急着全盘否定，可以通过帮助学生挖掘偶像明星身上的优点，宣扬他们坚持梦想、奋力拼搏的精神，引导学生注重其内在优秀品质，培养正确的"三观"。

● 第一节

先进人物的事迹最能温暖和激励人

在当今多样化的社会，榜样不能单一化，既要有道德楷模，也要有时代精英。模范榜样不能都是一个模样、一种腔调、一种形象、一种风格、一种模式。要把孝敬父母的好儿女、奉献社会的热心人、奋发成才的杰出人物、保卫祖国的忠诚卫士、见义勇为的英雄、勇攀高峰的社会精英、各行各业的成功人士等作为典型榜样。[①]

先进典型是一个时代的精神标杆，是一面高高飘扬的精神旗帜。榜样的力量直抵心灵，它以"典型"为镜，以强大的感召力、凝聚力、向心力，引领学生见贤思齐，奋发进取。

先进典型榜样教育的主要形式有班会课、国旗下讲话、事迹报告会等。在信息技术日益发达的今天，青少年普遍选择网络、广播影视和报刊书籍等了解信息、关心时事资讯。先进典型榜样教育也要针对这些特点，充分发挥网络、广播影视和报刊书籍等大众传媒的作用。

一、 "时代楷模""国家勋章和国家荣誉称号获得者"

一个时代有一个时代的楷模，一个国家有一个国家的英雄，我们要用楷模与英雄之光，去点亮学生生命之彩。"时代楷模""国家勋章和国家荣誉称

---

① 黄娴.【道德模范风采】跨海送教的追梦人——记2019年全国教书育人楷模［EB/OL］（2021-04-06）［2022-02-01］. http://www.bhxww.com/NewsInfo.aspx?id=47139.

号获得者"的先进事迹和突出贡献光耀史册，他们是学校励人心志、催人奋进的最好的榜样。

向张桂梅榜样学习

一、榜样介绍

张桂梅，女，满族，1957年6月出生，中共党员，云南省丽江华坪女子高级中学党支部书记、校长，华坪县儿童福利院院长。曾荣获"时代楷模""全国优秀共产党员""全国先进工作者""全国十佳师德标兵""全国最美乡村教师""全国脱贫攻坚楷模""感动中国2020年度人物"等荣誉称号。

张桂梅同志坚守教育报国初心，牢记立德树人使命，扎根贫困地区40多年，立志用教育扶贫斩断贫困代际传递，倾力建成全国第一所全免费女子高中，让1600余名贫困山区女学生圆梦大学，托举起当地群众决战决胜脱贫攻坚的信心希望。

张桂梅同志坚守初心、对党忠诚，响应党的号召，毅然到云南支援边疆建设，跨越千里、辗转多地，无怨无悔。她创办免费女子高中，帮助数千名山区女孩改变命运，为国家输送了一批又一批莘莘学子。她坚决贯彻党的教育方针，将坚定的理想信念融入办学体系，用红色教育为师生铸魂塑形。2000年，她在领取劳模奖金后，把全部奖金5000元一次性交了党费。她把对党的忠诚和对人民的热爱渗透在血脉里，在她身上充分体现着一名共产党员初心如磐的精神品质和至诚至深的家国情怀。

张桂梅同志爱岗敬业、爱生如子，为了不让一名女孩因贫困失学，坚持家访11年，遍访贫困家庭1300多户，行程十余万公里。她长期拖着病体工作，超量的付出透支了原本羸弱的身体，换来女子高中学生学习的好成绩。她不遗余力践行着"只要我还有一口气，就要站在讲台上"的诺言，用实际行动铺就贫困学子用知识改变命运的圆梦之路。多年来她一直住在学生宿舍，和孩子们吃住在一起，陪伴学生学习生活。她在教书育人岗位上为贫困地区教育事业做出了重要贡献，在她身上充分体现了人民教师潜心育人的敬业精神和立德树人的使命担当。

张桂梅同志执着奋斗、无私奉献，心怀大我，对自己近乎苛刻的节俭，却把工资、奖金和社会各界捐款100多万元全部投入到贫困山区教育中。长期义务兼任华坪福利院院长，多方奔走筹集善款，20年来含辛茹苦养育136名孤儿，被孩子们亲切称呼为"妈妈"。她把全部身心献给了祖国西南贫困山区的教育和福利事业，在她身上充分体现了人民教师以德施教的仁爱之心和至善至美的师者大爱。

二、榜样精神

学习张桂梅甘于奉献的精神。"就是把命搭上，也要把学校办出名堂"，张桂梅牺牲自己的生活和健康，始终坚守在学生们身边，从晨读到晚自习，从生活起居到读书学习，时刻陪伴；而她自己的身体状况一落千丈，平时连爬楼梯都很艰难——这是一种怎样的无私精神！

学习张桂梅坚韧不拔的精神。人的一生，会遇到许多的艰难险阻，而我们能做的，就是不断地战胜它们。而为自己战胜困难容易，为他人战胜困难却显得不太容易，这就需要我们更加坚定理想和信念，发挥出大无畏的斗争精神，敢于拼搏、竭力付出。华坪女子高中建校初期，身为校长的张桂梅遇到各类棘手的问题，筹集建校资金困难、教师队伍人员流失，以及疾病的痛苦折磨，但是对教育扶贫的坚持和对讲台的热爱支撑着她一步步走下去，张桂梅的顽强拼搏、坚韧不拔的精神值得我们每个人学习。

学习张桂梅忠于事业的品格。从2008年华坪女高开学至今，在张桂梅和其他老师的悉心建设下，学校克服了生源差、学生流失等困难，把基础设施建设得越来越好，把学生教得越来越棒。12年里培养出1804名大学生，一本上线率超过40%，高考成绩综合排名多年位居丽江第一……她取得的成绩有目共睹，一路走来的艰辛，今天也终于为人所知。

二、"感动中国年度人物"和本时代其他先进人物

"感动中国年度人物"和本时代其他先进人物用行动证明，只要有坚定的理想信念、不懈的奋斗精神，脚踏实地把每件平凡的事做好，平凡的人就可

以拥有不平凡的人生，平凡的工作就可以创造不平凡的成就。

·案例·

张顺东、李国秀夫妻

一、榜样介绍

张顺东6岁时被电击伤，由于家庭贫穷没钱医治，右手、双脚相继截肢，妻子李国秀天生缺少双手，两人加起来只有一只手和一双脚，但是，贫困的现状并没有压倒他们，日益加重的家庭负担也没有压倒他们，教育子女读书和赡养父母的重担更没有压倒他们，反而更加坚定了他们对生活的信心和勇气。"我们虽然残疾了，但我们精神上不残，我们还有脑还有手，去想去做。"张顺东是这样说的，也是这样做到的。李国秀靠双脚在地里劳作，靠双脚绣花写字，为这个贫困的家庭撑起了半边天。张顺东凭借一只手，学会熟练驾驶农用三轮车，帮助村民运输物资，实现了自我价值。20多年来，他们从未放弃过对美好生活的追求和向往，勤奋励志，崇德向善，用残缺的身体，撑起了一个幸福美满的家。他们赡养孝敬老人，教育培养出了一双儿女，生活幸福和睦。他们身上充分体现了中国养儿育女、孝老爱亲的良好家风。

二、榜样精神

学习张顺东、李国秀夫妻自立自强的奋斗精神。张顺东、李国秀夫妻两人加起来，只有一只手、两只脚，但是他们身残志坚，自立自强，树立了"脱贫光荣，争贫可耻"的信心，不等、不靠、不要、不争贫。他们付出了超越常人数千倍、数万倍的艰辛艰苦和汗水心血，才实现了脱贫致富奔小康，真正应验了一句话"凡自强不息者，必获自救"。

学习张顺东、李国秀夫妻永不言弃的抗争精神。张顺东、李国秀夫妻"不抛弃、不放弃"，生命不止，奋斗不息，"夫妻同心，其利断金"，他们夫妻合力奏出了与生命不屈抗争的最强音。正如贝多芬所说："我要扼住命运的咽喉，它休想使我屈服。"他们夫妻永远不向命运低头，攻坚克难，永不言弃；生命不息，就与命运抗争不止。

学习张顺东、李国秀夫妻拼搏向上的进取精神。张顺东、李国秀夫妻不等不靠，迎难而上，艰苦奋斗；迎接挑战，战胜自我，他们用自己的实际行动雄辩地证明了"奋斗，改变人生；梦想，使我们与众不同"。在他们夫妻顽强的拼搏下，女儿大学毕业，当上了一名光荣的人民教师，儿子长大成人，现已外出务工，"脱贫致富奔小康，乡村振兴放光芒"。现在，他们家的日子过得有滋有味，红红火火。

学习张顺东、李国秀夫妻勇于创造的创新精神。"穷则思变，变则通，通则久。"张顺东、李国秀夫妻敢于直面生活，善于创造、勇于创新。在乡村振兴战略中，他们超越自我，永不懈怠；发展电商，积极作为；奋力开拓，终有所成，创造了一个又一个的奇迹。

三、历史名人传记

纵观璀璨的人类文明史，一帧帧、一页页，无不是由无数的名人大师承接而成的。爱因斯坦、贝多芬、牛顿、达·芬奇、莎士比亚……他们的人生轨迹、思想光辉，永远像一盏生命灯塔照耀着后人。历史名人传记启示学生自觉见贤思齐，像英雄模范那样坚守和奋斗。阅读名人传记，由于可以发挥其历史记忆、教育激励、文学欣赏及其他学术功能，可以有明显的教益。尤其是对青少年读者而言，不仅可以丰富历史、文学知识，而且对激发人的志气，培养健康的人格，增强克服困难与挫折的勇气，增长应事接物的智慧，提高专业水平和写作水平，都有借鉴启迪作用。[1]

· 案例 ·

司马迁——史家巨人

一、榜样介绍

司马迁（前145年或前135年—?），字子长，生于龙门（西汉夏阳，即今陕西省韩城市，另说今山西省河津市），西汉史学家、文学家。

---

[1]　张丕术.高校课程思政建设的思考［J］.山东青年，2019（4）：101-102.

司马迁遵从父亲遗嘱，立志要写成一部能够"藏之名山，传之后人"的史书。就在他着手写这部史书的第七年，发生了李陵案。贰师将军李陵同匈奴一次战争中，因寡不敌众，战败投降。司马迁为李陵辩白，触怒汉武帝，被捕入狱，遭受残酷的"腐刑"。

受刑之后，司马迁曾因屈辱痛苦打算自杀，可想到自己写史书的理想尚未完成，于是忍辱奋起，前后共历时13年，最后写成《史记》。这部伟大著作共526500余字，开创我国纪传体通史的先河，史料丰富而翔实，历来受到人们推崇。鲁迅曾以极概括的语言高度评价《史记》："史家之绝唱，无韵之《离骚》。"原先，司马迁的祖上好几辈都担任史官，父亲司马谈也是汉朝的太史令。司马迁10岁的时候，就跟随父亲到了长安（今西安市），从小就读了不少书籍。为了搜集史料，开阔眼界，司马迁从20岁开始，就游历祖国各地。他到过浙江会稽，看了传说中大禹召集部落首领开会的地方；到过长沙，在汨罗江边凭吊爱国诗人屈原；他到过曲阜，考察孔子讲学的遗址；他到过汉高祖的故乡，听取沛县父老讲述刘邦起兵的状况。这种游览和考察，使司马迁获得了超多的知识，又从民间语言中汲取了丰富的养料，给自己的写作打下了重要的基础。

此后，司马迁当了汉武帝的侍从官，又跟随皇帝巡行各地，还奉命到巴、蜀、昆明一带视察。司马谈死后，司马迁继承父亲的职务，做了太史令，他阅读和搜集的史料就更多了。在他正准备着手写作的时候，他就为李陵辩护得罪武帝，下了监狱，受了刑。饱受了身心折磨之苦后，司马迁终于又站了起来，他以惊天动地之笔墨写道："文王拘而演《周易》；仲尼厄而作《春秋》；屈原放逐，乃赋《离骚》；左丘失明，厥有《国语》；孙子膑脚，《兵法》修列；不韦迁蜀，世传《吕览》；韩非囚秦，《说难》《孤愤》；《诗》三百篇，大底圣贤发愤之所为作也。"多少千古巨作都是作者心里有郁闷或者理想行不通的时候才写出来的。司马迁知道这个时候正是把这部史书写好的时候。于是，他把从传说中的黄帝时代开始到汉武帝时期的历史，编写成130篇、52万余字的巨大著作《史记》。司马迁在他的《史记》中，对古代一些著名人物的事迹都做了细述，他还把古代文献中过于艰深的文字改写成当时比较浅近的文字。人物描述和情节描述，形象鲜明，语言生动活泼。因此，《史记》既是一部伟大的历史著作，又是一部杰出的文学著作，司马迁依靠自己的信念，创造了奇迹。

二、榜样精神

司马迁在遭受残酷的刑罚之后，不忘父亲的嘱托，忍辱负重，耗费了13年写成巨著《史记》。这种忍辱负重、不屈不挠、持之以恒、矢志不渝的精神值得我们学习。司马迁为了写《史记》而不顾个人耻辱的精神、心怀天下的赤诚之心都值得我们学习。

第二节
校友是最接地气的榜样

校友们的事迹和精神让我们倍感自豪和深受鼓舞。杰出校友在奋进途中的那些可歌可泣的感人事迹和辉煌成就是最接地气的榜样。他们积极上进、勤奋刻苦、不屈不挠、一心为民的可贵精神，能激励师生踏着他们的足迹，奋勇前进，为母校争气，为祖国争光。

校友事迹榜样教育的有效途径：一是多组织学生观看励志校友事迹宣传片；二是邀请励志校友榜样人物到校进行事迹报告会或与学生座谈、交流；三是召开主题班会学习励志校友榜样人物事迹。

怀集一中筚路创业，历经风雨，弦歌不辍。在这所具有优良革命传统的学校，无数名师，含英咀华，焚膏继晷；万千学子，不废冬夏，晨昏苦读；磊落志士，胸怀天下，以身许国；鸿儒奋发，自强不息，追求卓越。1940 年，怀集一中为改善办学设施筹资兴建科学馆，校长邓罕孩号召师生不穿鞋，或穿草鞋，把连续三年节省下来的钱捐出来建科学馆，称之为"赤足科学馆"。

这种不畏艰苦、"赤足"办学的奋斗精神也成了学校宝贵的精神财富，教育着无数学子。正是师生不畏艰难、共同奋斗的精神，才使怀集一中人才辈出，他们志存高远，艰苦自勉，似金燕，若云鹏，放飞梦想，报效祖国。无数学子由此奔赴四方，成为党政军领导、科技精英、文化名流、商海奇才。

一、革命先辈

在民主革命时期，怀集一中涌现出一大批仁人志士，他们参加党组织、领导和发动的革命运动、开展学生救亡运动、创建革命根据地，等等。

其中涌现出朱锡昂、邓拔奇、钱兴、植启芬等一大批胸怀天下、砥砺前行的革命先行者。他们为祖国、为人民甘愿抛头颅、洒热血，他们为了革命事业不怕牺牲的大无畏精神感染了一代又一代一中人。他们的行为值得传颂，值得铭记。

【榜样人物事迹】植启芬——抗战时期地方游击队的"领头羊"

植启芬（1925—1948），又名茜军，怀集县永固区宿安乡宿峡村人。1939年春进怀集县立中学（今怀集一中）读书，阅读进步书籍，思想深受启发，积极投身抗日救亡运动。1946年夏，植启芬高中毕业，到广州复习功课，准备报考广州文化学院，转赴香港达德学院就读。1948年初植启芬参加中国共产党，同年6月初，国民党粤西、桂东当局调集大量的兵力，对怀南游击区实施重点围攻。游击队与敌人激战数日，终因众寡悬殊无法突出重围，植启芬、陈如杰、邓偶娟等近30人被俘。植启芬等人被俘后，敌人威迫利诱，要他们供出游击队主力的活动情况，但植启芬等游击战士只字不供，1948年7月15日，在怀城英勇就义。（摘自《怀集县志》，有删改）

二、各界才俊

在百年的办学历史中，怀集一中形成了良好的办学传统，积淀了深厚的校园文化。100年的办学历程，100年的桃李芬芳，一中人励精图治，锐意进取，百折不挠，无怨无悔，谱写了杏坛奇情壮彩的百年华章。条条战线，英才辈出，百年来培养的优秀学子遍布各地，涉及各个领域。其中有杰出的党政领导人，有杰出的实业家，有著名的书画家、摄影家，有优秀的科教文艺工作者，有优秀的运动员……他们，在怀集乃至广东的各条战线上留下了光辉的纪录，成为怀集人的骄傲。

【榜样人物事迹】卢百锉——爱国奉献的科研能手

卢百锉，男，1941年2月出生。怀集县冷坑龙迓村人。1959 年在怀集一中高中毕业，中共党员，本科学历，副研究员，高级工程师。中国计量科学研究院化学计量与分析科学研究所课题组组长、党支部书记（兼）。2001年2月退休。

1964 年于武汉大学分析化学专业毕业，被分配到中国科学院原子能研究所从事核燃料后处理的研究，主攻核元素分离、提纯和测定。为打破美苏核垄断的困境，为我国核武器和核工业的科研做出贡献。

1983 年调入中国计量科学研究院化学计量与分析科学研究所，从事国民经济基础建设和科技相关的计量技术、标准物质的研究和检测工作。曾担任课题组组长、兼职党支部书记。此间在国家级期刊和国内外会议上发表、宣读10多篇论文，6个科研项目获奖；其中国家三等奖2次，部级奖4次。

三、励志榜样

苦难、疾病、不幸是人生不可回避的部分，既然无法回避，那就勇敢面对。梅花战胜寒霜，笑迎白雪，暗香浮动；莲花冲出淤泥，天然雕饰，一尘不染；百合走出贫瘠，悄然绽放，散发馨香。当你遇到不幸与苦难，不要被它吓倒，在苦难面前低头弯腰；而是要抬起头来，敢于面对，认真对待，坚定信心，激起斗志：这没有什么了不起的，你不能打败我，我却能战胜你。学校建校历程中有催人奋进的故事，无数的学生在生活、求学的道路上经历了许多磨难，但却不屈不挠，靠奋力进取取得成功。

【榜样人物事迹一】邓茂云——励志奋斗的拾荒少年

一个家境贫寒的农村少年，靠着捡拾废品不但补贴了家用，还自己交学费上完了三年高中，以617分的成绩考上了华南农业大学。他就是怀集一中2004届学生邓茂云。

邓茂云同学出生在怀集县甘洒镇上屈村一个普通农民家庭，一家五口，生活过得相当拮据。正当邓茂云准备考升中试的时候，一场厄运降临了。身体本来就残疾的老父亲邓锦琼忽然得了重病，两个多月的住院和治疗，足足花去了5万多元。由于治疗不彻底，邓锦琼最终落下了后遗症，从此失去了劳动能力。就在这个时候，邓茂云的入学通知书飘然而至，他以575分的好成绩被县一中录取了。怎么办？一道难题摆在了邓茂云同学的面前。

巴尔扎克说：挫折就像一块石头，对弱者来说是绊脚石，对强者来说是垫脚石。就在收到通知书的第二天一大早，邓茂云将家中仅有的一件值钱家什——他心爱的自行车以20元的价格变卖了。他决定以这区区20元作为原始启动资本，从事起收捡破烂的行当，他要一分一毫积累，积蓄够上一中的学杂费。从此，上届村及周围村寨里的人总能见到一个肩挑箩筐的年轻人穿行于村道街巷，收捡破烂。他经常将废品挑到20多公里远的县城，以图卖个好价钱。炎炎夏日，大地如炽如烤，可邓茂云令人心酸的收捡破烂的一天从未中断过。就这样，邓茂云勇于与命运奋力抗争，一天又一天，艰难地将学业坚持到了高三毕业，顺利地考上了华南农业大学。

罗曼·罗兰说过，累累的创伤，是生命给予人们的最好东西，因为在每一个创伤的上面都标志着前进的一步。凭着对理想的追求，凭着对知识的渴望，凭着对美好人生的憧憬，邓茂云没有向困难屈服，他又一次向命运发起了挑战，认定前路勇敢向前。

大学毕业以后，邓茂云怀着回报家乡的信念，辞去了城里稳定、舒适的工作，踏上了返乡工作的征途，以优异的成绩通过公务员考试，成为怀集一名公务员。

【榜样人物事迹二】文乐——山沟飞出金凤凰

连麦镇文岗村委会的瓦云村，是一个名不见经传的偏远山村。但是在2008年6月高考后，该村贫寒农家子弟文乐考上了清华大学美术学院，文乐与养育他的瓦云村顿时声名远播，人们都说这山沟沟飞出了"金凤凰"。肇庆市自中华人民共和国成立以来，考上清华大学的学生不多，像文乐这样考取清华大学美术学院的更是凤毛麟角。

虽然降生在一个贫寒的家庭，但文乐没有怨天尤人，而是选择了挑战命运，做生活的强者。文乐的启蒙老师廖秋文告诉我们："文乐读小学时，就与别的孩子不同，人家做完作业就顾着玩，他则在家里用铅笔和蜡笔画画，有时一画就是半天。他家经济困难，不能经常给他买纸画画，他就用旧报纸当画纸，有时还用树枝在地上涂画。"文乐考上怀集一中读高一时，他口袋里经常没钱，只能花几毛钱到饭堂打几两白饭，然后求饭堂师傅给点菜汤，就这样白饭拌菜汤吃下去。他也是个懂事的孩子，十分理解父母的难处，平日除了读书必不可少的费用外，从来不乱花一分钱。

文乐来到怀集一中读书后，一直将报考清华大学美术学院当成自己的奋斗目标。2007年高考，他考上了广东工业大学动漫系。出乎许多人的意料，文乐竟然放弃了这次读大学的机会，选择了复读。他对父母、老师和要好的同学们说："我的志向是考取清华大学美术学院。"文乐考上广东工业大学后，家里人及其亲戚、朋友都劝他去读书，以免增加家庭经济负担和失去上大学的机会，但他就是执着要向重点院校奋斗。2007年暑假，文乐为了凑够复读高中的学费，跟随村里人去佛山市南海区的一个建筑工地当泥水工。那时候，他每天都从早到晚干些搬砖头、挑水泥浆的重体力活，脸被太阳晒得脱了皮，双手被坚硬的砖头磨得皮破血流。干了一个多月后，他揣着1000多元又回到母校一中读书。为了打好基础，练好功底，他还筹钱到广州美术学院拜师学画，不断丰富和提高自己的绘画知识水平。

梅花香自苦寒来。文乐饱尝求学之路的酸甜苦辣，终于闻到了梅花的芳香。2008年高考，他以总分1062.5分被清华大学美术学院绘画专业录取，总分高出录取分数线40分，成为肇庆市自新中国成立以来入读清华大学美术专业的第一人。

四、高考励志故事

百尺游丝争绕树，一群娇鸟共啼花。高中三年的求学之旅很难、很苦，但他们在时光中步履不停，敢于付出每一滴汗水，逆流而上，只为今日与梦想相遇。他们励志，中考失利时不气馁，学习困难时不放弃；他们勇敢，不因成绩起点低而放弃追梦；他们睿智，善于借助良师益友促己进步；三年磨剑试锋芒，高考成就了他们最美的逆袭。心怀梦想，励志前行，逆流而上，不负青春不负己。这，就是他们最美的励志青春！

【榜样人物事迹一】我的逆袭之路

大家好！我是怀集一中2021届高三B4班的姚俊旭，很荣幸能够被广东医科大学录取。在一中的高中三年学习生活，我实现了从中考成绩刚过线到高考成绩超过特控线的"逆袭"梦想。

从中考的398.4分到高考的542分，我真真正正实现了"逆袭"梦想。对此，我不是天赋过人，只是够执着，够努力。三年来，我时刻把梦想放在心中，从未有一刻想过放弃，并一直为这个梦想而努力，最终实现了心中梦想。回顾来路，端正学习态度、立下目标和善于总结这三样东西对我的成功逆袭起着至关重要的作用。于我而言，读高中的终极目标就是在高考中"逆袭"，考上理想大学。但我中考成绩刚过线，深知自己的起点不高，所以上了高中，我首先端正学习态度，认认真真地上课，课堂上自己难以解决的问题，课后我都会主动请教老师或者同学。心中有目标，学习才有方向，所以每次考试后，我就立下更高的阶段性目标，把进步快的、成绩比我好的某位同学作为我下一个阶段的超越目标，就这样，在一次次的考试中，我的成绩逐步上升，排名逐渐靠前。最后，要善于总结。每次考试结束，我都会认真做好总结，看看哪一科成绩与班上平均分有差距，既能发现问题，改善问题，又能有针对性地去准备下一阶段的学习。在高二期末考试时，我的化学成绩比同桌低24分，我比对自己的试卷和同桌的试卷，找到差距，在课后的时间里重点补化学。于是，在高三的肇庆一模、二模中，我和同桌的差距均缩小到5分之内。学会总结，发现学习中的问题，有针对性地复习，才使我最终实现了"逆袭"。当然，我"逆袭"的背后更离不开老师们的引导和鼓励，是他们为我的"逆袭"之路打好了基础。每一天的晚自修，教室外的走廊上都会坐着两位老师，在灯光下耐心地辅导我们，给我们批阅作业、批改卷子，给我们及时答疑；每一次有科目考得不够理想时，老师都会把我叫到办公室或教室外询问是否发挥失误，是否知识点没有掌握好，是否卷子难度太大，然后细心地给我分析卷子，并鼓励我失误是暂时的，要相信自己；每次大考小考后，班主任总会及时召开班会，分析成绩以及给我们打气，激励我们说做好每一天，厚积才能薄发……正是学校这一群默默无闻的"孺子牛"，不仅教会我学习，还适时给我打强心针，教我面对挫折要相信自我，才使我不断进步，在逆袭之路上走得越来越稳、越来越好。最为关键的是，学校的支持和关怀为我的"逆袭"提供了保障。英语一直是我的短板，高一时，我曾被英语打击得体无完肤。高二时，学校开设了日语班，我毫不犹豫地报名选择了日语，从此我摆脱了我的短板，学习上信心大增，成绩也上去了。高三时，我也焦虑过，也迷茫过，学校总是能够在我焦虑、迷茫的时候恰如其分地给我们安排一些减压活动，百日宣誓、励志讲座、成人礼、三公里拉练跑、师生茶话会……让我在高三紧张的学习中释放压力，然后更好地投入到学习当中。无论是开设日语班还是组织减压活动，这都是学校人性化的体现，有爱的学校，从来都不会落下任何一个学生，为此，我心怀感恩。

如今，通过三年的努力，我实现了梦想，考上了广东医科大学，今后不管我走到哪里，母校的校训"明德、博学、笃行"，永远都印在我心中，我也将继续胸怀天下，砥砺前行。

（本文摘自"怀集一中"公众号）

【榜样人物事迹二】努力拼搏，追求不平凡的人生

大家好，我是怀集一中2021届毕业生梁展嘉，现被武汉理工大学录取。我十分清楚地知道，能取得今天这样的成绩，离不开自己高中三年来的不懈努力，更离不开母校的培养和老师们的辛勤付出。

通往理想之地的关键，在于自己的拼搏。在我看来，想要学习好，就要去主动学习、善于学习。学习必须主动，课前主动预习，课后主动复习；主动发现问题，主动寻找自己的知识短板，主动寻求老师的帮助，主动修改错题。善于学习，就是要善于适应老师，善于参与小组合作学习，善于交流、分享。我特别喜欢"小组合作学习"的课堂形式。课堂上，老师让同学们分成若干个"合作学习小组"，同学们在各自小组内进行讨论、交流、解决问题，或是以小组为单位随机挑选同学上台讲解问题，分享自己的思路。在这种轻松愉悦的教学活动中，每一个同学都参与进来，更好地激发思维积极性，也锻炼了口头

表达的胆量与能力。正因保持着主动学习和善于学习的心态，我才能在高中三年里不断地迈得更高、更远。学习过程中不会一帆风顺，难免会遇到挫折、坎坷。这个时候，老师们总能及时地找我聊天，了解我遇到的问题和困难，耐心劝解鼓励，引导我走出烦恼，提出解决的方法，让我以健康的心态面对困难。感谢高中三年来努力拼搏的自己，更感谢为我们提供了积极奋进的学习环境的母校和善于引导、鼓舞我们的老师们，让我勇敢面对学习和生活上的困境，引领我走进理想的圣地。

（本文摘自"怀集一中"公众号）

【榜样人物事迹三】人生征途漫漫，起点并没有那么重要

大家好，我是怀集一中2021届高三B9班毕业生莫渝俊，今年高考以510分的成绩被广东药科大学录取，对我而言，这是天大的幸运。

我的中考成绩很烂，只有369.5分，这个分数刚好是当年县重点中学高一新生最低录取分数线，所以我幸运地进入了怀集一中。更幸运的是，我进入的怀集一中，是一个阳光温暖、团结友爱的大家庭，是一个励志进取、催人向上的大集体，在这里，我懂得了失意时如何重拾信心，迷茫时如何寻求帮助，困境中如何坚持不放弃……高中三年的学习生活，不仅提高了我的学习成绩，更提升了我的个人素养，促使我迈上了更高的台阶。所以我坚信，人生征途漫漫，起点并没有那么重要！

怀集一中，是一所具有百年文化底蕴的学校，教师们用汗水浇筑梦想，用爱心传递温暖，助力学生圆梦大学。在一中三年，从幽默风趣的课堂到丰富多彩的课外活动，我无不感受到一中这所百年名校在培养人才方面的深厚底蕴。一中的校园，向来就是有志者的天堂：学生会、团委、篮球队、足球队、羽毛球队、合唱团……仿佛每一个同学都能在这个校园里变得与众不同。感谢一中多元的校园氛围，让我加入班干部的大家庭，从而更深地树立起对班级、学校及祖国的责任感；正是它那厚重的历史底蕴，让我在机械化的思考中窥得灵性的光辉，成就更完整的自我；感恩一中百年来建校先辈们所凝聚的精神，让我有了更坚定的信心、更长远的志向，助力我无惧风雨、不断前行。一中，

用它那丰富多彩的校园生活、博大精深的文化底蕴、历久弥新的历史精神促进了我的多元化发展。

三年高中之旅风雨兼程终见光明，离不开一中老师的谆谆教诲。刚进入一中的时候，小学时候养成对文科的厌恶、暴躁的脾气以及骄傲的心态等毛病让我在最初的一年表现很差：成绩班上垫底、和同学关系差。这让我对于未来的人生产生了迷茫。我常常坐在家里的书桌前发呆，在马路边的大树前面坐着发呆，只能靠着优势科目数学而不至于抑郁。在这种情况下，我的老师多次与我进行一对一交流，告诉我遇到了事情，不能只从自己的角度去思考，要多考虑其他人的感受。不仅如此，老师们让我了解到事情的解决方案的多样性，而不是一味地发泄情绪，帮助我解决了心里的烦恼。他们独有的魅力，引领我步入了竞赛与高考并行的学习道路，让我开阔视野，窥得学科真理的一角。他们风趣幽默的课堂、独特高质的自编教材、耐心负责的态度，正是我学习成绩逐步上升的重要支柱。

我在怀集一中的学习生活已经告一段落了，但是一中带给我的许许多多仍会陪伴我走进大学校园，走向更广阔的人生征途。

（本文摘自"怀集一中"公众号）

第三节
身边的榜样最令人奋进

身边的榜样，不似名人大张旗鼓，但依然能如阳似火，温暖我们的心头。他们是我们积极向上、奋力拼搏的催化剂，传递给我们满满的正能量，进而激励我们奋发进取，不断提升自我。他们也能为学子提供学习的动力，帮助学子铸造一身铜皮铁骨，在将来的道路上披荆斩棘，勇往直前。榜样如果就在身边的话，你会不知不觉地受到影响，这样由一到十、由点到面，相互感染、竞相仿效，最终的结果自然是先进典型的普及化。

榜样来自家长。父母、其他家庭成员、家庭氛围等家庭因素是每一个人思想道德素质形成无法脱离的环境条件，尤其是父母对子女的成长有极大的影响力，父母的思想和行为直接影响子女的思想道德观念和行为。父母是子女的第一任教师，父母可以成为孩子成长中的榜样。我们要发挥家长的榜样示范作用，必须通过家访、家长会、家长学校、家庭教育经验交流会、家长群信息推送等方式提高家长的素质，增强家长的教育意识，指导家长掌握科学的教育方法。

榜样来自老师。古人云："亲其师，信其道。"教师高尚的人格品行、言谈举止可能会影响学生的一生。教师人格高尚、技艺高超，就对学生有感染力、辐射力，让学生不自觉地产生认同和效仿。因此，教师要想发挥榜样的示范带动作用，需要加强自身师德修养和全面提升专业知识水平，努力完善自己，提升自身感召力。

榜样来自同学。青少年生活在自己的圈子里，同龄人之间易相互感染、鼓励，这类榜样最容易被青少年所接受和模仿。学校和班级要善于在学生群体中挖掘鲜活的模范人物和故事，树立标杆、发扬模范、培树典型，使学生真切感觉到榜样摸得着、看得见，让榜样的个例逐渐成为学校育人中的普遍效应，引领学生主动追赶榜样，效仿标杆，全面提升自身素质。学校要建立"树榜"机制，并逐渐形成系统的"榜样文化"。比如怀集县第一中学设置了"励志星榜"，把所有学生表彰评比纳入其中，内容包括"学习标兵""最美学生""诚信之星""励志之星""新时代好少年"等。"励志星榜"采用三级榜单机制：班级设置"班级之星"榜，每周评选一次，上榜人物事迹在班级宣传栏张榜公示，并在晨会课进行事迹展示或事迹演说；年级设置"年级之星"榜，每月评选一次，榜单人选由各班级推荐，上榜人物事迹在年级宣传栏张榜公示，并在年级表彰会议进行事迹展示或事迹演说；学校设置"学校之星"榜，每学期评选一次，榜单人选由各年级推荐，上榜人物在每学期开学典礼（颁奖典礼）进行表彰，事迹在校园宣传栏张榜公示，并在"励志讲堂"进行事迹展示或事迹演说。学校还打破传统的评选表彰活动模式，更多地采用互联网思维、新媒体平台等创新模式做好社会传播、广泛参与、影响身边的宣传工作，通过开展评选、展示、交流、分享、巡讲、网络推广、表彰等丰富多彩的活动形式增强励志效果，让榜样成为文化、成为校园时尚，真正发挥身边榜样的作用，充分激励更多学生。

　　榜样来自偶像。青少年中普遍存在追星现象，中学生群体尤甚，追星对象主要是歌星、影视明星、体育明星等"三星"。"三星"中有的淡泊名利、德艺双馨；有的追名逐利、人格低下。教师要引导学生选择某些德才兼备、道德品质高尚、富有人格魅力的文艺体育明星作为青少年的榜样，号召学习他们奋发向上、刻苦努力、奋力拼搏、坚韧不拔、热爱祖国、奉献社会等优秀品质。

· 附录一 ·

怀集县第一中学励志评星方案

一、指导思想

落实立德树人的根本任务，鼓励学生全面发展，促进学生素质提高。通过增强榜样教育，树立典型，树立学生信心，激发学生潜能，从而形成良好的学风、校风，营造和谐健康、积极向上的氛围，提高教育教学质量。

二、评选原则

1. 务求实效原则。要从学生学习生活实际出发，抓住学生闪光点，激发学生积极向上的意志品质。

2. 广泛参与原则。要鼓励全体学生，根据自身条件，积极参加竞争和评选活动。

3. 多角度设奖原则。从学生学习、思想品德、行为习惯等多方面设立不同奖项对学生进行表彰奖励。

4. 深入挖掘原则。对学生的闪光点要深入挖掘，及时给予肯定，充分发挥激励作用，使学生在发展个性的同时，综合素质得到全面提升。

5. 公平、公正、公开原则。对奖励活动方案、奖励结果以及评比的过程要做到公平、公正、公开。

三、评选项目

学习类：学习之星（学习标兵）、进步之星。

德育类：励志之星、品德之星（最美学生）、诚信之星。

特长类：体育之星、才艺之星、管理之星（优秀学生干部）。

集体类：星级集体（先进班集体）、最美教室。

四、评选标准

（一）学习之星（学习标兵）

学习刻苦，成绩突出，在学习方面起模范带头作用，在历次考试中取得优异成绩。（班级之星以每周作业或各科测试成绩作参考；年级之星以每次月考成绩作参考；学校之星以每学期期末成绩作参考）

（二）进步之星

在考试中取得明显进步，或在学习生活中有明显进步的学生。（班级之星以每周作业或各科测试成绩作参考；年级之星以每次月考成绩作参考；学校之星以每学期期末成绩作参考）

（三）励志之星

具有远大理想，自强不息，追求卓越，努力拼搏，积极作为，艰苦奋斗，坚韧不拔，迎难而上，没有优越的家庭条件却有着令人敬佩的人格力量和较优异的学习成绩等典型代表。

（四）品德之星（最美学生）

遵纪守法、文明礼貌、尊敬师长、孝敬父母、助人为乐、奉献集体、团结同学等典型代表。

（五）诚信之星

诚实守信，言行一致，表里如一，为人忠厚，遵纪守法。（参考"校园诚信银行"量化考核积分）

（六）体育之星

在体育运动方面有突出特长或在校级以上各类体育比赛中成绩突出。

（七）才艺之星

在美术、音乐、舞蹈、戏剧、摄影、演讲、科技等方面有突出特长并积极参加校内外各类艺术团体或者在校级以上各类艺术比赛中获得奖励。

（八）管理之星（优秀学生干部）

担任班委会或学生会、团支部以上干部，能认真履行所任职务的职责，独立工作能力强，对班级或学生会等贡献较大。

（九）星级集体（先进班集体）

班级精神面貌好、清洁卫生好、文体活动好，全班同学奋发向上，朝气蓬勃，团结友爱，有良好的班风和学风。（参考学校文明班评比考核分数）

（十）最美教室

教室清洁、整齐，班级文化氛围好，在班容班貌评比中成绩突出。

五、评选方法

（一）班级之星评选

班级设置"班级之星"榜，每周评选一次，每周评选2人，上榜人物事迹在班级宣传栏张榜公示，并在晨会课进行事迹展示或事迹演说。"班级之星"的评选参照评选标准，采用自我推荐、同学推荐、班主任推荐或科任老师推荐等方式产生，可以是学习之星、进步之星、励志之星、品德之星、诚信之星、体育之星、才艺之星、管理之星等任何项目的两人。本周推荐的人数较多时，以事迹最突出的两人上榜。同一项目每个学生一学期只能上榜一次，不同项目同一学生可以多次上榜。

（二）年级之星评选

年级设置"年级之星"榜，每月评选一次，选出学习之星、进步之星、励志之星、品德之星、诚信之星、体育之星、才艺之星、管理之星各1人，先进班集体、最美教室各1班，共10个名额。上榜人物或班级事迹在年级宣传栏张榜公示，并在年级学生会议进行事迹展示或事迹演说。学习类项目即"学习之星""进步之星"参考当月月考成绩产生，月考成绩第一名和进步最大的学生上榜。德育类和特长类项目的评选参照评选标准，由各班主任根据当月本班励志之星、品德之星、诚信之星、体育之星、才艺之星、管理之星6个项目各推荐1名学生到年级进行综合评选，年级从中选出事迹最突出的每一个项目各1人上榜。集体类项目即先进班集体和最美教室按照当月年级自主管理评价考核产生，考核成绩第一名的班级上榜。

（三）学校之星评选

学校设置"学校之星"榜，每学期评选一次。①评选十大"学习之星"（学习标兵）、十大"进步之星"，由年级（大级）根据期末成绩向学校推荐，各项目推荐10人。②评选十大"先进班集体"，按照学校文明班评比量化考核评出优秀班级，共10个名额。③评出十大"励志之星"、"品德之星"（最美学生）、"诚信之星"、"才艺之星"、"管理之星"（优秀学生干部），每项目各选出10个名额，由各年级（小级）每一项目推荐1人，再由学校进行综合评选，选出事迹最突出的学生上榜。各项目上榜人物或班级在每学期开学典礼（颁奖典礼）进行表彰，事迹在校园宣传栏和学校公众号做宣传，并在"励志讲堂"进行事迹展示或事迹演说。学习类、特长类项目材料上报教研室，德育类、集体类项目材料上报德育处。

六、注意事项

1. 各班要积极创设评优争先的氛围，充分发动学生参与评选，树立榜样的示范作用。

2. 各班要加大宣传力度，积极宣传先进学生的优秀事迹，通过平凡小事折射出学生的高尚品质和人性光芒，共同创设"让学生尝到成功的喜悦"的良好氛围。

3.学校在评选省、市、县"三好学生"、优秀干部以及其他评优时将从"校园之星"中推荐上报。

怀集县第一中学评选美德少年活动方案

为培育和践行社会主义核心价值观，充分挖掘和展示新时代少年的良好品德和美好形象，向全校传播最美少年的正能量，我校决定在全校开展"最美少年"推荐评选活动，制定如下方案：

一、总体要求

以广泛参与、自我教育为着眼点，以深化"做一个有道德的人"主题活动为着力点，以自我"认星"、自觉争优为基本原则，引导未成年人从自己做起、从身边小事做起，积极参加道德实践活动，身体力行，心向党、爱劳动、有礼貌，增强道德意识，养成文明习惯，争做有道德的人。

二、评选范围

初中七年级到九年级学生，每班2人。

三、星级内容

突出未成年人思想道德素质和行为表现，将美德少年标准分为孝敬父母、尊敬师长、诚实守信、团结友善、热爱劳动、勤俭节约6个方面，并分别用"星"作为标志。每颗星的具体内容是：

1.孝敬父母。

懂得感恩父母，孝敬长辈，自觉做到问候父母辛劳，记得父母生日，关心父母健康，帮助父母分担家务。

2.尊敬师长。

懂得尊敬老师，理解老师，对老师有礼貌，尊重老师的辛勤劳动。见面主动向老师问好，虚心接受老师教导，上课时遵守纪律、认真听讲，积极完成老师布置的任务。

3.诚实守信。

能自觉遵守中小学生的行为规范和校内外的各项规章制度，带头遵纪守法，并能做到言行一致，对人守信，对事负责，不弄虚作假，即使遇到困难，仍能坚持信守承诺。

4.团结友善。

懂得热情礼貌，言行文明，宽容待人，诚实守信。有团队精神，善于与同学沟通交流，互帮互助，互学互爱，共同进步。积极参加献爱心、送温暖等关爱活动。

5.热爱劳动。

懂得劳动创造幸福，劳动光荣，自觉做力所能及的家务劳动、农业生产、社区服务，参加环境保护、植绿护绿、公益宣传、扶贫救灾等小小志愿者活动，培养自己的事情自己做的好习惯。

6.勤俭节约。

懂得珍惜父母和他人的劳动成果，不浪费一度电、一粒粮、一滴水、一张纸，不挑吃穿，不乱花钱，不盲目攀比，言行一致、表里如一，培养艰苦奋斗、勤俭节约的好品格。

四、活动流程

"认星争优、做美德少年"活动分认星、创星、争优3个环节，重在学生自主选择星级目标、确定努力方向。

1.认星。每学期开学初，由学生根据自身实际，对照"星级标准"，自愿提出自己的争星目标，并在班级公开承诺。

2.创星。学生根据自己认定的星级内容，在日常学习生活中努力践行。学生有认星争优记录本，并及时做好活动记录。

3.争优。采取班会、团队活动课等形式，每学期对创星情况进行交流，主要是认星学生的成果交流、感悟体会和努力方向，班主任或团委书记可给予适当点评和鼓励。

学校根据学生认星和创星情况，表彰本校年度星级美德少年，同时作为今后逐级推荐参加市级和省级美德少年评选的基本依据。

五、活动要求

七年级到九年级各班认真开好班会，写好班会记录表，大队辅导员拍好班会照片，每名学生根据自身情况，最少认一颗星，在日常学习生活中努力践行。

· 附录三 ·

怀集一中学生励志表彰方案

一、指导思想

为了全面贯彻党的教育方针，激励学生在校期间刻苦拼搏，积极奋进，争优创先，德智体美劳全面发展，促进我校良好校风学风的形成，全面提高教育教学质量，特制定此方案。

二、设立奖项

三好学生奖、进步学生奖、优秀学生奖。

三、评选要求及方法

（一）基本要求

思想品德好，身心素质好，能自觉遵守《中学生守则》和《中学生日常行为规范》；学习刻苦勤奋，学习成绩优异，没有受过任何处罚或处分。

（二）具体要求

1. 三好学生：

①思想品德良好，热爱祖国，热爱学校，热爱集体，热爱生活；遵纪守法，诚实守信，言行文明有礼，具有良好的道德文明素养。

②学习目的明确，态度端正，有强烈的求知欲和良好的学习习惯；学习主动勤奋，善于思考钻研，敢于提问交流，虚心请教同学、老师。

③具有坚强的意志品格和承受挫折的能力，具有自尊自爱、自强自立、乐观向上的良好心理素质。

④尊敬师长，孝敬父母，尊重他人，真诚待人，善于与人相处，懂得感恩。

⑤热爱劳动，勤于锻炼身体，积极参与学校及班级的各项活动。

⑥民主法制意识和分辨是非能力强，遵守社会公德和社会公共秩序，自觉抵制不良思想和违纪违法行为，具有强烈的社会责任感。

2. 进步学生：

①思想品德良好，热爱祖国，热爱学校，热爱集体，热爱生活；遵纪守法，诚实守信，言行文明有礼，具有良好的道德文明素养。

②学习目的明确，态度端正，有强烈的求知欲和良好的学习习惯；学习主动勤奋，善于思考钻研，敢于提问交流，虚心请教同学、老师。

③具有坚强的意志品格和承受挫折的能力，具有自尊自爱、自强自立、乐观向上的良好心理素质。

④尊敬师长，孝敬父母，尊重他人，真诚待人，善于与人相处，懂得感恩。

⑤热爱劳动，勤于锻炼身体，积极参与学校及班级的各项活动。

⑥民主法制意识和分辨是非能力强，遵守社会公德和社会公共秩序，自觉抵制不良思想和违纪违法行为，具有强烈的社会责任感。

⑦学年成绩进步明显，即与上学年考试成绩比较，排名提前的幅度比较大。

3.优秀学生：

①思想品德良好，热爱祖国，热爱学校，热爱集体，热爱生活；遵纪守法，诚实守信，言行文明有礼，具有良好的道德文明素养。

②学习目的明确，态度端正，有强烈的求知欲和良好的学习习惯；学习主动勤奋，善于思考钻研，敢于提问交流，虚心请教同学、老师。

③具有坚强的意志品格和承受挫折的能力，具有自尊自爱、自强自立、乐观向上的良好心理素质。

④尊敬师长，孝敬父母，尊重他人，真诚待人，善于与人相处，懂得感恩。

⑤热爱劳动，勤于锻炼身体，积极参与学校及班级的各项活动。

⑥民主法制意识和分辨是非能力强，遵守社会公德和社会公共秩序，自觉抵制不良思想和违纪违法行为，具有强烈的社会责任感。

⑦学习成绩突出，在学年度考试中成绩名列前茅：普通级学生成绩进入本小级成绩排名的前100名，实验级学生成绩进入本小级成绩排名的前50名。

（三）评选方法

1.三好学生奖：由班主任根据学生的实际情况和日常表现来确定。（占班级学生总人数30%）

2.进步学生奖：由班主任根据学生思想表现及成绩对比来确定。（占班级学生总数的10%）

3.优秀学生奖：

①普通级：各年级小级成绩排名前100名。

②实验级：各年级小级成绩排名前50名，文理科人数分配由级长确定。

四、奖励方法

1.对各类获奖学生的奖励，坚持精神鼓励为主、物质奖励为辅的原则。

2.学校向获奖学生颁发荣誉证书。

3.每学年学校在宣传栏上专版公榜获奖学生名单，宣传其先进事迹。

4.对事迹突出、连续获奖的学生，学校将向县、市、省级推荐，参加评选。

五、实施要求

1.在学校统一领导下，由教务处、教研室、年级级长、班主任组成评选领导小组，由班主任和学生代表负责进行民主评选，结果上报评选领导小组审核。

2.各班应把本奖励方案向学生宣传，激发学生的学习积极性，在学校形成努力拼搏、你追我赶、齐争上游的校风。

3.严把成绩关，杜绝舞弊、弄虚作假行为。

4.初中部优秀学生评选奖励办法按高中部普通级评选办法实施。

5.凡是有违纪违规者，则一票否决。

· 附录四 ·

怀集县第一中学开学典礼暨表彰大会活动方案

一、活动宗旨

为进一步推进校园文化建设，优化教育环境，营造浓厚的开学气氛，为新学期创造一个良好的开端，激励全校师生振奋精神，锐意进取，明确自我的使命和责任。通过优秀师生的榜样示范和精神激励，让校园在感动中发展，精神在感动中升华。

二、活动时间

2020年9月7日上午7:30分开始。全体师生7:00进场。

三、活动地点

校内运动场。

四、参加对象

怀集一中全体师生。

五、活动议程

（一）主持人宣布开学典礼暨颁奖仪式正式开始并举行升旗仪式

（二）学校党委书记、校长欧阳资仁同志作开学典礼致辞

（三）颁奖仪式：

1. 颁高考、中考突出贡献奖。

2. 颁发优秀教师奖项：

（1）"十大师德标兵"。

（2）"十大教学能手"。

（3）"十佳科组"。

3. 颁发从教三十周年教师荣誉证书。

4. 教师代表讲话。

5. 颁发优秀学生奖项：

（1）"十大最美学生"。

（2）"十大优秀学生干部"。

（3）"十大学习标兵"。

（4）"十佳先进班集体"。

6. 学生代表讲话。

（四）主持人宣布活动结束，各班有序退场

六、活动要求

1. 主席台设在博学楼（原3号楼）正对操场跑道，学校全体行政领导在主席台就座。

2. 年级科任教师由各年级分配到各班，随班就座（教师椅子由各班自行解决）。

3. 全体学生7:00带好椅子整队进场，7:25进场完毕。班级学生按照指定的位置坐好，遵守纪律。班主任在学生队伍前面随班就座，维持本班纪律。其他科任教师在班级后面坐好。典礼结束后，各班有序退场。

4. 全体成员情绪饱满，精神振奋。学生穿好校服，教师穿好正装。

5. 开会期间，不得提前退场。

七、具体分工安排

1. 德育处负责"十大师德标兵""十大最美学生""十大优秀学生干部""十佳先进班集体"名单和颁奖词安排。

2. 教学部门负责"高考、中考突出贡献奖""十大教学能手""十大学习标兵""十佳科组"代表名单和颁奖词安排、发言的教师与学生代表确定及发言稿。

3. 办公室、团委负责制定活动方案，组织活动实施、主席台布置。

4. 体育组负责各班位置划定、整队。

5. 团委负责校园环境布置安排、横幅制作、摄影。

6. 梁仲林老师负责布置会场音响，话筒准备。

7. 德育处、级长、各班主任负责开学典礼期间的安全教育、纪律教育、文明礼仪教育等。

8. 德育处、教学部门负责教师及学生的奖状、奖金、奖品购置、领奖顺序安排。

9. 团委负责获奖教师与学生奖状、奖品的分发。

10. 团委、音乐组负责确定主持人名单、表演节目、颁奖时背景音乐。

· 附录五 ·

怀集县第一中学"文明励志"宿舍评比方案

为了规范和完善我校学生宿舍管理制度，提高宿舍的管理水平，增强学生的自律意识和文明意识，推动学生宿舍的文明建设，努力创造人身财物安全、纪律严格有序、环境整洁优美、氛围文明温馨的住宿环境，创建良好的宿舍文化，发挥榜样引领作用，德育处将大力开展学生宿舍励志文化建设。为了此次活动得以顺利进行，特制定了以下方案和细节，具体如下：

一、活动主题

创建平安校园，营造励志文化，共建温馨宿舍。

二、指导思想

坚持"贴近学生、贴近实际，贴近生活"的原则，把学生思想政治教育、宿舍励志文化建设与文明宿舍建设有机结合起来。以宿舍为基本单位，营造健康、积极的宿舍励志文化氛围，建设内务整洁、秩序井然的宿舍育人环境，规范学生的住宿行为，培养学生的学习、生活习惯，提高学生的安全防范意识，增强学生的团队精神和集体观念，促进和谐校园建设。以建设优良学风为核心，以优化宿舍环境为重点，以树立正确的世界观、人生观、价值观为导向，弘扬主旋律，突出高品位，努力建设体现学生积极向上的精神风貌、体现人文关怀的宿舍文化，提升学生宿舍文化品位，加强宿舍励志文化建设，营造宿舍励志文化氛围，强化宿舍育人功能，提升学生综合素质。不断满足学生日益增长的精神文化需求，为学生成人成才提供强大的精神动力。

三、具体实施办法

（一）评比第一阶段

1. 评比对象：全校所有学生宿舍。

2. 评比时间：2021年秋季学期每个月评比一次。

3. 评比办法：由学校宿管处组织宿舍管理员按照《2021年怀集县第一中学内宿生管理制度》每天对宿舍卫生、内务、内宿生就寝纪律进行检查评分。每层楼评选出一间文明宿舍。

4. 奖励办法：该宿舍获得本月"文明宿舍"流动红旗，该宿舍的成员每人加内宿生操行分1分，宿舍长另加内宿生操行分2分。奖励所在班级文明班宿舍管理分10分。

（二）评比第二阶段

1. 评比对象：本学期获得过月"文明宿舍"流动红旗的宿舍。

2. 评比时间：2021年12月6日—2021年12月30日。

3. 评比办法：由学校宿德育处对"文明宿舍"的励志文化进行评分，男、女宿舍各评出十间"励志宿舍"（男、女宿舍各一等奖2名，二等奖3名，三等奖5名）。

4. 奖励办法：该宿舍获得校级"励志宿舍"奖状，该宿舍的成员每人加内宿生操行分1分，宿舍长另加内宿生操行分2分。奖励所在班级文明班宿舍管理分10分。

· 附录六 ·

怀集一中"向榜样学习"行动书

我是：_____

我的榜样是（有）：_____

榜样精神时刻激励我成长，为我的人生指引方向。

我向榜样学习的精神（品质）是：_____

_____

心中有什么样的向往，就会不断给我以什么样的心理暗示，引领我成为什么样的人。

我将以实际行动向榜样学习：_____

_____

跟随榜样的脚步，矢志不渝地奋斗！

慢慢地，我也是最棒的！

说明：怀集一中每年举办"向身边的榜样学习"活动，榜样学习专题课（主题班会课进行）更是每一个新进一中学子（初一、高一）的必修课。每一位学生拥有一份"向榜样学习"行动书，全校学生"人人有榜样，个个受激励"。

· 附录七 ·

怀集一中"向榜样学习"专题课参考流程

1. 我们身边有哪些值得学习的榜样？（学生小组讨论）

2. 讲述我们身边的榜样。（各小组推选代表发言）

3. 榜样展示。（影视片段、图片、事迹文字等）

4. 请学生代表说说自己的学习方法。

5. 全体同学填写《怀集一中"向榜样学习"行动书》。

6. "向榜样学习"宣誓仪式。

7. 唱班歌，激斗志。

第六章

管理励志　全员育人

　　"小组管理励志导师制"是实施励志教育的创新途径。教师每周组织育人小组开展谈心谈话、学习研讨、心理辅导、阅读分享等活动，对学生施以个性化、亲情化的励志教育，让每一个老师都成为学生的成长导师，让每一个学生都能健康成长。

　　全员育人，全程育人，励志教育与每一个学科融合，让教师成为课堂上的激励者、引导者和评价者，让学生学会自主学习、主动思考，真正让教育的力量像春风化雨般深入学生心中。

　　在教学中，通过励志教育，不断调节学生的感情思想和行为习惯，激励学生为美好的人生而奋斗。

　　一名优秀的班主任，一定是可以激发学生的斗志，以精神抖擞的状态迎接每一天的优秀导师。班主任作为班级管理的责任人，更需要将励志教育渗透到班级管理中，引领学生前进，促进学生成长、成才。

第一节
励志教育中导师制的育人实践

一、小组管理励志导师制的概念

导师制是一种新型的教育模式，与学分制、班建制同为三大教育模式。小组管理励志导师制，是在学校教育工作中，组织和安排全体教师都参与励志育人，都担任励志导师；把每班学生分成若干小组，每个导师负责两个或几个小组，并对组内学生各个方面进行全方位的指导，小组内实行学生自主管理和合作学习，导师发挥励志导向作用，有效促进学生健康、快乐、幸福地成长。

二、小组管理励志导师制的工作目标

第一，发挥教师的人格魅力，增强教师对学生的亲和力，发现学生的闪光点，增强学生的自信心、进取心，让学生感受成功的喜悦。

第二，尊重学生在教育教学过程中的主体地位。让学生做学习活动的主人，用"主人"的姿态参与学习活动；在教师指导下，积极主动地学习，自主地探究，独立地生活，促进学生张扬个性、全面发展、健康成长。

第三，以教育教学为中心，以学生的个性发展为主线，充分挖掘学生的潜能，使学生在德、智、体、美、劳等方面得到发展。

第四，与相关教师密切配合，形成合力，开辟一条"教师人人是导师，学生个个受关爱"的励志教育新途径。

三、小组管理励志导师制的工作原则

（一）激励性原则

励志教育的根本目的是促进学生素质的全面发展，培养学生的主动求知精神和自我完善的能力。励志导师要在充分把握学生心理、维护学生自尊的基础上，重视发掘学生个性特点，以信任、鼓励和期待的语言或者行动对学生进行教育。励志导师的工作重心是拨动学生心灵的琴弦，激励学生不惧挑战，增强学生战胜困难的信心和恒心。

（二）全员性原则

一是全体教师都担任励志导师，每一位励志导师都有相对固定的励志学生，都要对责任范围内的每一位学生的健康成长全面负责、全程指导，包括学习、生活、习惯养成、学生家庭素养等。二是励志育人面向全体学生，使每一层面的学生都能受到来自励志导师的亲情关怀和来自同伴的友情帮助，让每一位学生在具体的生活情景中，在情感交流与合作互助的过程中不断进步，使每一个学生都得到发展，使他们的才能得以前所未有地充分发挥；使他们的个性得到充分张扬，使他们的潜能得到前所未有的挖掘。

（三）全面性原则

开展面向全体学生的发展指导服务，每一位励志导师既是学生思想的引领者，也是学业的辅导员，生活的指导员，心理的疏导者，成长规划的指引者，使每个学生的身心都得到全面、健康、和谐的发展。

（四）个性化原则

每一个学生都要有自己的励志导师，每一位励志导师都要有关爱励志的学生。励志导师要关注个体差异，从个人的兴趣、爱好、能力特长等方面出发，因人施导，因材施教促进学生的个性发展。

（五）平等性原则

民主平等的师生关系是实施导师制的前提和基础。励志导师要尊重学生的人格，建立和谐平等的师生关系，励志导师要以理服人，更要以情感人，成为学生人生道路上的良师益友。

（六）保密性原则

在指导工作过程中，励志导师要注意保护学生的隐私，有责任对学生的个人私密情况予以保密。

四、小组管理励志导师制的工作内容

一是思想引导。励志导师要及时发现和了解受导学生的个性特征、行为习惯、道德品质、思想状况等，通过平等接触、正面引导、启发鼓励和创设情境等手段，帮助学生正确认识自己、他人和社会，树立积极、健康、正向的人生态度，培养良好的道德品质，树立遵纪守法意识，确立自己的远大理想，并愿意为之努力奋斗。

二是学业辅导。励志导师要认真分析受导学生的学习状况，加强对学生的学习动机、学习方法和学习习惯的指导，帮助学生了解自己的特点和潜能，激发学习动机，端正学习态度，树立学习信心，提高学习效率，顺利完成各项学习任务，养成终身自主学习的良好习惯。

三是心理疏导。励志导师要定期与学生谈心，了解其生理、心理上的困惑，引导学生正确对待成长中的烦恼、挫折等问题。对学生反映的问题要与各相关教师、家长联系，及时为学生排忧解难。励志导师遇到不能独立解决的问题时，可以报告学校，由相关部门介入，将学生移交给学校心理咨询师，必要时实行联合会诊。

四是生活指导。励志导师要关心学生生活，引导学生树立健康的生活习惯，努力帮助受导学生改掉不良习惯；经常与学生家长沟通，了解学生的家庭情况，积极争取多方协助，帮助学生解决生活中的困难，协调好家长、学生、任课教师、学校之间的关系。

五是成长向导。励志导师要帮助学生了解自己的能力倾向和兴趣，培养自己的爱好和特长，帮助学生进行个人发展规划，为将来选择正确职业导向打好基础，为学生的终身发展奠基。

五、小组管理励志导师制的组织实施

（一）组织领导

学校成立管理励志导师制实施的领导小组，全面负责小组管理励志导师制的领导、实施、评估工作。学校指定行政部门具体负责小组管理励志导师制实施的日常工作，做到领导到位、分工到位、目标到位、责任到位。

（二）宣传发动

召开小组管理励志导师制动员会和各级教师培训会，组织教师学习有关教育学、心理学理论，统一思想，提高认识，确保教师对小组管理励志导师制认识到位、管理到位、落实到位、责任到位。全体教师要充分认识小组管理励志导师制对学校科学管理、增强学生自信心和成功感及促进学生可持续发展的重要意义。召开"小组管理励志导师制"主题班会，让学生充分了解"小组管理励志导师制"的含义、原则、方法和作用。

（三）学生分组要求

1. 每班分成6~8个平衡组，每个小组人数相当。

2. 小组设立一名行政组长、一名执行组长。行政组长固定不变，执行组长由其他组员每天轮流担任。

3. 分组尽可能按照男女搭配、内外宿搭配、成绩搭配（考虑学科专长，中英数、综合科能有一个带头的学生）原则，每组至少要有一名班干部，每组有若干名重点受导学生。

4. 全体小组成员座位安排在一起，组长坐在侧边，班级调整座位的时候，以小组为单位变动，组内根据需要可以自行调整。

5. 组长负责注意组员的思想动态、情绪变化等，及时向导师汇报。

6. 小组内实行自主管理和合作学习。

（四）导师选聘

学校每学年组织一次导师选聘。实行全员励志、全员育人，每一名教师原则上都应担任学生励志导师工作，如有因特殊原因不能担任导师工作的，需向相应的年级组提出书面申请并说明理由，由年级组审核，并上报学校备案。学生全体受导，教师全员励志。由年级统筹按实际需要把教师分到各班，每位教师担任2至3个小组约20名学生的励志导师工作。每个励志导师要根据实际情况，确定重点受导对象。每名励志导师负责8名左右重点受导对象。新的一学年，励志导师选聘工作按以上"操作流程"重新进行，励志导师的任课班级有调整的，所指导的学生可根据现任课班级进行调整，但如果导师与学生都没有提出更换导师要求的，尽量保持原指导关系不变，但每学年导师可以根据实际情况对重点受导对象进行调整。

（五）重点受导对象确定

根据年级或班级调整，导师重点考虑组内家庭生活有困难、行为有偏差、心理有障碍、学习有困难、家庭教育环境不良等特殊学生群体，同时兼顾品学兼优的学生，以确定重点受导对象。重点受导对象原则上为8人。

（六）励志导师具体工作

1. 每一位励志导师每月召开1次以上小组励志座谈会。座谈会召开时间建议定在每学期开学及月考前后。座谈会情况记录在《励志导师育人常规工作手册》。

2. 日常谈心辅导。励志导师需要经常向小组组长了解承包组学生的情况。若发现思想波动较大的学生，要及时与其进行谈心交流。受导学生有困惑、需要励志导师解答帮助时，励志导师应积极提供帮助。励志导师要主动与重点受导学生单独谈心交流，及时了解学生的学习、思想、生活动态，在学习方法、生活、行为等方面帮助其制订切实可行的计划，发现他们的闪光点，并针对学生的个性特点，多鼓励，多给予希望，给予耐心、细致的指导，帮助学生挑战自我，改正不足，解决学习、成长中的困惑与矛盾。励志导师也可以针对组内的中层生进行学科辅导。励志导师谈心辅导每学期每生至少1次，每学期共20

次以上。建议利用早晚读、自习、活动课等时间进行谈心辅导。要求励志导师把谈心辅导情况记录在《励志导师育人常规工作手册》。

3. 批阅"成长周记"。学校组织学生每周撰写"成长周记"。励志导师通过批阅和回复"成长周记"，对学生进行肯定、鼓励和支持，了解学生的心理状况，进行积极的心理暗示，达到心灵对话和沟通，疏导其不良情绪、心理压力，引导学生正确面对挫折与烦恼，从而激发自尊、自爱、自强、自信意识，培养学生阳光积极、健康向上的精神风貌。

4. 进行家校沟通。励志导师应积极与家长进行沟通交流。每学期每生至少进行家校联系1次，累计20次以上。家校沟通可以采取电话、面谈、家庭通知书、微信等形式进行。通过家校联系，导师向家长汇报学生在校发展情况，掌握学生在假日里的表现，帮助和指导家长进行家庭教育，并做好记录。励志导师要按时参加家长会，与受导学生家长交流意见，反馈学生在校的表现，帮助和指导家长改进家庭教育方法。

5. 组织或参与小组主题实践活动。励志导师每学期组织开展或参与1次以上以小组为单位的主题实践活动。活动包括主题班会、社会实践、公益活动、校内外清洁劳动、创新拓展活动和各种比赛活动等。在活动中，激发学生的潜能，营造积极进取、乐观向上、和谐融洽的氛围，培养团体协作、和谐交往的能力。

6. 填写《励志导师育人常规工作手册》。每次导学育人活动结束，励志导师要按要求填写导师工作手册上的导学工作记录。

（七）小组管理办法

1. 组长工作要求

（1）组长向班主任和励志导师负责。每周至少1次向班主任和励志导师汇报本组成员情况。有突发事情或发现本组成员有明显思想波动或行为偏差时，要及时向班主任或励志导师汇报。

（2）当励志导师想了解组内成员情况时，组长主动向本组励志导师进行汇报。

（3）在班级各方面起到监督落实、模范带头作用。

（4）组织课堂小组讨论并起到示范引领作用，积极参与小组管理，在小组中起监督指导作用。

（5）所有工作的开展，要认真、公平、公开、公正，以班集体大局为重，不得存有私心。

2. 组长具体工作

（1）读书。提醒、督促好本小组准时开始早读，保证人人开口大声朗读，随时提醒读书声音和状态不够好的同学。

（2）纪律。管理好测试课、自习课期间的纪律，特别是自习课上课时，要迅速组织小组成员进入教室学习，做到绝对安静，严禁自习课期间讨论。

（3）作业。负责收发当天作业、考试试卷。对不交作业的同学要做好登记。

（4）仪容仪表。检查小组成员的头发、校服穿着、校卡佩戴是否符合学校要求。

（5）班级动态。注意组员的思想动态、情绪变化等，及时向班主任和励志导师汇报。

3. 组员职责要求

受导学生在小组管理励志活动过程中必须尊重导师，与导师坦诚交往，互相信任。定期每周一次向导师或组长汇报生活学习情况，谦虚接受导师的指导意见。

六、小组管理励志导师制的工作考核

（一）考核方法

1. 由年级对励志导师日常工作进行监督落实，年级组每周对励志导师的工作进行一次统计评价。

2. 学校指定行政部门不定期采用发放调查问卷、召开学生座谈会、电话随访家长等形式，对励志导师的日常工作情况进行统计评价。

3. 学校指定行政部门每学期期中和期末组织调研并安排年级对《励志导师育人常规工作手册》进行交叉检查，对检查情况进行量化考核。

（二）考核细则

1. 谈心辅导40分。每学期每生至少谈心辅导1次，累计20次以上，每次计2分。

2. 小组座谈10分。每月开展1次以上，每次计2分。

3. 家校联系20分。每学期每生至少家校联系（家访、电访、微信）1次，累计20次，每次计1分。

4. 主题实践5分。每学期开展1次以上，计5分。

5. 成长周记10分。每周批阅学生成长周记，每次0.5分。

6. 《励志导师育人常规工作手册》15分。每学期完成《励志导师育人常规工作手册》的填写，受导学生一览表2分；重点受导学生情况登记表8分；工作总结5分。

（三）考核结果

1. 励志导师考核工作得分计入教师绩效考核：励志导师育人工作评分折算成绩效考核常规工作分，占10分。

2. 对成绩显著者给予表扬与奖励，并与年度考核、奖励、评优、晋升职务、县管校聘等挂钩。年级每月评选"优秀导师"，学校学期遴选"十佳导师"，学年末遴选"十大名师""十大英才"，并在年级文化走廊、学校宣传栏、学校微信公众号进行推送。

3. 出现较大教育教学工作失误，造成严重后果的，没有按照学校要求履行导师职责及未交导师工作手册的，记零分。

4. 对该项励志导师育人工作存在弄虚作假行为的，该项考核记零分，并在师德师风评分中相应扣分。

七、小组管理励志导师制的工作保障

（一）组织保障

成立小组管理励志导师制工作领导小组，由校长任组长，各副校长任副组长，中层干部和年级长任组员，设立励志教育办公室，负责对小组管理励志导师制的实施提出整体规划和改进意见，对励志导师的工作进行指导和评价。

（二）资源保障

学校为励志导师的"五导"（思想引导、学业辅导、心理疏导、生活指导、成长向导）活动提供必要的场所、设备和网络信息平台，同时设立小组管理励志导师制专项活动经费，用于"五导"活动中的资料购买与印刷、励志导师的奖励等。

（三）时间保障

励志导师可以利用每天早午读、上下午自习课时间和课外活动时间开展励志导学育人活动，特别是每个月的月考前后一周固定为年级统一组织的小组座谈活动时间。

（四）制度保障

为保障小组管理励志导师制的长期深入开展，确保励志导师的育人效果，需要制定与小组管理励志导师制相配套的一系列管理制度。

1. 档案记录制度。为受导学生建立个人成长档案，手册内容主要包括综合素质评价、家庭报告书、励志导师评价、学生学习和生活感悟等。为导师配发励志导师工作手册，手册主要内容包括：受导学生信息表、重点受导学生档案、座谈会和谈心辅导记录、家校沟通记录、实践活动记录和工作总结等。

2. 个案分析制度。一是定期由班主任组织召开励志导师会商会，针对一些重点案例和特殊情况，定期开展分析会诊工作。二是学校每学年组织一次励志导师个案分析会，针对学生的个性特点和具体问题，商讨导育措施，激发每一位学生的成长潜能，实现对学生全面而个性的健康指导。

3. 谈心辅导制度。励志导师与学生的谈心形式可以是小组座谈、日常个别谈心辅导和周记谈心，笔谈与面谈相结合。导师应注意与受导学生的谈心辅导方式和技巧，师生活动全过程需记录在《励志导师育人常规工作手册》中。

【案例1】

情感教育在导师育人中的运用

全员育人理念下小组管理导师制的实施对学生的学业发展、生涯规划、健康成长和导师队伍的优化配置等均具有良好的促进作用。将情感教育运用在导师育人过程中，对促进学生的发展可以起到事半功倍的效果，许多育人过程中出现的难题也会迎刃而解。

一、善于发现学生身上的闪光点，树立其自信心

每一位学生都是一个独立的个体，有自己的个性特点、优点。当然，人无完人，他们身上也会有缺点。老师不能只盯着学生的短处、缺点看，应多看他们的优点、长处，接纳缺点与不完美。引导学生全面了解自己，试着接受自己的不完美。我组有一个学生很苦恼，因为在数学方面，他是学霸，可是英语怎么也提高不了，总是拉低了他的总分。为此，他变得自卑，苦不堪言。我找到他，告诉他："每一个人所擅长的方面不太一样，兴趣爱好也有所不同，这跟人脑结构也有一定关系，你羡慕人家英语学得好、语言能力强的同时，人家还羡慕你数学棒，逻辑思维能力这么棒呢！通过后天的努力，多花时间在英语学习上，找到适合自己的学习方法，像学数学那样肯钻研，多向同学、老师请教，我们大家都会帮助你这个数学学霸的，一定会提高的，相信自己，努力向前，赶超英语！"听了之后，他不再那么自卑了，脸上露出了自信的笑容，表示一定会努力把英语赶上来。

二、表扬学生的点滴进步，使其获得更大的发展

在平时的教学中，要细心观察自己所带学生各方面的表现，不仅是学习方面，在纪律、劳动、思想表现等方面有所改变时，都要进行肯定、鼓励、表扬。只要把握好度，好孩子是夸出来的，这话一点也不假。当然，这并不意味着做得不好的地方就完全不提，但批评要讲究方式方法，尽量委婉随和些。先提出做得好的地方，再引导学生思考哪些方面还可以改善。不要总拿成绩暂时不理想的学生和成绩、表现最好的学生去比，去和他（她）自己纵向比比较好。我组有个学生成绩不怎么样，但是很细心。有一次我的U盘忘记拔了，他

发现后，就帮我送去了办公室。后来我在班上表扬了他，某某同学很细心。之后我发现，他跟我的交流多了，主动问问题了，上课也认真了，我继续表扬他学习态度上的改变，慢慢地，我发现他越来越喜欢英语了，经过一个学期的努力，期末考试时英语竟然进步了20多分。每个人都希望得到别人的肯定，那样会形成一股很大的动力来克服学习或生活中遇到的困难。细心观察他们的点滴进步并予以鼓励、肯定、赞美，让学生知道老师是欣赏自己的，让学生变得自信、快乐、阳光起来。这样下来，各方面进步也是很自然的事情了。

三、处理好学生的消极情绪，鼓励其继续努力

每个学生在成长过程中都会因为学习、生活、感情陷入低谷期，当他们遇到事情解决不了，又不想跟别人提起时，心中的困惑、无奈、消极情绪就会越积越多，无法消化，最后影响学习和生活。有段时间我发现我组一个原本认真学习的学生，上课仿佛心不在焉，笔记也不做，问问题时也没什么反应。一次考试后，她的同桌跟我说她心情不好。后来经了解，这个学生是因为情感方面的问题跟家里闹得很僵，不知怎么办。我找到她，问她以后想做什么，她说还没想那么远，先考上理想的大学吧。我顺势跟她说，如果状态不太好，怎么能实现自己的理想呢？接着我告诉她每个成功的人，都经历了很多艰难险阻，有时候因为一些事情会暂时彷徨失落也是很正常的，关键是要尽快处理好自己的情绪，遇到任何问题都应该想办法去解决，然后心无旁骛地朝着自己的目标努力奋进。我肯定了她是一个聪明有思想的女孩，相信她不管在任何方面都一定会做出明智的选择，并告知她，如果还有什么困惑，不要自己一个人憋着，可以随时跟我说。当时我想，感情问题没有那么容易解决，所以跟她说了上面的话。不出我所料，没过多久，她又找到了我，还没张嘴说话，眼泪就哗哗地往下流。我拿纸巾给她擦眼泪，并安慰了她，继续鼓励她，做一个坚强的梦想追求者，相信她会做好自己。其实她最需要的是一个忠实倾听者、倾诉者，一个懂她内心世界，又能让她宣泄负面情绪的人。将消极情感发泄出来，是好事，如果老憋着，那才容易出问题。果然，慢慢地，她脸上出现了笑容，学习也开始主动积极起来了，上课也认真了，恢复了原来的样子。

（作者系怀集县第一中学赵永立）

【案例2】

浅谈全员育人导师制的小组合作学习

从2019年开始，我校正式实施"全员育人导师制"，每位教师至少承包一个小组学生（即相当于一个小班班主任），从思想、学习、生活等方面对学生进行全方面辅导，确保每位学生都能得到教师的关爱，也让每一位教师有足够的时间和精力关注每一位育人小组的学生。我有幸与高二实验级C1班结缘，担任他们的生物老师，并成了7名学生的导师。在陪伴他们成长和学习的过程中，我收获了很多。

合作学习是一种旨在促进学生在异质小组中互助合作，达成共同的学习目标并以小组的总体成绩为奖励的教学策略体系。在教学中，我将评价的重心放在激励小组集体上，在时间许可的情况下，尽可能让小组成员展示其集体的观点和集体的成果，及时用激励性的语言评价小组成果，使小组学生都能感受到教师的尊重和认可，体会合作的快乐，提高小组合作学习的积极性。导师制的小组合作学习的成效显著。

1. 师生关系更加融洽。以前他们见到我都是叫老师，现在他们叫我"×哥"，这就把老师从"居高临下"的说教者转变成了学生的朋友、兄弟，使教师和学生走得更近，情感沟通更顺畅。学生充分体会到了老师的良苦用心，从而更乐于和教师交心。所谓"亲其师，信其道"，因此学生更容易接受教师的"说教"。

2. 学生综合素质大幅提升。自开展导师制的小组合作学习以来，学生间的交流变成常态。学生相互交流学习问题，生活乐趣更多了。例如我负责的小组中的谭同学，以前是很沉默的，上课也不出声，下课也不会与同学聊天或是玩，只一味顾自己的学习，而现在也常常帮助小组的李同学。莫同学是一个能说会道的学生，经常课下侃侃而谈，课上睡觉。但现在坐在他后面的梁同学时不时会在莫同学睡觉的时候提醒他。因为他们都知道，期末有一项考查是看小组的平均分排名的，所以他们都会相互学习，相互分享学习经验，相互鼓励，各方面进步明显。

（作者系怀集县第一中学梁宽）

【案例3】

小组管理励志导师制之我感

在小组管理励志导师制实施的过程中，我尤其感觉到了该项工作的重要性和必要性，因为它对青少年心理上的帮助尤为明显。2019年，我担任育人导师，成了7位同学的育人导师，学生们对这种称呼感到很新奇。每周，我们都要开展小组讨论会，总结一周以来各自的问题和得失。7位组员中绝大多数是男生，有的人对游戏十分入迷，但在小组交流会上，大家态度诚恳，决定改掉这样的毛病，并邀请其他人进行监督。这样不仅解决了问题，还增进了同学间的友谊，与以往批评式的师生关系相比更加和谐融洽。

自从出现疫情以来，师生的线上交流已经成为常态。每逢节假日，同学们更是抓紧时间学习和锻炼，珍惜这来之不易的学习时光。但不少同学有睡懒觉的习惯，这不利于休息和身体健康。于是，我们每天定下"晨读之约"，在线上相互提醒和监督，有了这样的管理，同学们明显感觉到假期也能过得充实而有意义。小组之间的良性竞争，增强了小组成员的学习动力，学习成绩也有了不少提升。

育人导师工作最突出的特点是对学生心理上的关怀。现代社会飞速发展，但人们的心理问题却越来越严重，高中生心理疾病发病率呈上升趋势，这应该引起教师们的重视。育人导师工作利用"每周谈心""每月谈心""不定期谈心"等活动，耐心倾听孩子们心中的烦恼，及时地疏导他们的心理问题，帮助很多学生走出了心中的困境。

曾经有一位男生，他的学习成绩属于中等偏上，但偏科十分严重，对英语学科产生了厌学情绪。他很想在选科的时候改选日语，但父母不同意。因此，亲子关系急剧恶化，该生在学校也表现得郁郁寡欢，脾气暴躁。通过育人导师谈心工作，我了解到该情况后，决定与班主任一起对他进行一次家访，力争和谐地沟通两方，寻求解决方案。经过一个多小时的调解，父母对孩子不学英语之事的态度有所缓和，孩子和父母之间的矛盾得到了有效的解决。后来，该生改选日语后，学习成绩直线上升，名列班级前茅。此时，他不仅取得了学业上的进步，心理上也开出了灿烂的花朵。

自从开展育人导师工作以来，老师们变得更加忙碌了，但有几点是令人感到欣慰的：（1）学生不再害怕向老师吐露心声，师生之间更像朋友关系；（2）学生懂得主动寻求导师帮助，学生的心理问题得到解决；（3）学生有了育人导师的指导，学习上更有方向，充满了动力。教师是太阳下最光辉的职业，因为我们是在培养一个真正的人；同时，教师又是很平凡的职业，我们每天做着繁杂的工作，日复一日，年复一年。只要看到学生们身心健康、快快乐乐地学习，我们觉得一切努力和辛苦都是值得的。

（作者系怀集县第一中学何婷）

【案例4】

点燃心中希望之火，照亮学生人生前程
——育人导师后进生转化工作中的策略

每朵花都是美丽的，每个学生都有闪光点，没有期望赏识，就没有教育。作为教育工作者，我们要有一双发现美的眼睛去发掘学生的潜能。"十根手指有长短，荷花出水有高低"，在一个班级中我们除了赏识发光发热的优生，更应该期望、赏识暗淡的中层生和学困生，捕捉他们身上的闪光点，并且把他们的闪光点放大，让学生充满自信快乐。

（一）根据后进生的实际情况，设立合理的目标

"十根手指有长短，荷花出水有高低"，这句话说明在一个团体中，个体差异总是客观存在的。每一个导师育人小组中都有部分后进生，对待那些"后进生"，导师应因人而异设立适合他本人个性发展的多层次目标。只要他们在原有的基础上有所提高，就应给予奖励，帮助他们树立起信心，让他们感到成功并不困难。

小苏同学，是班上典型的学困生，迟到、缺交作业、课堂开小差、乱讲话等行为时有发生。但他自尊心较强，也喜欢老师夸他。曾有段时间他的表现有些反常，无论我怎么夸他，效果好像并不理想。经了解，原来他上课讲话被科任老师批评了，心里不服气，打算破罐子破摔，一烂到底。我调查清楚原因，再次找他谈心，告诉他男子汉大丈夫要敢于接受老师批评，正视自己的不

足，不要忘记自己的初心——在本地开实体店做老板的梦想，告诉他老师和同学都是人生宝贵的财富，也可能日后成为他发展业务的好帮手，要求他珍惜在学校读书的机会，好好表现自己。小苏同学听了我的劝导，感到有理。他便下定决心为了自己的梦想，以后努力学习。在此之后，他搞卫生更干净了，到校更早了……他的行为习惯慢慢地就变好了。这就说明给予学困生及时的关爱，帮助他们设立合理的目标，用赏识点燃他心中的梦想，帮助其树立正确的人生奋斗目标，就能促进他们健康、快乐成长。

（二）热情鼓励，激发后进生的上进心

由于在思想和学习上的暂时落后，后进生常受到父母的训斥、同学的轻视、老师的冷落，因此，自卑感和逆反心理都比较强。但他们也是有思想、有自尊、有主见、相对独立的人，更渴望获得别人的尊重、理解与关心，渴望能融入集体之中。如果我们能正确运用期望效应，让他们感受到班主任对他们的期望，用热情鼓劲他们，让他们感受到被关心的温暖，他们就会产生一种积极向上的动力，乐于接受教育，进而慢慢摆脱后进生这顶"乌纱帽"。①

小海，就是班上中层生之一，他平时默默无闻，经常我行我素，独爱打篮球。一个偶然的机会，他那一颗渴望被得到认可的心似乎被彻底激活了。在一次篮球赛上，比赛刚开始时因为班上运动员状态不好，所以接二连三失误，被对方抢断，篮板也没能保护好，被对方连续反击得分，很快对方分数就远远超过我班，眼看着就要惨败了。这时，小海自告奋勇，自动请缨，当时我看到他那勇敢而坚定的眼神，便抱着试一下的心理让他上场。没想到他一上场，完全把球赛的形势给扳了回来，他积极防守，抢篮板，组织队友有效攻防，我班连续得分，很快追平比分。场边的同学们为他送上阵阵的喝彩声。有一回合，他运球失误被对方抢断了，可他又马上进行反抢，甚至与对方抢倒在地上，也不放弃抢球的机会。赛场上的运动员受他的感染，一改之前松散的作风，一鼓作气，成功扭转局势，最后险胜对手，赢了比赛。随后我在开班会时激动地说："这一场篮球赛取得胜利，多亏了小海同学及时上阵，他是我们班的奇兵，

---

① 杨森林. 品牌建设：教育信息化提升工程2.0背景下学校优质发展之路——以东莞市石龙第三中学为例［C］//. 广东教育学会2019—2020年度学术成果集.［出版者不详］，2020: 639-645.

我们把热烈的掌声送给小海同学!"班上立即响起雷鸣般的掌声,那一刻,他眼里满是自豪。后来每次班上打球赛,我都让他上场,尽情展现他的球技,并告诉他好的球技能获得掌声,也可以把这股劲放到学习上,会得到更多掌声。慢慢地,他不断进步,还带动不少班上爱好篮球的同学共同进步。这也印证了老师的赏识能让学生更富有存在感,变得积极主动。

(三)因为欣赏,所以美丽

世界上并不缺少美,只是缺乏发现美的眼睛。学生也是这样,包括后进生,他们都有自己的优秀和长处,这就需要我们老师多加观察、挖掘、善于欣赏,不要只认为成绩好、分数高的学生才是好学生,后进生同样有他的优点与闪光点。

在某一节早读课上,我像往常一样在教室里巡班,而令我感到有些意外的是,陈伟浪同学居然在拿着课本专心致志地读着书本,完全没有觉察到班主任在他前面。于是,我悄悄地打开手机,把陈伟浪认真地读书的一幕给录了下来。到了第二天上班会课的时候,利用一体机我把这一段视频展示给全班同学观看,当同学们看到陈伟浪认真读书的样子,同学们都在为他热情鼓掌。或许后进生不像尖子生那样发光发热,而他们发出的或许只是一丝丝较为暗淡的光,若是班主任能找捕捉这个美好的瞬间,一个不经意的欣赏与鼓励,可能永远根植在学生心中,让他们永生难忘,就这是欣赏的魅力的奥妙之处。

(作者系怀集县第一中学程罗琨)

【案例5】

浇花要浇根,育人要育心

——浅谈导师育人的工作策略

一、巧用沟通技巧,共创和谐育人氛围

教师既要教书又要育人,教书不只是知识的传播,更是思想道德的育人。在育人的过程中,教师不要把一些观念强加给学生,而是要通过各种教育方式让学生主动去接受这样的思想。那么教师如何做到与学生有效地沟通?

首先，沟通的前提是教师要热爱自己的学生，只有爱学生才会为学生着想，全身心为学生做好服务工作。爱所有学生，尤其是学困生，一般要找到学生的闪光处，然后放大其优点，让自己由心喜欢这个学生，喜欢他就会和他沟通交流，这就是所谓的"感人心者，莫先乎情"。实践表明，一位教师如果能看到每个学生的优点，师生沟通一定很顺利。

其次，与学生的每一次谈话，教师都要做好充分的准备，这也与我们的课前备课一样。这种准备包括认真地思考个别谈心的缘由是什么，谈心的时机是否成熟，谈话要达到的目的是什么，这个学生的个性如何，他有什么兴趣爱好，谈话从何处着手，在谈话中如果出现僵局怎么办，有哪些事例易于被这个学生理解和接受，等等。只有做好准备工作，每次的谈话才会有事半功倍的效果。

最后，正确运用表扬和批评，引导学生树立正确的人生观。教师表扬学生不只要表扬他们取得的成功，更要注重表扬学生学习过程的努力程度，这样学生在求知的过程中，会把成败与自己的努力联系起来——成功，是因为自己的不断努力；失败，是因为自己没有付出足够的努力。这样的表扬，对于培养学生积极的生活态度和健康的心理都极为有利。对于一些取得好成绩就沾沾自喜的学生，教师对他们可以采取先扬后抑的方式，表扬他后帮他找出自身的缺点，然后和他们一起找到改掉缺点的方法。面对表扬每个人都能心坦荡荡，面对批评也许会心存芥蒂。针对学生所犯错误的程度，选择批评的方式很重要。批评不意味着打击学生，也不能伤害学生的自尊，要做到对事不对人。要想批评达到最佳效果，教师对学生可以采用先抑后扬的方法，批评后谈谈学生的优点，慢慢引导学生朝着正确的方向去发展学习。这样既安抚了学生，又让他感受到老师对他的重视，增进了师生的情感。

二、关注特殊学生的心理健康

特殊学生包括留守儿童、离异和单亲家庭的孩子。存在心理问题的孩子，由于各种原因有恐惧、孤独等心理问题，所以教师对他们要偏爱一些，关注他们身体和心理的变化，对他们的一些错误想法和行为要及时地纠正。在学习上多鼓励多指导，和他们一起寻找恰当的学习方法，有进步就表扬，让他们有成就感，增强自信心。在交往上，鼓励他们主动融入班集体，多与同学沟通，减少其心灵的孤独和寂寞。让他们感受到人文的关怀，培养他们积极乐观的学习和生活态度。

三、善于与科任老师配合

学生的大部分时间是在课堂学习中度过的，学生大量的问题产生于学习过程中。为了做好工作，班主任必须与科任老师密切配合，从他们那里了解学生的思想、学习、生活等情况，还要经常与之共同研究，介绍自己的工作计划和安排，认真听取他们的意见。在此基础上，实行统一组织和管理，协调教育学生，防止造成互相推诿、埋怨等不利于工作顺利开展的情况发生。班主任要在学生中正确地树立科任教师的形象和威信，有意识地介绍各科任老师的优点和长处；当学生对教师的教育或教学有不同的看法和意见时，必须诚心、及时地向科任老师单独反映，同时也必须向科任教师介绍学生群体及个体的特点，帮助他们互相正确认识，改进教学方法。只有这样，才能做到既教书又育人，同时又能形成学生、科任教师、班主任三位一体的结合体，取得较好的教育、教学效果，实现全员育人的最终目标。

（作者系怀集县第一中学莫丽燕）

【案例6】

聚焦核心素养视域下全员育人的落实与渗透

九月，是洋溢着希望与青春的开学季，2021年秋季学期，怀集一中也迎来了一批高一新生。这些学生入学以后，因为学习压力大、生活节奏快、饮食不习惯，会产生很多生理和心理不适。学校根据教学实际创新育人方式，开展全员育人工作，减负不减质量，聚焦落实核心素养。现以2021级A16班的小组育人为例，谈谈个人的做法与反思。

一、基本情况

在2021级A16班的小组育人工作中，我主要负责梁××等6位同学。新学期伊始，小组成员状态上普遍存在课堂注意力不够集中、心态不稳定等问题；成绩上本小组成员基础偏薄弱，学习效率偏低，学科成绩波动大；其中谢××同学作业完成度不高。

二、原因分析

第一，升学后心态未调剂到位；第二，学习自觉性和内驱力欠缺；第三，高中整体呈现知识量增大、理论性增强、系统性增强、综合性增强、能力要求增加的"5增"趋势，学习难度提升。

三、教育干预

（一）学法与心态教育

引导学生合理安排时间，提高学习效率。每学一个新内容，都要及时掌握，及时巩固。前一天预习新课，当天回顾所学内容；一周小结复习，单元测验前复习巩固，大型模拟考试前系统复习；这样从预习到考试，加深印象巩固记忆，既有适度的压力，又能减轻焦虑程度。

（二）目标与自信教育

与学生一起制订每月计划和目标，一是避免忙乱无序，减少急躁迷茫心理；二是完成阶段性任务后获得的成就感和充实感，有助于学生消除迷茫心理，树立自信。

（三）体能与心理健康教育

个别小组成员体格偏瘦，迟到和病假稍多，指导其参加各种文体运动。体育使身体处于良好的活动状态中，可以有效地促进身体内部的血液循环，使得身体更加健康；文艺活动可以发挥特长，实现自我价值，使精神面貌更积极，减轻因学习带来的心理压力。

四、教育效果

通过持续教育干预，小组成员在课堂上注意力日益集中；心态上急躁迷茫心理有所减弱，精神面貌积极；学习上有计划和目标，成绩进步明显，期中考试与十月月考相比，小组成员4人进步明显，平均进步27名，在班级小组中排名第三。

五、教育反思

"教无定法"，教育没有最好的技巧，只有更适合的方法，这是一个需要长期探索不断完善的过程。教育学生的关键是"理解"。教师热爱学生、对学生寄予希望，学生在心理上就能得到满足，从而乐于接受教师的管理。每个学生都是有思想有感情的人，给予一缕阳光，他们就会发光灿烂。总之，心灵的桥梁要用感情去架设，用尊重、信任、体贴去充实。

（作者系怀集县第一中学郭曼丹）

·附录二：励志育人导师优秀个案分析与研究·

【案例1】

有我　有你　双赢

一、基本情况

李××是2021届初中毕业生。她看起来文静，课堂上能比较认真听课，课后也算乖巧可爱。家长的评价是蛮听话的，不需要怎么操心。我成为她的导师两个月后，她告知了我她埋藏在她心底的秘密。她喜欢看恐怖电影，听恐怖类型的音乐。现在她头昏脑涨，存在一定的幻觉，感到很压抑，对学业提不起兴趣，成绩下降却感觉有心无力。

二、原因分析

她无法控制自己不去看恐怖电影与听恐怖类型的音乐。当自己陷入困境的时候，她的家人没有觉察到，而她自己选择隐藏。此外，她的家长将注意力放在了她读小学的弟弟身上。当弟弟经常去打扰做作业的她的时候，她无法集中精力认真做题，家长也更溺爱弟弟，没有干预。

三、教育干预

（一）做好梳理工作

引导学生选择性地不去看恐怖类型的电影或不听这类音乐，帮助她分析利弊，经常询问了解她的近况。

（二）和家长沟通

因为学生要求我帮她保守秘密，故与家长沟通时，我侧重于请求家长注意引导学生的弟弟，在姐姐做作业的时候，不能去打扰。同时，请家长留意该生日常的表现有什么异常的地方，及时与老师沟通，家长表示会积极配合。

（三）和班主任反馈

每天将学生的表现情况及时与班主任对接，共商对策，做好转化工作。

四、教育效果

经过一个学期的跟进，该生表示现在已经不会主动去看恐怖电影与听恐怖类型的音乐了，虚幻感减轻。中考以总分592.5分的好成绩考上了县重点高中。

五、教育反思

全员育人，拉近了师生之间的距离，使师生关系更加和谐，相当一部分学生与导师结下了深厚的情谊。许多学生在导师的指导下，逐渐规范了自己的行为，变得更加好学、努力，学习成绩也有了明显的进步。

在全员育人工作中，对那些所谓的"后进生"，我采取的方法不是严厉批评与指责，而是心平气和地与他们谈心，共同探讨人生与未来，给他们更多的关爱与鼓励，真正走进他们的内心世界。与他们一起分析学习不理想的原因及对策，帮助他们树立信心。同时，通过不同方式了解他们的思想动态，做到因材施教。

此外，还有一种爱叫做牵手。随着社会的发展，人们的物质生活丰富了很多，精神的家园却变得越来越空乏。这一代孩子的父母，往往是家中的顶梁柱，其中有很多本身就是独生子女，他们要用自己的双肩，担负起全家五六口甚至七八口人生活的重担。现代生活的压力，使得他们无暇营造精神的家园。有相当一部分农村孩子的父母在城里打工，这些留守学生往往缺乏父母的关爱。孩子由于从小缺少父母的关心，就容易产生心理问题，也容易与父母产生隔阂。这就需要我们老师多去关心、体贴他们，帮助他们构建起与父母沟通的桥梁。沟通，从心开始，多与孩子接触，伸出我们的双手，与孩子们共同奔向美好的未来吧！

（作者系怀集县第一中学吴春燕）

【案例2】

耐心陪伴，助力学生成长

一、基本情况

我执教的班级是高二C5和C6班，C5班是物生政组合的学生，C6班是政史地组合的学生。两个班的学生总体来看学习积极性都比较高，学习刻苦勤奋。但也存在部分学生特别是男生学习动力不足，价值观有一定的偏差，表现出懒、不主动、不够自律、杂念太多等现象。针对这一问题，除了课堂的正面管教外，我还经常利用课后的时间和学生谈心，了解他们的学习和思想动态。

二、原因分析

（一）学习的内在动力不足，目标不明确

部分同学来学校或者对待学习是一种消极、被动的心态，对人生、高考、青春、奋斗的意义缺乏思考。老师说什么做什么，过一天算一天，怕辛苦，希望不劳而获，平时怎么舒服怎么过。

（二）过度使用手机的不良影响

科学实验表明，频繁且长时间地使用手机，会对人体健康带来一定危害。主要表现为记忆力丧失、睡眠紊乱、心理烦躁、头痛等，最大的影响是学生休息时间减少，第二天学习时就难以集中精力听课，学习效率降低。虽然年级有管理手机的措施，但对于一些自觉性差的学生效果不好。

（三）成长的烦恼

青春期烦恼太多，矛盾心理突出，比如容易以自我为中心，太容易受外界各种因素的影响；和同学、老师和家人的关系处理不当也会影响学生的情绪等。

三、教育干预

（一）不吝啬表扬，建立自信

平时课堂上让他们多表现，多肯定他们，让他们建立信心。

（二）及时肯定，给予鼓励

在他们解出一道题，做好一件事后，及时表扬他们。多点鼓励，且多和他们交流谈心，让他们感受到老师的关爱和支持，激发自己的上进心。

（三）配备小导师

了解他跟谁相处得比较好，比如发现他跟同组的男生钱同学交流得比较好，就让他多跟钱同学交流。我也跟钱同学交代他们两个可以相互帮助，相互进步。欧同学的英语比较好，钱同学的数学比较好，因而很适合结对帮扶，相互进步。

四、教育效果

学生1李同学：在我找他谈话后的一个月里，他在课堂上表现得积极了，成绩也有一定的进步。但是一个月之后，他又松懈下来了，上课又开始犯困，老师布置的作业又不认真完成。

学生2谢同学：在我找完谈话后不再那么负能量，上课认真听讲，课堂回答问题比较积极。而且谢同学又再次主动找过我谈话，效果较好。

五、教育反思

通过对同学们的教育引导以及教育干预，我也深刻明白：做一名教育者，不能放弃每一名学生，每位学生的背后，其实都有一段故事，它成了该学生成长路上的一个千千结。我们只需要耐心地陪伴，耐心地倾听，当我们充分了解了这个故事之后，再一同解读这个故事背后的教育哲学，就能达到真正的育人效果。

（作者系怀集县第一中学欧阳珍莲）

【案例3】

真正的关爱是孩子成长的关键

一、基本情况

小金，17岁，高三，一个普通班的内宿男生。他平常上课总是走神或者打瞌睡，晚上经常偷偷用手机打游戏。成绩在班上属于中等偏上，波动性比较大。家长平常基本不打电话过来，但每次我在家长群发孩子的成绩后，小金爸爸就会打电话过来了解孩子的成绩，在交流中常常听到小金爸爸数落小金的种种不是，包括小金不经常打电话给爸爸，从来不会主动聊成绩，平常放假也很少回家，基本上都是回小金的伯伯家，等等。在与小金的聊天中也发现，小金确实不喜欢爸爸，父子之间存在较大的隔阂。

二、原因分析

（一）关于亲子隔阂

小金从小寄养在伯伯家，父母外出打工，极少回来看望小金，小金难以感受到父母的关爱。直到初三，小金才被父母接到身边读书，可是此时父母偏爱妹妹更多，常常责骂正值叛逆期的小金。小金爸爸是一名退伍军人，对事对人都很严格，尤其是孩子的成绩，但由于不善言辞，父子之间常常发生争吵，长期得不到有效的沟通，使得父子隔阂越发严重，又进一步影响了小金的学习。

（二）关于学习

除了偶尔"跟爸爸对着干"，小金成绩不稳定的原因也离不开基础差。由于之前一直没有形成良好的学习习惯，加上高一、高二的偷懒懈怠，小金的学习基础比较薄弱。夜里偷玩游戏，导致白天上课注意力不集中，这也是成绩差的重要原因之一。

三、教育干预

（一）学法指导加习惯养成

其实作为一个高三学生，小金很清楚高考的重要性，他也是很希望把成绩提上去。针对这一点，我跟各科任老师打好招呼，请他们注意对小金进行学法指导，尤其是学习习惯上的监督，比如订正错题、整理知识框架等。

（二）心理上的关怀

小金是一个长期缺乏关爱的学生。通过多次的私下聊天和沟通，了解小金在日常生活和学习上的真正需求。倾听他的心声的同时，通过我自身的现身说法，让小金了解父母的不容易。

（三）家校沟通

通过多次电话、微信沟通，让家长了解小金在校的日常学习与生活，尤其是及时表扬小金的闪光点，让父母知道"孩子并没有你们想得那么差"。同时指出父母教育方式上的不妥，进而改善父子关系。

四、教育效果

通过坚持和努力，小金的学习习惯得到了改进，也慢慢找到了属于自己的学习方法，成绩开始在稳定中慢慢进步。成绩上的进步让小金爸爸看到了小金的努力，于是父子交流有了很大的改善，父子关系得到了缓和。

五、教育反思

作为教育工作者，我们要全面了解学生，包括学习上和生活上、行为上和心理上，要及时做出教育干预。当然，教育是无法立竿见影的，需要我们长期坚持不懈。作为父母，不仅要关心孩子的学习成绩，更应该关注孩子的心理需要与道德品质，尽量做到"不缺席孩子的成长"。

（作者系怀集县第一中学谢颖）

【案例4】

以心暖心，以爱育人

今年教师节，我收到这样一条短信："老师，若不是你默默相随，我早已不知身在何处，你仿佛一束光，照亮了前方，也照亮了我，千言万语说不尽感激，谢谢你……"这是今年刚高中毕业在上大学的一名学生发给我的，一瞬间，曾经与学生一起努力奋斗的高三的日日夜夜，历历在目。这期间，与学生之间发生的教育故事也数不胜数，虽然都是一些极其平常的小故事，但每一个故事都意味深长，值得为人师者深思。而这位学生两年来的成长变化，更是让我印象深刻。

一、基本情况

梁同学，是一个精准扶贫对象家庭的孩子，他共有4个兄弟姐妹。高二我接手之前，他学习成绩非常差，行为习惯也很不好，沉迷游戏，迟到旷课，组织纪律性也很差，对学习提不起兴趣，班主任不时会请家长来学校共同教育。他的家长说，对孩子的教育他们已经失去了信心，面对这样的孩子，家长已绞尽脑汁，连哭带打，没有起到丝毫作用。我接触了这个孩子一段时间，发现他本性并不坏，只要是老师安排的任务，他都能积极并很好地去完成，我不甘心，想尽最大努力，让他"改邪归正"。通过调查，我了解到，他父母矛盾较多，日常总是争吵，父亲曾因滥赌欠下较多债务，故母亲不得已要外出打工帮补家庭。他刚上高中时成绩还是不错的，但升高中后，家人给他买了一部手机，因他自制力差，缺乏家长的监管，所以沉迷游戏，导致高一那年的成绩下滑严重，他对学习失去了信心和兴趣。家人得知后，对其直接打骂，无法耐心教育。长期下去，他得不到来自家庭的温暖，正处于青春叛逆期的他，直接跟父母怄气不去学校，休学了一段时间。了解到这些情况后，我与班主任几次家访沟通，做他家人的工作，不让他爸爸再打孩子，跟家长分析青春期孩子的心

－ 201 －

理状况，让家长认识到打是不能解决问题的，还有可能会对孩子的心灵造成终生无法弥补的伤害。我理解父母望子成龙的心态，但关键要让孩子感受到父母对他的爱，理解家人对他的期望，让他重拾学习的信心。好在他的爸爸还算明事理，接受了我的意见，不再打骂他了。此后，梁同学知道我在背后为他所做的一切，与我的关系也亲近起来。我又因势利导，对他采取了特殊措施。因为他家庭条件不好，生活费较少，所以我在生活中给予了他一点帮助。每当在学校宿舍煮好饭菜，我会让他跟同学一起过来吃；一个星期安排三天在中午休息时给他补习功课；取得一些成绩时及时表扬，并鼓励他积极上进；课余时间经常和他一起在操场上跑步，利用跑步的时间如朋友般谈心，了解他的内心想法。经过我接近一年的努力，该学生发生了非常大的变化，自信心足了，学习动力有了，整个人变得阳光起来，跟同学之间相处也融洽，这一切变化都让我倍感欣慰。

二、原因分析

在农村学校，梁同学的此类情况非常常见，尤其是留守家庭。父母因外出工作，对孩子缺乏监管，而且教育观念薄弱，对不听管教的孩子主要以打骂的方式对待，没有真正做到倾听孩子的内心。同时，家庭矛盾多、家庭关系不和睦会导致学生感受不到家庭爱的温暖而逐渐自卑。因此在学校，他与同学相处不融洽，不愿意跟他人有过多交流，心理闭锁，封闭自我，慢慢地会对学校生活产生厌恶、提不起学习兴趣等，这样很容易把自己的精神寄托在网络游戏中。

三、教育干预

（一）勤做家长的思想工作，加强与家长的沟通，让家长用心倾听孩子的内心

通过分析，我认识到此类学生的不良表现最大的诱因是父母的教育方式不当，所以必须从根本上解决。我以科任老师的身份与班主任一同到学生家进行家访，当面与家长沟通。首先，我对学生在校的优秀表现在家长面前给予了肯定，让家人知道他们的孩子在校表现并没有他们想象的那么坏。然后，我根据自己多年的班主任经验跟家长分析青春期孩子的行为及心理表现，让他们明白孩子目前的表现都属正常，家长不用过于焦虑，更不要把这种焦虑强加到孩

子身上。作为父母，不仅要满足孩子日常生活所需，更要用心陪伴孩子度过这"熬人"的青春期。家庭和睦，父母恩爱，就是对孩子最好的教育。

经过多次面谈与电话沟通，家长也慢慢改变了自己的教育方法，并懂得用欣赏的眼光看待孩子。开高三家长会的时候，梁同学的父母与我握手表示感谢，并反映他们跟孩子的关系也缓和了不少。

（二）以父母态度转变为契机，以爱暖心，让学生感受到班级的温暖

在学校里，我也时常让梁同学做一些力所能及的事情，当他出色完成后，在班上公开给予表扬，并让其他同学向梁同学学习。下午放学后，我也会叫上梁同学和几个同学一起在操场跑上几圈，并利用这个时间深入地了解他的内心，缓和融洽他与同学之间的关系。

在生活中，我知道梁同学因回家路途遥远，周末一般不回家。我就叫上几个同学与梁同学一起到我宿舍下厨、一起吃饭，让梁同学感受到"课上我们是师生，课后我们可以是朋友"那种轻松的关系，感受老师与同学的爱。慢慢地，在班级同学与老师的温暖下，他不再像之前那般厌恶学校、害怕跟大家交流，脸上的笑容多了，整个人都阳光了，也愿意融入班集体了，在我的生物课堂上表现得更加积极了。

（三）激发学习兴趣，课堂给予关注，课后给予帮助

让学生爱上学校、爱上班级后，还要让学生爱上学习。我引导学生树立信心，唤醒学习的欲望。人都有上进的欲望，大多数学困生在平常的学习中会因为自己的弱势产生心理障碍，如自卑、胆怯、不自信等心理问题，但同时又渴望得到老师及周围同学的赏识和认可。

对此，在教学中，我不失时机地给予关注，并在梁同学主动回答问题或者作业考试表现较好的时候及时进行表扬。每个星期我都安排三天在午休的时间对他与其他学困生进行课后辅导及答疑，慢慢地，在我的生物课堂里，总能发现他积极回答问题的身影。在高三一年的复习课练习题讲解中，我以"学生讲解为主，教师引导为辅"的模式进行教学，他都能充当小老师的角色给同学讲题，他的生物成绩也因此突飞猛进。我继续与他交谈，告知他在高考中一科独大的弊端，必须各科要动起来、好起来，他也有所感悟，各科发力，成绩维持在班级上游。

四、教育效果

与父母关系相处融洽，愉快融入班集体。之前对学习无兴趣、考大学无望的状态发生改变，高二、高三两年奋发图强，在2021年高考中生物科成绩取得了全级最高分，最后也顺利被广东轻工业职业技术学院录取。

五、教育反思

为师最幸福的时光，就是看见自己教的学生，经历风雨，看到彩虹，因为这才是人生路上引导者的光荣。诗和远方，有酒有故事。但三尺讲台，日月星辰，路过别人的青春，我们也有故事，我们也在故事里，而且这些故事都是刻骨铭心的。冰心曾说"世界上没有一朵鲜花不美丽，也没有一个学生不可爱"，老师要以欣赏的态度去认识和看待每一个学生，主动亲近每一个学生，用爱心打造一把"金钥匙"，开启每一个学生的心扉，这样有故事的教育才是幸福的教育。

（作者系怀集县第一中学李杏珊）

【案例5】

润物细无声

一、基本情况

李××同学是我2021届的一个学生。我是高二第一学期接手这个班的。这个女生是班上的语文课代表。她在一次英语课上走神，我提醒她后，她的反应有点敏感。从此，我就注意到了这个女生。有一次我向课代表了解班上情况时，得知李××这个孩子平时比较敏感、多疑。我从语文老师那里了解到孩子责任心强，在早读领读、布置作业以及收发作业方面都是语文老师的得力助手。

经过一段时间的观察，我发现她上课很容易走神和发呆，不做笔记，也很少回答问题。在平时的作业和考试中，卷面比较好，但是作业的完成情况和考试成绩都不是很理想。我还在和班上其他女生的一次聊天中得知这个学生还因为宿舍的问题哭过。在了解了这些信息后，我决定对这个学生进行教育干预。

二、原因分析

有一次，班主任让申请助学金的学生匿名写了一封申请书发到班群，让全班学生投票。通过字迹，我认出了李××的申请书。申请书上那些话让我的心情久久不能平复。原来，她的爸爸因病在2019年去世了，留下了一笔债务。因此，我跟班主任核实了这个学生的情况，也了解到她家里的一些情况。

三、教育干预

（一）学业辅导

先从该生的作业和试卷入手，抓住该生的优点，表扬该生的长处。在作业和答题卷上写上鼓励的话语，表示出教师对她的期待。留下"有不懂的欢迎来问老师"等字眼。写了几次之后，一次晚自修时，李××就真的拿着试卷来问问题了，在解答问题的同时我对她愿意来问问题这件事先进行了肯定和表扬，并鼓励她以后有不懂的都可以来问老师。

课堂上的提问、每天的听写单词和默写作文，被选中的同学都有她。久而久之，她感受到了我对她的关注。一天的大课间时，她主动来办公室找我，问我为什么这么关注她。我表达了我对她的期待和信心。

此后，每次晚修坐班，李××都会拿着晚练试卷或者最近写过的作文来问我问题。我都一一耐心地解答她的问题。每次解答完问题后，我都让她说一说最近在英语这科的学习上遇到的困难，如上课、作业和考试等方面有没有遇到什么问题，并就相应的问题给出参考的解决方法。我还给李××制作了一个成长记录本，以资鼓励。

在高三第一学期期末前，我把这个记录本给她看，她被我做的这些事深深地感动了。她在复习上自然而然更用心了。在八省联考中，该生的英语成绩比上一次月考提高了十几分，这大概是对我们俩坚持的最大回报吧。这样的成长记录一直坚持到了今年六月份高考结束，她的高考英语成绩也首次突破了80分。

（二）心理辅导

该生表现出的行为特点除了敏感还有不自信。这应该跟她家里发生的变故有关。如果不加以干预，不自信很快就会发展成自卑，引发严重的心理问题。教育学理论告诉我们，每个学生都是有进步要求的，都希望别人认为自己是一个好学生。为了消除她的畏惧心理，我经常有意无意地找她聊天，让她帮我拿作业和发作业。上课时，她有回答问题，不管回答得对不对，我都表扬她。渐渐地，我发现她开始和我亲近了，一下课就"Miss Lu，Miss Lu"地喊。班上有什么情况她也会跟我汇报，并主动跟我说自己在学习上、生活上以及人际关系上遇到了什么问题。我跟她说，如果是因为自己的问题就自己加以改正，如果自己没做错，那么也不必苦苦纠结于此，不如把精力放在学习上好了。

（三）家校沟通

家校沟通是让导师和家长都更了解学生的一个重要的途径。李××的姐姐在读大学，刚好是我的大学师妹。因此，我通过微信聊天把李××在校的学习情况反映给她姐姐，让他们多关心她，多鼓励她，和老师一起帮助她树立自信。同时，我也通过此途径了解了她在家的表现。从她家人的口中得知李××其实是一个很孝顺的孩子，在家非常孝顺爷爷奶奶，在暑假时也会去打暑假工来减轻妈妈的负担。如此良性循环，她就慢慢变得宽容、自信、大方了。

（四）生活指导

在校期间，我除了对李××给予学业辅导和心理辅导，还对她进行生活方面的指导。在导师制的活动中，教师不再是居高临下的说教者，而是学生的朋友，是他们的参谋，与他们平等相处。教师需要对受导学生进行个性化教育，挖掘他们的潜能，让他们的生命绚丽多彩。

在学校时，我们除了聊学习，还会分享生活中发生的事情。好的、不好的，开心的、烦恼的都会聊一聊。在她感觉焦虑时，我跟她分享以前我读书的事，我当时读高中时是怎样的，遇到困难又是如何坚持的。

此外，我也会跟她分享我的大学生活，聊多了，学生的心情得到了放松，从而对生活的信心就增强了。毕竟，对美好生活的憧憬是我们不断前进的一种动力。

四、教育效果

通过师生和家长的共同努力，李××现在有了很大的变化。虽然最后高考她没考上本科，但是她的成绩比之前有了很大的进步。在拿到录取通知书后，她开心地跟我分享了这个好消息。现在的她自信、努力，还加入了大学的摄影部，经常跟我分享大学的事情，与室友的相处也很融洽。她还积极加入了校团委，被评为优秀学生干部。看到她越来越自信优秀，我打心底里为她高兴。

五、教育反思

我觉得把教师比作蜡烛不贴切。教师不是燃烧了自己才能照亮别人。教师也不是默默地奉献到生命尽头的春蚕。教师的教书育人不应该是以牺牲自己为前提的。教师应与学生互动，感受他们的青春活力，体验他们的喜怒哀乐，做学习上的老师，生活中的朋友。

作为教师，我们和学生应该是彼此成就的。教师在帮助学生，促进他们健康人格的形成的同时也是在实现我们作为教师的自我价值。自我们学校实行全员育人导师制以来，很多的学困生、潜能生得到关注，他们的潜力得到挖掘，这是经过时间与实践检验了的事实。

（作者系怀集县第一中学卢晓玲）

【案例6】

师之道在育人

一、基本情况

小林同学，是我任教班级的一位学生。她对语文科比较有兴趣，但语文成绩经常不理想，自己倍感挫败。她总体学习成绩在班上中等偏上，时有浮动，情绪容易受成绩影响，时常感到学习压力较大，甚至影响睡眠。

二、原因分析

小林父母早年离异，现在各自重组家庭，她与祖父母一起生活，性格比较敏感，情绪容易受外界影响，进而影响学习，特别是语文科学习不得法，进步不明显。

三、教育干预

（一）建立信任的师生关系

在课余时间，我时常与小林聊天、谈心，了解她的生活以及学习状况，做她忠实的倾听者，让她的负面情绪得以倾诉。同时我也会跟她做知心的朋友，分享自己生活中的一些见闻与感受，引导她适当地释放学习的压力。此外，针对她因为学习压力大而失眠的问题，我通过咨询专业医生帮她寻找改善睡眠的方法，并在晚修后陪她在操场上散步放松，努力去做她可以依靠可以信任的生活与学习的导师。

（二）加强语文学法指导

针对她的语文科学习不得法问题，我帮她总结分析她在语文科学习中存在的问题：

1. 做题时间规划不当，导致不能完成全卷，白白失分。针对她时间规划不当的问题，我在语文科辅导时间都会安排限时训练，帮助她养成良好的做题习惯。

2. 阅读不得法。做阅读题花费大量时间，答题不正确；阅读能力的提升，需要一个比较长的过程，我要求她自己做一个阅读任务计划表，每个星期进行一次阅读方法训练打卡，慢慢提升她的阅读能力，她的打卡热情较高，效果也明显。

3. 作文审题与行文没有章法，得分不理想。在写作指导上，我首先从最容易提升的作文板块对她进行辅导，第一阶段从审题开始，进行规范的审题步骤训练，提升她的作文审题能力；第二阶段进行规范作文行文训练，建构清晰的写作思路；她获得了学习带来的成就感，从而增强了学习语文的动力。

（三）兴趣是最好的老师

鼓励她成为班上的语文课代表，让她在学科工作中找到更多的自我认同感。此外，学校举行的诗歌朗诵以及各种征文活动，我也会鼓励她参加，并给予最大的指导与帮助，这样一来她的自信心提高了，获得了更多的成就感，同时她过于敏感的性格以及低落的情绪也改善了。

四、教育效果

从高二到高三，我带了小林两年。两年以来，我见证了她由敏感腼腆的"小透明"，变为了我管理班上语文科教学的得力助手。她的语文成绩也由开始的忽高忽低，逐渐稳定提高，她成为了班上的语文科领头羊，在各项语文比赛中也收获了不少奖项。语文科成绩的进步，带动了她其他科的学习动力。

到了高三，我们的关系更融洽了。以前是我主动找她来聊天或者辅导，后来是她主动找我倾诉不愉快或者分享她的各种快乐。高考结束后，她顺利地考上了本科，并且在拿到成绩后第一时间跟我分享。现在，每逢节假日，她还会贴心地发来节日祝福，一直跟我保持着联系。

五、教育反思

"十年树木，百年树人"，教学，不仅仅是帮助学生提升成绩，更重要的是要让学生成长为一个健康上进的人。

我们山区学校的高中生，大多都是寄宿生，父母基本都在外地工作，每年只有假期才能短暂地相聚，因此，绝大部分的学生都相对独立，即使是生病了，也只能自己照顾自己，或者同学之间互相照顾。这时候，作为他们的老师，需要多加一个身份，那就是学生的第二个父母。学习上，我们需要引导学生根据自己的能力树立一个他通过努力可以达到的目标，在教学中引导学生朝着目标一步一个脚印，脚踏实地前行。

学生备战高考，除了关心、辅导学生的学习，我个人认为心理疏导也很重要。虽然不是所有老师都担任班主任，但我们学校制定的导师育人制度，让老师们都多了一个身份——学生的学习与生活导师。由开始的无从下手，到今天的倾尽全力，老师在其中也得到了成长。

在育人工作中，我们虽然有时候也觉得很累，但是看到学生在自己的帮助下擦干了眼泪，露出自信笑容的时候，就觉得所有的辛苦付出都值得了。得知学生拿到理想大学的录取通知书的时候，我也会感到与有荣焉。导师育人制的实施，让我深刻明白到什么是真正的教书育人。过去，我跟学生一起成长；未来，我希望能够与学生一起成才！

（作者系怀集县第一中学李洁维）

【案例7】

以小组合作与竞争方式开展德育工作

一、基本情况

本学期我接任高二C2班科任老师，班级选课组合是物化生。根据高一下学期期末考试情况分析，班级成绩整体稍微落后，特别是化学科，不单单比1班差距较大，和3、4班也有差距，甚至几乎被普通班追平平均分。C2班学习氛围比较懒散，缺乏强烈的进取心，班级和学习小组缺少团结与合作。

针对班级和学习小组的这种情况，结合班级男生占比大且男生好胜心重的实际，我选择采用以学习小组为单位，进行小组间的竞争与合作，以此强化学生之间的学习活力，增强班级学习氛围。

二、原因分析

（一）学生没有意识到团队合作的重要性

有些学生觉得我顾好自己的学习就行了，班级和学习小组的事情与我无关，因此对于课堂上进行的学习小组合作问题以及课后的合作探究，他们并没有参与进去，造成学习小组形同虚设。所以需要给学生树立一个"一荣俱荣，一损俱损"的团队精神。

（二）学生缺乏学习动力

学生学习目标不明确，就缺乏学习动力，就算有，也不持久。主要体现在有些学生上课不认真，不主动思考，甚至老师要求做笔记，学生也是比较被动。课后大部分学生没有提问的习惯，得过且过，不懂也不向老师请教，更甚者是不做课后作业。

（三）班级没有领头羊起示范引领作用

有些学生也意识到不好的学习氛围对自己、对班级都有不好的影响，可是这些学生缺乏站出来维护班级荣誉的勇气。缺少示范引领的领头羊，令班主任的针对性班级管理没有得到很好的落实。

三、教育干预

综合以上班级出现的情况和原因分析，我决定以学习小组为单位，进行小组间的竞争与合作。具体方法是，在班级宣布实施方案：以每隔一周的化学周测小组的平均分排名作为依据，对排名最后的两个小组进行一个小"惩罚"，对排名靠前的两个小组进行表扬。同时要求全体同学为了避免自己小组受到小惩罚，要认真对待并全力以赴做好周测，试卷发下来后小组要总结反思如何在下次竞争中立于不败之地。当然，我也会利用空余时间和各小组内不愿配合的组员进行谈话，纠正他们的想法，鼓励他们积极参与小组的竞争与合作。

例如：学生A陈同学上课经常睡觉，课后不交作业，晚自修宁愿坐在位置上发呆也不愿意动手去完成作业，更不用说有不懂的问题来请教老师了。我从其他老师口中了解到陈同学在课堂上睡觉是因为晚上在家玩手机游戏玩到通宵。针对此情况，我及时找他出来谈心，告诉他："作为学生，你的首要任务是学习，不能因为其他的事影响到学习，要及时处理好学习和生活上的琐碎事，以学习为主，其他的等高考结束之后再做。希望你把精力都放在学习上面，高中三年看似很漫长，实际上很短暂。我们不缺时间，缺的是不荒废青春的时间，缺的是奋斗的精神。所以趁着自己年轻，好好拼一把，尽自己最大的努力考一个让自己满意的大学，努力拼过，至少不会让以后的自己后悔。老师知道你能考上实验级证明你本身实力并不弱，既然这样，我们为什么不更加努力，让自己更上一层楼呢？自己有这么好的条件，更应该好好去拼搏，说不定你比你想象中的更优秀呢！"

谈心的最后，我跟他做了个约定：如果能改掉自己的坏习惯，努力学习，帮助小组拿到化学周测平均分第一名，我单独给他一个奖励，但是不能透露是什么奖励。陈同学答应了，虽然他接下来成绩进步不大，但是学习习惯有了改变，上课困了会站起来听课，会及时完成作业并上交。尽管他没有帮助小组拿第一，我仍然热情洋溢地肯定了他的进步。

学生B李同学，上课注意力不集中，课堂和晚自习经常和其他同学聊天，成绩也比上学期有比较大的退步。在晚自修辅导时，我顺便对李同学进行了德育干预：我发现你虽然上课或者晚自修想认真听课，认真完成作业，但是有其他同学找你开小差，你又没有拒绝。是不是因为你觉得如果这个同学找你聊天，不理他会影响同学友谊？（学生点头承认）如果你真的想认真听课，你应该及时对那个同学说，有什么事下课再说，好好上课。为了你自己，你要懂得拒绝不好的事情，要懂得什么是对自己好的，什么是对自己不好的。你是团支书、班干部，又是学习小组的组长，你应该好好规范自己的行为，好好团结你们小组的组员，为你们这个小组争取更大的进步。如果你不纠正你本身的行为，很难让其他同学信服你。（学生点头承认）所以你换位思考，你不规范好自己的行为，别人就不会信服你。老师知道你是个很负责任的团支书，希望你纠正坏习惯，好好带领班级走向更好！

如此一番话，苦口婆心，深深打动了他。

四、教育效果

学生A陈同学：经过多次的德育谈心，上课情况有了好转，虽然偶尔还是会有打瞌睡的情况，但是我提醒一下他能马上提起精神，成绩方面也有了小进步，这都是好的开始。后来我会经常鼓励陈同学，让他觉得老师并没有放弃他，这样他才会有源源不断的动力坚持下去。

学生B李同学：经过那次的谈心，课堂和晚自习几乎没出现过他和其他同学聊天的现象。班干部的工作他也做得非常用心，课后问问题也变得积极了。他不仅自己进步了，也带动了周边同学的进步。

五、教育反思

德育工作方式不是一成不变的，要结合不同的班级、不同的学生制定不一样的模式。学习固然重要，但是学习态度更加重要，"态度决定一切"。所以学生需要我们老师时时对他们进行德育干预，让学生及时发现问题，及时纠正错误。当然，我们应该采取委婉的方式，先表扬学生做得好的地方，肯定学生付出的努力，同时跟学生说想要取得更大的进步，一定要改正自己存在的错误，为自己的梦想，努力拼一场！

（作者系怀集县第一中学莫江远）

【案例8】

励志奔向未来

一、基本情况

陈××，男，九A（14）班学生，活泼好动，思维活跃，有点小聪明。但无心向学，做事无持续性，自我约束力差，课下不爱说话，课堂上经常开小差，有时候昏昏沉沉，打瞌睡，注意力不集中，学习基础较差，课下作业拖沓，不及时完成作业及抄作业的现象严重，学习成绩不理想。该学生不受父母管理，家长也拿他没办法。

二、原因分析

1. 家庭原因：父亲和母亲是个体户，在佛山工作，只把乖巧的姐姐带在身边，这让该学生觉得父母不珍惜他。父母的教育方式也存在问题，父亲脾气暴躁，一急就动手打孩子。

2. 心理原因：学习缺乏动力，没有明确的学习目标和方向，心思散漫。

3. 环境原因：孩子比较任性，在家不如意就发脾气，甚至有自残行为，由于奶奶和妈妈的溺爱，孩子养成易冲动的性格。

三、教育干预

（一）对学生进行目标教育

对学生进行目标教育，能让学生看到实现目标的希望，就会有好的效果，反之，如果无法让学生看到实现目标的希望，就不会取得良好的教育效果。我让陈××同学先定一个星期的短期目标：准时到校。并且要求他做励志少年，每天早上大声喊出励志口号，强化他的目标激励。（附：励志口号）

1. 不要放弃，放弃了今天就是放弃了一辈子。

2. 不拼不搏，人生白活。

3. 有希望在的地方，痛苦也成欢乐。

4. 精神成人，知识成才，态度成全。

5. 人要有毅力，否则将一事无成。

6. 只要有信心，人永远不会挫败。

7. 成功不是将来才有的，而是从决定去做的那一刻起，持续累积而成。

（二）真情投入，让他感受别样的爱

平时，我会经常留意他，利用空闲时间找他谈话，与他做朋友，遇上问题时多点耐心，采取多种渠道跟他沟通，以鼓励表扬为主。我每周五都会让他看一个励志故事或视频，让他看完后写出自己的心得体会，慢慢地我发现他有了进步。记得有一次，他在家主动背诵了励志课文《少年中国说》，还拍给我看，当时我眼睛都湿润了。另外，看他做事肯吃苦的劲头，我建议班主任委任他为班上的劳动委员，培养他的责任心。以一名班干部的职责来约束他，要求他在做好自己的同时带领其他同学做好卫生工作。看着他在经过励志教育辅导后，从一个精神萎靡的孩子变为现在一个意气风发的少年，我很是欣慰。

（三）定期与父母联系，交流教育孩子的方法

在我知道孩子的父母在做不锈钢窗户安装的生意后，我建议父母让孩子

在暑假体会一下工作的辛苦，不要心疼。陈××同学在暑假参加了不锈钢窗户的搬运和油漆工作，每天工作9个小时才得到72元。我让他在工作之余想想坐在教室里的安静，要求他每天听一次励志歌曲《骄傲的少年》。除此之外，我也与家长一起商量对策，通过正常的途径，采用有效的手法积极给予孩子心理上的治疗，让孩子的身心健康成长。

四、教育效果

一学年的时间过去了，他果然变了。经过一年285天的励志教育，孩子从原来7科只有124分到中考考出421分的成绩。励志教育后的孩子更懂得励志对于一个少年成长的重要性，也懂得了感恩。教师节那天，他利用短短2个小时的吃饭时间搭公交车，买了一个水果篮来看我，他说是利用暑假的汗水钱买的。当时和他一起吃苹果，我觉得这是我吃过的最甜的苹果。

五、教育反思

从这个案例中，我得到了许许多多的启示。我们在平时的教学中一定要对学生关爱、呵护，不能单纯训斥、指责。在激励学生方面，决不能吝啬自己的语言。在学生初中阶段，培养他们好的学习习惯、学习兴趣，树立他们的自信心、责任心比传授知识更重要。励志教育是以信念教育为导向、以教育激励为手段的教育模式。励志教育是让学生用自己的力量战胜困难的信念教育，是让学生用自己的意志战胜挫折的赏识教育。在教育中不忘励志育人，作为教师的我责无旁贷。励志奔向未来，青春因励志奋斗而精彩，有了励志奋斗，青春才会飞扬，有了励志拼搏，青春才会美丽。把握励志的每一刻、每一分、每一秒，我们向着成功奋斗，向着成功搏击，做最好的自己。

（作者系怀集县第一中学陈泽君）

【案例9】

持久育人，终换笑颜

一、基本情况

何××同学是初三A（6）班的一位较为典型的"后进生"，八年级时经常迟到、旷课，抽烟，无心向学，爱出风头。上课注意力不集中，每次的作业都马虎了事，常常逃课到网吧玩电脑游戏，可以说已经达到了痴迷的程度。平时父母管不住，让老师非常头疼。

二、原因分析

我初二接手任教物理科任老师后，通过观察和了解，我初步掌握了何××同学存在的问题，他的这种不好的行为习惯主要是在初一阶段形成的。他家在县城附近的农村，他有一个姐姐、一个弟弟。父亲、姐姐外出打工，母亲在家务农。虽然家里人都希望他勤奋学习，考到好成绩，但由于文化水平较低，对他疏于管教。后来他迷恋上了电脑游戏，爷爷奶奶又疼爱有加，没有加以及时的干涉和疏导，长期以来，导致他形成了这种不良习惯。结果是他对学习失去了足够的信心，自然出现反应偏慢状态。反过来，学习上的不如意又加剧了其自卑感，如此不断恶性循环，最终让他养成了这种散漫的行为状态。

三、教育干预

（一）表扬、激发学习目标

根据对他平时学习情况的观察，我发现他虽然学习时间很少，但是学习成绩在班级里不是最差。为了让他能听得进我的话，我先找出他的闪光点表扬他："实质上你是一个很聪明的学生，你平常不怎么复习，都考到这么好的成绩。有些同学比你勤奋很多，都比你差，如果你勤奋学习，一定会考得更好。"他听到我的表扬，脱口而出说："我勤奋学习，肯定会考到优秀的成绩。"通过多次谈心，我利用他好胜心强的性格，激发了他的学习动机。

（二）与学生一起制订转化计划

在学习上的要求：

（1）平时上课不要睡觉，如果睡觉允许同桌拍醒。

（2）按时完成作业，遇到不明白的问题，要问同桌或老师。

（3）每次月考各科成绩不可以比原来低，只要高1分也算进步。

（4）每次月考每进步1科，诚信银行加1分，后退1科扣1分。

在纪律上的要求：

（1）不可以迟到、早退、旷课。上课不开小差。有事请假要家长签名，家长打电话给老师才有效。

（2）不可以到网吧打游戏，否则诚信银行每一次扣10分，并且写600字检讨。

（3）每周没有违纪情况，诚信银行加5分。

（三）结对帮助，消除戒备心理

为了让他达到目标，激起他勤奋好学的精神，我安排成绩较好的班长与他同桌，去监督他的纪律和帮助他解决学习上的问题。

（四）动之以情，齐抓共管

平常召开班干部会议，要求班干部多监督他，与他做好朋友，用他们的良好行为去影响他。我平时多关心他的行为，当他不舒服时多问候他。要求任课老师尽量少批评多鼓励。当他有好的表现时，能及时表扬他并且向他家长汇报，使家长也感到孩子在进步，发挥学校和家庭共同管理的功能。由于他喜欢物理，我上课多提问他，并且多叫他到讲台做实验，使他深深地爱上物理，通过物理考试的优秀成绩提升他学习的信心。有困难时同学们与老师及时关心帮助，使他感到班集体的温暖、老师的关怀，进而达到感化他、教育他的目的。

（五）通过做班干部严格要求自己

两周后，我发现他值日扫地很勤奋，上课不迟到，按时完成作业，上课能认真听讲。于是我经过班委会同意，任命他为副劳动委员，通过做班干部提升他在同学们中的地位，同时让他以班干部必须起到模范带头作用的标准去严格要求自己。

（六）持之以恒，保持耐心，巩固转化成果

学困生的转化工作是一项长期而艰巨的任务，决不会一蹴而就，一般要经历醒悟、转变、反复、稳定四个阶段。因此，在转化过程中，他故态复萌，出现多次反复，是一种正常现象。常言道："十年树木，百年树人。"因而我保持耐心，对他适度要求，遵守"大目标，小步走"的原则，从过去一段时间的努力中找到他转化的成绩，有效防止后进生的反复。

（七）引导学生逐渐提升目标，以正确的心态面对挫折

信心调动起来之后如何保持？关键在于增强耐挫力。因此，在他初具信心、学习略有进步的基础上，我对他适时调整了要求，将其目标适度提升，使其在实现目标过程中遭遇挫折，并鼓励他发挥自我作用，摆脱遇难而

退、对现实一味逃避的心理。同时，我将自己一开始的事事关心变为宏观调控。这种"若即若离"的方式，使他不得不面对现实迎接挑战。这些措施无疑增强了他的耐挫力。几次反复下来，他不但保持了自信心，而且增强了上进心。

四、教育效果

经过一个阶段的努力，何××同学改正了不良行为，把全部精力都投入到学习中去了，自己显得比以前自信多了。有一次物理测验，他居然考了90分，在班级里名列前茅。现在，他已经能够自觉远离电脑游戏，对学习有了很大的兴趣和主动性，极少迟到，从不旷课、早退，劳动积极。可喜的是，在他的带动下，其他的后进生都在跟着不断进步。

五、教育反思

在育人工作中，我体会到转化学困生与培养优等生同样重要。对学困生，我们需要关心、爱护他们，做深入细致的工作，因势利导，循循善诱，让他们感受到集体的温暖、老师的关心，使他有亲切感、安全感、信任感。我坚信，精诚所至，金石为开，学困生也会变为优秀生。

（作者系怀集县第一中学梁永清）

【案例10】

发挥特长，增强信心

一、基本情况

初三B（5）班的钱××同学，性格开朗，爱吃、爱玩、爱打游戏、也喜欢摄影和跳舞，待人有礼，但对学习缺乏兴趣和信心，学习热情时冷时热，上课常常打瞌睡，成绩不理想。

二、原因分析

因为工作问题，父母经常不在家，爷爷奶奶溺爱，舍不得打骂，管教不到位。爱吃、爱玩的她在游玩中接触了一群不学无术的社会青年，在他们潜移默化的影响下，她完全迷失了方向，对学习失去兴趣，上课无精打采或打瞌睡，成绩不断下降。

三、教育干预

（一）发现亮点，给予支持和信任

第一节化学课下课，她拿着一本化学练习册过来问问题，我看到她已提前预习并完成了部分作业，我感到很惊喜。我想这个女孩不错，可以培养做我的化学课代表。第二天我去找她的班主任周老师，把她的表现和我的想法跟周老师说了，周老师说了一些令我震惊的话：那是假象，她坚持不下去的。经过一段时间的观察和了解，我发现她果然如周老师所说，问题多多，学习上三天打鱼，两天晒网。为了帮助她转变学习态度，我让她加入我的育人小组，并让她做我的化学课代表助理，她深受鼓舞，立下发奋图强、努力进取的决心。

（二）以爱为桥梁，动之以情，晓之以理

俗话说：学好三年，学坏三日。在学好的漫长路程中，难免会出现反复，特别是遇到困难时，人就会产生放弃的念头。钱××同学也难免如此。当我发现她行动出现异常时，就找她谈话，敞开心扉，以关爱之心来触动她的心弦。"动之以情，晓之于理"，用师爱去温暖她，用真情去感化她，帮助她在迷茫中找到前进的方向和动力，逐渐增强她的自我控制能力和学习主动性。我采取"别人嫌弃我喜爱，别人忽视我重视，别人冷漠我关注，别人薄待我厚待"的方法对她进行悉心的教育，使她从根本上认识到了自己的不足，从思想、行动上彻底得到了改变。

（三）在活动中让学生体验到成功的喜悦

在初三的学习中，只要遇到合适的机会，我就让她在班上发言、表演，让她体验到成功的喜悦。每个学生的成长都有精彩的一面，关键在于我们要学着欣赏美，学会发现学生的闪光之处，并在最合适的时候，用最恰当的方式，让他们表现出来。

四、教育效果

一年的励志教育使钱××面貌焕然一新，她变得更活泼、阳光了，学习成绩也有了显著的进步。在2021年的中考中，钱××同学的化学、语文分别拿了90与103.5的高分，以总分513.4分考上了理想的高中。

五、教育反思

作为一名教师，应当"以人为本"，尊重每一位学生。教育是心灵的艺术，我们教育学生，首先要与学生之间建立一座心灵相通的爱心桥梁。心灵的桥梁要用情感去架设，用尊重、信任、体贴、关怀去充实。爱，是一种力量，一种品质，是教育成功的秘诀。

（作者系怀集县第一中学陈彤瑶）

·附录三：《怀集县第一中学小组励志导师育人常规工作手册》·

表6-1 受导学生一览表

序号	姓名	性别	班级	序号	姓名	性别	班级
1				16			
2				17			
3				18			
4				19			
5				20			
6				21			
7				22			
8				23			
9				24			
10				25			
11				26			
12				27			
13				28			
14				29			
15				30			

表6-2　重点受导学生基本情况登记表

姓名		班级		性别		年龄	
家庭住址						电话	
主要个性特点、日常行为及心理表现							
学习成绩分析							
家庭情况							
辅导策略							

表6-3　小组座谈会记录

时间			地点	
会议内容及效果				
现场图片 （粘贴）				

表6-4 导师与学生谈心（辅导）记录

辅导对象		辅导时间		辅导地点	
辅导谈心内容及效果					

表6-5　主题实践活动记录

时间		地点		主题	
活动内容及 效果					
活动图片 （粘贴）					

表6-6　导师家校沟通记录

序号	时间	姓名	联系方式（打√）			联系内容
			电话	微信	家访	
1						
2						
3						
4						
5						
6						
7						
8						
9						
10						

表6-7　学期导师育人工作总结

·附录四:《怀集县第一中学学生成长档案》·

表6-8 个人基本情况信息表

姓　名		性别		民族		出生 年月	年　月
籍　贯		政治面貌					
身份证号码						一寸照片	
QQ号			电话号码				
家庭住址							
我的性格							
我的爱好							
我的特长							
最喜欢读 的书							
我的人生 格言							
我的理想							
文化学习、 身体锻炼 行动计划							
家庭重要成员							
关系	姓名		工作单位			联系电话	

表6-9　入学时给未来的一封信

表6-10　学期成长档案

（一）_____年级第一学期

1.综合素质评价表

维度	评价要素	实证材料	评价结果		
			自评	互评	师评
道德品质	1. 爱国爱乡				
	2. 爱校爱家				
	3. 孝敬父母				
	4. 尊敬师长				
	5. 友爱同学				
	6. 仁爱宽容				
	7. 遵纪守法				
	8. 诚实守信				
公民素养	1. 社会责任感				
	2. 文明修养				
	3. 平等民主				
运动与健康	1. 身体素质				
	2. 心理素质				
	3. 生活方式				
自主学习能力	1. 兴趣与方法				
	2. 计划与反思				
	3. 实践与探究				
交流与合作	1. 团队精神				
	2. 信任与沟通				
	3. 合作与分享				
审美与表现	1. 审美情趣				
	2. 艺术表现				

说明：评价等级分为优秀A、良好B、合格C、不合格D四类。实证材料可附在本页后。

表6-11　学期家庭报告书

德育考核等次		团委/学生会/班级职务	
是否团员		第二课堂参与情况	

获奖情况	

学习情况	语文	英语	数学	历史	政治	生物	地理	体育	音乐	美术	信息	国学	物理	化学	

考试科填写实际分数，非考试科填档次（A. 优等　B. 良好　C. 合格 D. 不及格）。

班主任评语
班主任：　　　　　　年　月　日

家长寄语
家长签名：　　　　　　年　月　日

表6-12 我的励志导师评价

表6-13　本学期学习、生活感悟（或总结反思）

表6-14　三年收获和感想

表6-15　毕业时给未来的一封信

励志导师和学生谈话交流的原则

一、要做好充分的准备。首先表现在要对学生的性格、行为习惯有充分的了解，其次要及时吸收、掌握教育材料，强制的命令往往不能取得良好的效果，教育学生要让学生理解你的合理要求，只有理解了才能自觉地、主动地接受。最后，对教育的过程和步骤要做好周密的安排。

二、教育学生态度要诚恳。只有诚恳才能打动人，感染人。态度的诚恳包括很多方面，比如教师的表情、教师的坐姿、教师和学生谈话的口气等，尽量满足孩子们的成长需要。

三、要正确处理学生的秘密。在教育有心理问题的学生时，尤其要注意保护学生的隐私，即使这个学生也知道自己有严重的心理问题，他也不希望别人知道，一旦别人知道了，他就不会再信任老师了。另外，由于产生了严重的挫败感，可能就会产生破罐子破摔的现象。

四、和学生谈话，老师可以少讲，可以让学生讲，也可以和学生一起探讨。鼓励学生说出自己的感受，老师运用自己的教育思想与教育智慧和学生讨论，让学生在讨论中明白事理。

五、坚持鼓励学生，引导学生确立正确的"三观"，正确面对复杂的社会现象。学生的一些不良习惯和消极颓废的想法往往来源于复杂的社会环境，对社会中的负面事物不能客观、全面地看待。

六、谈话有针对性。

（1）针对优等生的自傲、自负心理，可采用提醒式，在肯定他们成绩的同时，用暗示、含蓄的语言，找出自省点，教育其正确评价自己，扬长避短，向新的目标奋进。

（2）针对中等生拼搏精神差、缺乏前进的动力、无所谓的态度，可先入为主，掌握分寸，"温而厉，威而不猛"，开启动力点，让学生能心悦诚服地接受教育。

（3）针对后进生情绪低落、意志消沉、沉默寡言、防御心理和自卑心理，应采用对话式的方法，切实把握对方心理，用富有说理性的内容与案例来教育他们，特别要挖掘他们的闪光点，鼓励他们树立"抬起头走路"的信心。

（4）针对犯错误的同学的自暴自弃心理，应采用"参照式""坐标式"的方式找他们谈心，用"横向"和"纵向"对比，使他们认识到自己犯错误的原因，激发内燃点，引起反思，增强改过的信心。

·附录六：《怀集县第一中学小组励志导师制常规工作评分细则》·

表6-16　怀集县第一中学小组管理励志导师制常规工作评分细则

评分项目	分值（分）	评分方法	检查方式
谈心辅导	40	每学期谈心辅导20次以上，每次计2分，总分40分。谈心辅导真实有效，认真填写记录，内容翔实，不弄虚作假	1.德育处组织年级交叉检查。2.考核小组对工作手册进行定期检查评分。3.对学生进行问卷调查、座谈
小组座谈	10	每月开展小组座谈1次以上，每次计2分，总分10分。座谈真实有效，附会议照片。认真填写记录，内容翔实	1.德育处组织年级交叉检查。2.考核小组对工作手册进行定期检查评分。3.对学生进行问卷调查、座谈
家校联系	20	每学期家校联系（家访、电访、微信）20次以上，每次计1分，总分20分。家访真实有效，认真填写记录	1.考核小组对工作手册进行定期检查评分。2.德育处、年级对家长进行电话随访
主题实践	5	每学期开展主题实践1次以上，计5分。实践真实有效，附活动照片。认真填写记录，内容翔实	1.德育处及年级日常监督检查。2.考核小组对工作手册进行定期检查评分。3.对学生进行问卷调查、座谈
批阅成长周记	10	每周批阅学生成长周记，每次0.5分，共10分。批阅回复认真、仔细、全面、互动好	1.年级登记统计。2.考核小组进行定期检查评分。3.对学生进行问卷调查、座谈
受导名单一览表	2	记录完整齐全，计2分	检查工作手册
重点受导学生情况登记表	8	对重点受导学生进行建档立卡，每完成一个重点受导学生登记表计1分，共8分。记录内容翔实	检查工作手册
工作总结	5	总结完整真实，计5分	检查工作手册

● 第二节
励志教育在学科教学中的渗透

教师的职责是教书育人，育人的一项重要内容是育心。励志教育作为我校素质教育的重要组成部分，是促进学生身心健康成长的重要保证。在学科教学中渗透励志教育可以收到面向全体、正面引导、潜移默化、事半功倍的良好效果。①

心理学家赞可夫说："教学法一旦触及学生的情绪和意志领域，触及学生的精神需要，这种教学法就能发挥高效的作用。"励志教育与学科融合，目的就是要改变传统课堂教学形态，让教师成为课堂上的激励者、引导者和评价者，让学生学会自主学习、主动思考。在教学中，通过励志教育，不断调节学生的感情思想和行为习惯，激励学生为美好的人生而奋斗。这不仅活跃了课堂气氛，提高了教学效果，而且也培养了学生形成积极向上的心态和完善的心智。

学科教师应如何围绕学科教学任务，挖掘励志资源、寻找励志契机、运用励志方法，在日常教学中有意识地渗透励志教育内容呢？

一、学科教师的定位要准确

学科教师都有自己的教育教学任务，但不影响在教学中兼顾常规教学

---

① 董湘娥，杨哲. 学科教学渗透励志教育的"五六七"工作法［J］. 教书育人（校长参考），2017（9）：46-47.

与励志教育，要双管齐下，达到事半功倍，必须要做好"五个角色"，准确定位。

做一个"参与者"。励志教育，单靠班主任的力量推动是远远不够的。在学科教学中渗透励志教育是每位教师都要承担的教育责任。学科教师只有树立了"人人皆为德育工作者，处处都是德育课堂"的意识，才能自觉地在学科教学过程中渗透励志教育。

做一个"创造者"。开展励志教育的关键是将理想信念、善良诚实、坚强勇敢等品质有意识地、有效地传递给学生。简单粗暴的植入，会显得苍白无力。因此学科教师在教学过程中要根据不同年级、不同学科的特点，充分发掘、利用教材中蕴含的励志元素，有计划地、有创新地安排教学内容。[1]

做一个"激励者"。传统的课堂上，老师像裁判员，做出"得分"或"犯规"、"对"或"错"的简单判断，缺少了一些教学温度。开展励志教育，学科教师要做学生成长的"激励者"，为学生的每一点进步摇旗呐喊，振臂加油。也许励志教育并不能把每个学生都培养成才，但可以让他们的心中充满希望，用积极乐观的心态学习和生活。

做一个"帮助者"。传统的课堂，教大于学，大部分老师只求完成教学任务，忽视了学生学习的成效。开展励志教育，要求学科教师把"有效"作为渗透励志教育的出发点和落脚点，根据每位学生的心理和生理特征、思想实际、掌握知识的情况和思维发展水平有目的地选择教育素材，做到量力而行、因材施教。在学科教学中渗透励志教育，为学生的发展提供所需要的土壤和养分，让他们用自主的力量成长。[2]

做一个"多面手"。如果一位学科教师只关注"教书"，不注重"育人"，那么，他就永远只是一个"教书匠"，无法收获幸福的教育人生。在学科教学中渗透励志教育是教师成长的重要途径。在教学中兼顾常规教学与励志教育，它要求学科教师做教学的"多面手"，要使自己成为拥有教学智慧、课

---

[1] 董湘娥，杨哲. 学科教学渗透励志教育的"五六七"工作法［J］. 教书育人（校长参考），2017（9）：46-47.

[2] 黄兆全. 引领教师在校本研修中成长［J］. 教书育人（校长参考），2017（9）：45-46.

程智慧和管理智慧的"立体"的大写的人。[①]

二、学科励志教育的基本标准

第一，动机要正确。在教学中学会科学地渗透励志教育，不仅有利于提高课堂效率，也有利于提高教师自身的业务水平。要想在学科教学中渗透励志教育就必须端正态度，明确动机。学科教学和励志教育的最终目的都是促进学生的发展，不能把励志教育当成装点门面的摆设。[②]

第二，课堂氛围要优化。传统的课堂，教师过于强调知识的传授，灌入式的教学，课堂氛围过于紧张。良好的课堂氛围是一种隐性的励志教育资源。学科教师应根据具体情况选择适当的课堂管理模式，师生间以诚相见，学生体验到的是民主、尊重、信任与关爱，得到的是激励、鼓舞和感化。

第三，教材要深挖巧用。正所谓"尽信书不如无书"，同理，照搬教材不如不教。开展励志教育，学科教师首先要吃透教材，挖掘教材本身的励志内容，也要善于捕捉课堂上生成的励志教育资源，有效整合，积极渗透，不能舍近求远。例如，语文课可以利用名人故事、励志名言，进行目标、理想教育；政治课可以进行世界观、人生观和价值观的渗透；体育课可以培养学生勇敢、顽强等优良品质。只要能巧妙运用，就能发挥教材的励志功能。[③]

第四，切入点要小。学科教师要从教学中的小事入手，不谈虚无缥缈、不着边际的问题，应着眼于学生行为习惯和思维品质培养。如某个学生总是不能按时交学科作业，教师就要先进行诊断，是这个学生基础太差，还是惰性使然。如是惰性使然，教师就要从提升学生的意志力的角度出发，想办法解决这个小问题，从而产生大效益。

第五，师生关系要和谐。"亲其师，信其道"，构建和谐的师生关系是

---

① 林祥云. "三力"推动中职生职业生涯规划教学顺利实施［J］. 中国现代教育装备，2017（14）：72-73.

② 陈资伟. 小学语文教学创新的思考［J］. 课外语文（下），2019（6）：109-110.

③ 刘永旗. "学习十九大，共筑中国梦"德育主题探究课程的开发与实施——学习习近平总书记在全国教育大会上的重要讲话（八）［J］. 中国德育，2019（5）：7-9.

有效实施励志教育的重要保障。面对学生的消极、不思进取、退步，教师往往采取强压措施，形成了紧张、对立的师生关系。这种关系会让励志教育的效果大打折扣。而和谐的师生关系，更容易让学生接受励志信息，并在他们的心中激起层层浪花，在领悟和实践中结成果实。

第六，工作要体现创新。励志教育，不能落入俗套，生硬植入。因此学科教师在实施励志教育的过程中要用具有前瞻性的眼光，及时了解和捕捉教育教学改革的前沿动态，选取新角度、新观点、新例子，融入课堂，结合时代发展新形势，与时俱进，才会吸引学生、事半功倍。

三、励志教育的实践

学科教学中渗透励志教育要遵循"引导启发、领悟体验"的方针，具体实践中要遵循以下"六法"。

第一种方法：榜样导向。将身边的榜样形象融入课堂，向学生介绍英雄模范先进事迹或同学当中的典型事例，使学生学有榜样，有坐标参照。教材中提到的名人比比皆是，教师也可以用这些人物的成长经历和精神去感染学生，帮助他们从小以先进人物为榜样，树立远大志向。

第二种方法：训练领悟。春风化雨，润物细无声。课后作业是渗透励志教育的一个重要切入点，学科作业励志教育，应体现"无处不在"。可以在作业中直接渗透，如语文和外语的作文中加入励志教育内容；可以在批改作业时，针对学生情况，采用鼓励性或鞭策性的评语，使学生受到鼓励或警示，产生良好的教育效果；学科的作业本、测试卷也均可以在页眉、页脚处印上励志名言，让学生在无形之中受到感染、熏陶。

第三种方法：因材施教。在学科教学中，如果不顾学生的能力差异，采用"一刀切"的方式渗透励志教育，势必会造成"学优生吃不饱，学困生吃不了"的局面。励志教育应因材施教，兼顾不同层次学生的需求，顺势而为。如数学教师可以有意识地出一些难题给优秀生，满足他们的需求；出一些相对简单的题目给学困生，提升他们的自信心；对于中层生，在他们得到了训练提高后，顺势而为，增加难度；使不同层次学生在学习过程中都能得到提高。

第四种方法：情感启迪。所谓情感启迪，一言以蔽之：动之以情，晓之以理。励志教育中，说教往往不会奏效。学科教师要以实际行动关心和爱护学生，让学生觉得教师是发自内心地、诚心诚意地关心他们，即使是批评人，也要顾于情，达于理。其方式可以是个别谈心，学习中善意的提醒，也可以组织学生讲励志故事，然后让学生谈谈自己的体会和看法，教师进行必要的点评等。

第五种方法：言传身教。教育是一棵树摇动另一棵树，一个灵魂唤醒另一个灵魂。教师自身的素质修养、人格魅力和行为方式，会自觉或不自觉地成为学生效仿的楷模。励志教育中，学科教师要用饱满的热情带动学生，用渊博的学识吸引学生，用自身的付出感动学生，学科教师的人格魅力对于学生的成长来说，可以说是任何东西都不能代替的阳光雨露。

第六种方法：气氛渲染。在学科教学中渗透励志教育的最终目的是使学生由励志教育的客体转变为励志教育的主体。这需要学科教师优化课堂管理方式，营造励志氛围，充分发挥集体主义的感召功能，传递一种励志向上的课堂文化，让学生自愿与周围环境保持一致，产生与周围环境相和谐的情绪和行为。如语文作文课可以针对当今国际形势、国家政策方针、社会热点时事，采用模拟辩论赛、新闻点评等形式传递正确舆论导向。

·附录：励志教育与学科融合案例精选·

【案例1】

高中语文教学如何进行励志教育

摘　要：语文学科是践行立德树人、提高学生素养、培养正确人生价值观的重要载体。其蕴含着很多激人奋进的励志素材。现在的高中学生普遍存在理想目标不明确、对前途感到迷茫、学习信心不足等问题，对他们进行励志教育很有必要。高中语文教学应充分发挥学科的育人功能，结合学科实际和高中学生的特点，在语文教学中渗透励志教育，让学生增强信心，找准人生方向，不断提升自己，从而取得成功。

关键词：高中；语文；励志教育

培养什么人，是教育的首要问题。[1]新时代的青年学生要坚定理想信念、厚植爱国主义情怀、增长知识见识、培养奋斗精神、增强综合素质。学校要把立德树人融入教育教学的各环节，学科教学要依此来设计，教师要依此来教，学生要依此来学。为了实现培养什么人的目标，学校应该重视励志教育的开展。

自强不息，积极向上，始终保持努力进取的精神状态，为实现自己的理想目标而不懈奋斗，这是"励志教育"的外显。语文课的"励志教育"，是指运用心理学、成功学原理和自我效能理论，通过系统的、科学的语文教育，唤起学生的自主意识和成就动机，培养自我规划和自我管理能力，较为系统全面地培养学生的成功品质，激发青少年的潜能的教育。[2]国人自古以来就重视志，唐·邵谒《送从弟长安下第南归觐亲》："丈夫志不大，何以佐乾坤。"宋·苏轼《晁错论》："古之立大事者，不惟有超世之才，亦必有坚忍不拔之志。"清·梁启超《志未酬》："男儿志兮天下事，但有进兮不有止，言志已酬便无志。"这些无一不是强调志向的重要性。

语文作为一门语言基础学科，具有人文性和工具性的特点，这使得在语文教学中开展励志教育具有了必要性和可行性。高中语文是学生获得人生体验、感悟人生的重要载体，它蕴含着丰富的励志素材，这些素材是进行励志教育的有效内容。因此，要重视高中语文教学中进行励志教育的重要作用。笔者主要通过以下几个方面，对学生进行励志教育。

一、挖掘语文教材中的励志元素，让学生体悟励志教育的鲜活

语言表达形式丰富多样，教材里面有丰富多样而翔实鲜活的事例，这是语文学科相较其他学科最大的优势。深挖教材中的励志素材，让学生从中得到熏陶，这应该是对学生进行励志教育最直接而有效的方法。如《廉颇蔺相如列传》中蔺相如为国而不顾个人私仇的爱国情怀，可教学生磨砺爱国之志。《苏武传》中苏武那顽强而忠贞的品质，可教学生磨砺坚毅忠贞之志。《劝学》中荀子劝勉青少年要重视积累，勤奋学习，可教学生磨砺勤学之志。《记念刘和珍君》描述了刘和珍等为了正义而献身的大无畏精神，可教学生磨砺正义之志。诸如此类的课文还有很多，我们可以通过故事情节、人物形象等对学生加以点拨，然后让学生分享个人的感悟体会，以引起大家的共鸣，从而达到励志教育的效果。

二、拓展教材外的励志材料，让学生进一步加深对励志教育的理解

教材学习目的在于教给学生范例，但教材的内容毕竟有限，学生要学会在教材以外找寻其他的励志素材，并结合自身实际，汲取有益的养分，强化励志教育效果。

阅读是语文教学的重要手段，我会指导学生阅读一些经典励志作品，如《杜甫传》可以让学生对杜甫有更全面的了解，尤其是对那种忧国忧民情怀的感悟有更深刻的体会，培养学生的爱国情怀。《鲁宾逊漂流记》里面主人公那种坚韧不拔的精神和顽强意志，可以培养学生坚毅的品格。司马迁惨遭宫刑，一度因不堪屈辱而想要了结残生，可念及想编写史书的理想尚未完成，于是在忍辱中奋起，在负重下前行，历经十三载，终写成《史记》这一巨著。司马迁的一生正是"富贵不能淫，贫贱不能移，威武不能屈"的励志诠释。课外素材是对课本的拓展和延续，可以有效补充课本的不足，学生还可以结合自身实际需求，有针对性选取一些阅读素材，开阔阅读视野，丰富阅读体验，这确实是开展励志教育的有效手段。

三、利用媒体手段进行励志教育，让学生直观感受励志教育的力量

除了利用教材对学生进行励志教育以外，媒体也是很好的方式。我会根据教学需要，结合时政热点，适时地选取一些视频素材，让学生通过直观的视觉感受，获得思想和心灵的感悟。如观看《感动中国十大人物》节目，看到了程开甲、樊锦诗、张桂梅、叶嘉莹等前辈们为了国家科技发展，为了保护敦煌文化，为了山区孩子教育，为了传承中华文化而无私奉献的精神；看到了张富清、杜富国、陈陆等英雄为了国家和人民的利益而勇于献身的精神。通过《国家宝藏》《典籍里的中国》等节目，学生会看到国家丰富的历史文化资源，从而在心里油然生起强烈的民族自豪感和爱国情怀。通过其他视频，学生看到袁隆平、钟南山的责任担当精神，尼克·胡哲的乐观坚强，范天兰的勤奋好学……这些鲜活生动的影视范例，让学生与英雄楷模、学术大师直接碰面，感受他们伟大的人格魅力，领略祖国文化的博大精深，这对于磨砺学生的心志是很有效的。

四、走出课堂，实地参观，身临其境地学习励志事迹

不管是课本教材、课外读物，还是影视作品，在进行励志教育的时候我总感觉少了点现场感，语文教学不应该仅局限于课堂，还可以到一些具有人文情怀和励志教育意义的名胜遗址参观，让学生身临其境获得体验。

中国五千年的历史，最不缺的就是有教育意义的场景。看卢沟桥，可以联想当年日军侵华的场景，战火纷飞的景象，或许就会产生强烈民族认同，从而立志报效祖国；看都江堰，定会惊讶于古人的智慧，可能心底就会因仰慕前人而迸发出强大的学习动力；看南京大屠杀博物馆，更会被那种惨象震惊到，就会被革命先烈们那种英勇无畏的精神震撼；看包公祠，会为这位千古名臣的清正廉洁所敬佩不已，心底也许就会埋下清廉的种子。实践是认识的来源，语文教学就应该打破传统往教材里找的局限，应该走到教材以外。学生还可以把看到的，结合自己的感想以文字形式写下来，这样会加深对励志的理解，同时也会以此为动力，鼓励自己不断奋发向上，为实现自己的目标而努力。

"人惟患无志，有志无有不成者。"在语文教学中渗透励志教育的方法还有很多，以上是笔者的浅见。总之，高中语文应重视励志教育，以此来引导学生树立正确的人生价值观，培养学生的优秀品质，激发学生的学习动力，涵养学生的家国情怀，让学生增强信心，找准人生方向，不断提升自己，从而取得成功。

参考文献：

［1］习近平. 2018年9月10日在全国教育大会上的讲话［R/OL］.（2018-09-10）［2022-03-12］. https://law.sdufe.edu.cn/info/1018/1317.htm.

［2］郑玉珍. 激发学生学习动力，提高教学质量［J］. 新教育时代电子杂志（学生版），2016（43）：108.

（作者系怀集县第一中学李伟明）

【案例2】

励志教育在高中语文教学中实施的功能

摘　要： 语文教育是我们的基本国民素养教育，培养中小学生人文素质，是培养他们人生观、价值观、敬业观念的主要载体，蕴含着很多催人奋进的励志素材。当前，高中学生普遍存在目标不清楚、对前途迷惘、缺失信心等状况，而语文课是高中学生接触最多的课程之一，所以励志教育在高中语文教学上的进一步渗透，就显得特别重要了。

关键词：高中语文；励志教育；德育功能

一、励志教育在语文学科教学中施行的必要性

我们通过对怀集县第一中学的高中学生基本状况进行调查，并在学生学情分析、家庭情况、人生目标等方面设置问卷，得出以下结论：一是山区学校大部分学生都来自中下层的家庭，农民学生比例较高，留守儿童比例高。二是高中生普遍存在着知识储备能力较弱、主动学习能力不强，以及自我管理能力比较弱等问题。三是除去优秀班级的学生，普通班学生大都出现信心缺失、学业目的不明确的状况。但笔者觉得，作为语文专业老师，通过在中学的语文课堂中进行励志教学，发掘并赏识学生的优点，从课堂中全面发掘在课程中所呈现的励志元素，不仅可以起到充分发挥语文专业教师的德育功效，从而磨炼学生的意志力，培养学生的精神，还可以使学生通过自己努力拼搏获得成功，提高他们的自信心。

二、在语文课堂教学中实施励志教学的主要措施

（一）重塑学生的自信心

自信心影响人的生活状态，和人的成功成正相关。山区学生新入高中时踌躇满志，但往往在第一学期就遭受各种打击，原因是高中所需的知识储备远远大于他们在山区初中所积累的，所以很容易产生不自信。

因此，重塑学生的信心是搞好高中学生三年工作的先决条件。具体到语文教育上，则要通过关心、引导和肯定学生，使学生肯定自我、认同学校，从而鼓舞学生战胜困境的自信与斗志，并激励学生积极进取的精神。首先，要引导学生重新认识多元智能理论，重新认识自身的特长与个性，发现自身的优点，再检查自身的短处，从而帮助学生准确地评估自我，重新鼓起学习的勇气[1]。要想方设法从课堂内外创造条件使学生尝试获得成功，使学生感受到获得成功的快乐。其次，面对学生学习上的畏难情绪以及在日常生活中没有吃苦耐劳精神的状况，教导学生正确地看待困境，敢于经受挫败，对未来保持自信与期待，在逆境中奋发向上。如在学习《一碗清汤荞麦面》时，我让学生通

过多次阅读感受身处困难中的母子三人共食同一碗面条的亲情，看到两兄妹在面临困境时从不会对未来失去信心，他们勤奋好学励志成才的精神深深感染了学生。这样的教育方式能够使学生们感受到人生的光芒，体会到了人世间的温馨、希望与力量；也使学生明白面临逆境时勇往直前、绝不放弃努力的道理。

（二）要教会学生明辨善恶美丑

高中语文课本精选了不少中国经典的文学作品，教人崇善、明理，对高中学生的发展很有教育意义。老师在授课前应细心准备，在课堂上刻意诱导学生，我在课堂中打破常规，大胆处理教学，取得很好效果[2]。如教学《记念刘和珍君》这一篇传统课文时，可以引导学生感受到人物的丰富思想感情世界，从而体会鲁迅先生刚正的个性、澎湃的热情、高度的正义感和嫉恶如仇的精神。《大堰河——我的保姆》通过作者对乳母的回忆和追思，表达了对中国贫困农妇大堰河的思念之情、感谢之情和歌颂之情，并以此激起了人民群众对旧社会中广大劳动妇女凄惨命运的同情。在教《我有一个梦想》一课时，最重要的是要让学生明白：人生中不如意的事情十有八九，但对事情要有积极追求的心，因为有梦想，谁都能了不起，这样的教育对学生来说必将受益终身。

（三）要指导学生树立积极进取的人生态度

一个人积极或消极的人生态度会影响其一生。在教学《一名物理学家的教育历程》一文时，一名理论物理学家的成长历程，给了我们很多的启示：大胆地想象、怀疑和猜测，不固步自封；兴趣在人的成长过程中是不可或缺的，但要达到成功的彼岸离不了坚定的信念、坚持不懈的努力，这或许是作者要告诉我们后辈的，希望大家能踏着他的脚步，一步一步取得进步。我还经常从《读者》《智慧背囊》等材料中，选来部分的励志美文当作课外补充阅读。在课堂教学过程中，还常常运用多媒体和学生们共同演唱诸如《真心英雄》《爱拼才会赢》《阳光总在风雨后》等励志歌谣，以此激励学生奋发向上的精神，课堂气氛和教学效果都非常好。

（四）要培育学生良好的价值观

良好的社会价值观是高中语文教材中的重要内容，例如孝悌精神，诚实守信的真诚精神，顾大局、讲究家庭和谐的协作精神，都是我们学生迫切需要的[3]。如在教学《陈情表》一文时，我将教学重心置于文章脉络，作者从自己幼小时的不幸经历写起，讲述了自己和奶奶共同生存的特殊感情，讲述了奶奶抚育自己的大恩，自己应该报养奶奶的大义；课文除感激朝廷的知遇之恩外，也诉说了自己命运的痛苦，词意恳切，情感真挚，语句简练。此文被认为是我国文学史上抒情文的杰作之一，有"读诸葛亮《出师表》不流泪者不忠，读李密《陈情表》不流泪者不孝"的说法，能让学生深刻理解做人要懂孝悌的道理。教学《廉颇蔺相如列传》一文时，我则从文史常识引申到职场环境生存的重要准则：宽容他人、勇于认错、忠于团队、服务大局。另外也拓展一些普通高中学生所熟悉的案例，比如在《西游记》中的取经队伍，师徒四人虽然各有所长、各有所短，但出于共同目标，他们都扬长避短，精诚履职，团结一致，最后获得了真经。像这样的课程十分切合普通高中生生活实际，因为他们都在不知不觉中受到了良好人生观的陶冶，因此教学效果也自然良好。

三、小结

语文课堂是学生学习知识文化，提高自我素养，养成良好"三观"的最好的舞台。语文教师在教学中，应该努力挖掘课堂深度，将施行励志教育放在培养学生能力的关键一环中，从而让学生更好地立足当下，面对人生，阔步前行。

参考文献：

[1] 王继春. 推行学校励志教育，培育实用型技能人才 [J]. 中国培训，2005（11）：35.

[2] 苏凤英. 让每个孩子都拥有自信 [J]. 陕西教育（教学版），2009（6）：9.

[3] 黄向阳. 德育原理 [M]. 上海：华东师范大学出版社，2000.

（作者系怀集县第一中学祝贵）

【案例3】

新时代背景下的语文课堂结束语渗透励志教育初探

摘　要：党的十八大和十九大对教育工作提出了明确的育人要求，学校教育必须以立德树人为根本任务。语文学科作为一个人文性的学科，育人的使命责无旁贷。所以语文学科就要充分开发励志教育的途径，丰富学科教学中励志教育渗透的渠道，提高语文励志教育渗透的效果。语文课堂结束语的利用可以很好地在励志教育资源、学生学习兴趣等方面进行挖掘，从而深化语文学科教育的育人目的。

关键词： 语文课堂；渗透；励志教育素材；励志教育主导；学习兴趣；励志教育时段

党的十八大报告指出："把立德树人作为教育的根本任务，培养德智体美全面发展的社会主义建设者和接班人。"党的十九大报告明确提出："要全面贯彻党的教育方针，落实立德树人根本任务，发展素质教育，推进教育公平，培养德智体美全面发展的社会主义建设者和接班人。"普通高中语文课程标准规定，应使全体学生在义务教育的基础上，进一步提高语文素养，形成良好的思想道德修养。这些是新时期我们党和国家从全局和战略高度对教育工作提出的明确要求，为中国基础教育课程与教学改革发展指明了努力方向，提供了行动指南。

教育的本质是教人"向善崇美"。任何学科的教学，都应该关注学生生命的成长，为学生健全人格的发展打下基础。因此，每一位语文教师都应该善于挖掘语文学科的育人价值，用语文本身的庄重幽深、光明亮丽去感化学生对中国文化的激情，在文化传承中，建构学生的精神世界，而课堂结束语是对中学生进行这些励志教育内容渗透的有效途径。

语文课堂结束语，指在课堂教学结束之际语文教师所运用之语言。我们对课堂结语的设计往往重视不足，有时难免造成课堂教学的遗憾[1]。因此，我们有必要对目前语文课堂结语做一些诊断与思考，让课堂结束和励志教育结合起来，以提升其有效价值，在实际教育教学过程真正落实"立德树人"的根本任务，利用语文课堂结束语渗透励志教育能够构建立体化的励志教育渗透模式。

一、励志教育素材更广

利用语文课堂结束语渗透励志教育能够最大限度地开发课本资源，充分挖掘励志教育素材。大部分学校的励志教育工作主要是通过班会活动来完成的，更多的时候因为各种需要，关于安全教育的内容占据了班会课的大部分时间，励志教育内容相对来说较为狭窄。中学语文教材涉及广泛，既反映民族文化的优良传统，又具有丰富的人文教育素材[2]。这些选文中大多是古圣先贤、领袖仁人、志士英豪的典范事迹、精辟论述、人生感悟、名言警句、心灵寄语。在教学中，如果老师利用结束语对课文内容加以整合、优化，借助作家对社会、人生、人性的评判与深思，因生而教，因势利导，净化学生心灵来启发、引导学生形成切合时代主旋律的价值观和乐观进取的人生观，则在很大程度上丰富了励志教育的内容，充分挖掘了励志教育素材，有效体现了语文学科教书育人的功能。

譬如高中语文课本中的《永遇乐·京口北固亭怀古》《烛之武退秦师》《荆轲刺秦王》等作品中的主人公或作者都表现出了他们殷殷爱国情怀，彰显了他们拳拳之赤胆忠心；孔子"人而无信，不知其可也"的观念认定诚信为立身之本，至今仍不失时代意义；李白"长风破浪会有时，直挂云帆济沧海"则体现着积极进取的人生价值观。

语文教学就可以利用结束语将教材中体现中华民族价值观念的经典元素与西方人文精神中的优秀成分进行升华，在课堂结束之际直接点击学生的灵魂，让学生得到心灵上的震撼，使学生在豹尾式的课堂结尾中净化心灵。

二、励志结束语培养了励志教育队伍

目前，大部分中学的励志教育工作主要由专门的励志教育队伍来完成。和学生接触得最多的基本都是班主任。一方面，班主任平时忙于自己班级的管理工作和学科教学工作，在励志教育过程中难免力不从心；另一方面，很多学校的师资流动性较大，任职老师基本是年轻的班主任老师[3]。这样就会造成励志教育师资队伍的断层，学校缺乏成熟的励志教育骨干老师的尴尬局面。在实际励志教育过程中，就有可能出现励志教育的疏忽，励志教育的效果则令人担忧。

语文学科本身就带有育人功能，育人就是教育学生成为一个大写的人。但是在现实的语文教育教学中，语文教师的励志教育身份没有明确，故语文课堂励志教育渗透的目的性则得不到完全的体现。语文教师利用课堂结束语渗透励志教育内容，能够让语文学科教师去研究教学内容和励志教育之间的关系，通过撰写结束语构建和教学内容的关系，挖掘励志教育材料，也能够使语文学科教师真正明确自己育人的使命，从而认清楚自己的角色定位，在某种程度上也就自然充当了励志教育教师的角色。

三、励志结束语让学生兴趣更浓

利用语文课堂结束语渗透励志教育能够激起学生的兴趣，励志教育效果更好。对于学生来说，兴趣是最好的老师，它是学生主动学习、积极思维、大胆质疑、勇于探索的强大动力。在教学中，如果教师能创造性地应用教学资源，精心创设情境，就能大大激发学生的学习兴趣。学生的学习兴趣一旦形成，将变成一种学习的动力和信念，这种信念将使学生在学习中不怕吃苦、不怕挫折，敢于质疑、敢于挑战。

因此，在教学活动中，教师如何注重激发学生的学习兴趣，让学生自始至终主动参与学习，全身心地投入到学习活动中，是一项十分重要的任务。而目前的学校励志教育过程中，天天相见的班主任，带着学校布置的以安全为主的励志教育内容，走着一成不变的班会课流程。这已经很难激发起学生的好奇心了，更别提什么兴趣了，他们有的只是没有表露出来的不耐烦和微微的抵触心理，可以想象得到这样的励志教育效果会是什么样子的[4]。而语文课堂结束语渗透式的励志教育，可以通过创设情境让学生朗读结束语，使学生对学习产生极大的兴趣，从而激发学生强烈的参与意识，引导学生寻找课文内容和励志教育内容的契合点去撰写结束语，让学生在经历动手活动的过程中体验成功的喜悦，这样的励志教育方式显然比起纯粹的班会课励志教育形式更灵活，内容更多样，效果更显著。

四、励志教育时段更宽

利用语文课堂结束语渗透励志教育，时间更灵活，多时段覆盖。加强中学生励志教育工作，是一项长期的、艰苦的、细致的育人工作。虽然说教育的本质是教人"向善崇美"，任何学科的教学，都应该关注学生的成长，为学生健全人格的发展打下基础，但是在实际的教学过程中，由于学科的特点和对成绩的追求，其他的学科很难对学生进行具体的励志教育的渗透。那么学生的励志教育工作几乎就全由班主任承担着，而班级管理的事情是非常琐碎的，很多时候班主任也是在班会课上对学生进行说教[5]。剩下的时间段基本都是对班级出现的问题及时"灭火"。教育又是具有反复性的，那一个星期一次的班会课励志教育课显然就有点捉襟见肘了。

语文课堂结束语励志教育渗透模式能够很好地解决以上的问题。老师可以根据每节课的授课内容寻找到励志教育的切入点，撰写或者引导学生撰写结束语，几乎每节课都可以进行，换句话说，几乎天天都可以对学生进行励志教育的渗透，这样就不会造成励志教育时间上的空当。学生在这样的模式中也能得到耳濡目染的效果。

总之，励志教育教学是学校教育的重点，是保障中学生健康成长的关键。新时代背景下语文教学更应该将励志教育教学放在学科教学的首位，拓宽励志教育的渠道，利用好语文课堂结束语，从挖掘语文教材励志教育资源、激发学生学习兴趣、弥补励志教育时段空档等方面着手，加强对学生的思想政治教育、道德教育以及心理品质教育等，不断提高学生的综合素质，为社会主义现代化建设输送高素质人才。

参考文献：

［1］中华人民共和国教育部．普通高中语文课程标准［S］．北京：人民教育出版社．2017．

［2］胡德方．语文课堂结束语的有效价值［J］．语文学刊，2009（18）：1-3，21．

［3］康玺．"立德树人"的价值内涵与实践策略讨论［J］．写作：下，2016（11）：63-64．

［4］信文君．励志教育在德育教育中的应用研究［J］．作家天地，2020（24）：162-163．

［5］周丽军．谈核心素养："教书"到"育人"的深化［J］．湖南大众传媒职业技术学院学报，2016，16（02）：118-120．DOI：10.16261/j.cnki.cn43-1370/z.2016.02.033．

（作者系怀集县第一中学张龙）

【案例4】

核心素养下高中思政课励志教育实践课堂的研究

摘　要：本文主要围绕思政课是落实立德树人根本任务的关键课程这一观点，阐述如何使励志实践活动成为高中思政课课程落实的补充，改革思政课的传统讲授模式和老旧教育思维，丰富课堂的内容和形式，提升高中思政课的学习积极性和主动性，从而提高高中思政课课堂教学水平。

关键词： 励志教育；实践活动；高中思政课；立德树人

青少年学生是国家发展的未来和希望，思政课教育对于学生的全面发展和国家发展有着重要影响。思想政治课教学是国家落实立德树人这一根本任务的关键课程，如何使高中思政课真正实现教书育人，培养学生的政治认同、科学精神、法治意识和公共参与，单在课堂上讲理论是远远不够的，还应当增设相应的主题实践课程[1]。2014年，教育部印发的《关于全面深化课程改革落实立德树人根本任务的意见》中明确强调，对于中小学教学而言，提倡加强研究性学习与社会实践的联系，探寻实践与理论相结合的方法，推动思政课堂的创新发展，从而增强学生实践能力，推动学生的各项素质全面发展。因此，在开展教学改革工作的过程中，需要不断地丰富、延伸思政课课堂的内容和形式。学校教育增设室外励志教育活动课程，有利于更好地促使学生积极主动地参与到各类教学实践活动中来，真切体会到思政课堂的意义。这对学生树立远大理想，确立远大目标有着重要的激励作用。

一、励志教育主题实践活动的内涵

一直以来，励志教育都是教育体系中重要的组成部分。高中思政课中励志教育主题实践活动的开展，强调教师在教育心理学、激励学、管理学等理论的引导之下，通过励志活动来注重对学生进行一系列的心理引导，促使学生在活动学习中产生内生动力，进而让学生自主、自愿依靠自己的力量达到成人成才的目标[2]。励志教育主题实践活动的开展，需要坚持信念教育的理念，在这一理念下通过激励式、鼓励式的教育方式开展教育实践活动，是让广大学生学会用自己的能力来处理各种问题、解决各种困难的道德教育方式，是一种引导学生如何学会用自己的意志来战胜挫折的赏识教育过程。

思政理论课的励志教育主题实践活动，根据理论知识模块，结合主题，科学设计实践课程，使青年学生通过参加活动提高对理论知识的理解和认同，增强学生的道路自信、理论自信、制度自信和文化自信，坚定理想信念，努力把自己培养成为具有责任担当、具有家国情怀的新时代年轻人[3]。

二、开展主题励志教育实践活动对思政课教学的优势

励志教育实践课堂的开展，可以让广大青年学生一改以往的学习思路和学习方法，使他们能够更直接地、更综合地理解书本理论知识，锤炼优秀品质。

1. 通过开展励志教育主题实践活动，可以打破传统理论课堂教学的满堂灌模式，将课堂搬到教室之外，使学生能够在活动中亲切感受知识原理和生活体验，注重提高思政课程的理论性、思想性和亲和力，实现高中思想政治课堂改革目标，提高课堂效率。

2. 励志教育主题实践活动的开展，能够很好地激发高中学生对思想政治课的学习热情和兴趣，提升高中学生参与思想政治课学习的积极性和主动性[4]。走出课堂，学生接触到的就不仅仅是课堂的枯燥的理论知识，还有学习过程中遇到的新情况、新问题，促使学生将理论知识与实践对象结合起来，使理论与实际相结合，使学习得到获得感、充实感，从而提高学习的信心、兴趣和热情。例如笔者在上"为什么要坚持中国共产党的领导"这一议题时，就带领学生到我县首任县委书记梁一柱革命老前辈的故居参观并开展卫生清洁志愿活动，使我们的学生更好地理解共产党人的艰辛，领悟党在人民心中的地位与作用。

3. 励志教育主题实践活动，能够确保教育工作实现立德树人的根本任务，实现价值观培养与知识传授相结合，实现显性和隐性教育相统一，实现教学资源的高效利用，促使思政课堂全面育人的目标得以实现[5]。通过带领学生走访参观梁一柱故居，使学生更好更直接地认识中国共产党全心全意为人民服务的宗旨和立党为公、执政为民的理念，感受到艰难时期党员的先锋模范作用，学生感同身受，立志做一名责任担当、敢于奉献的中国特色社会主义接班人。

三、励志教育实践活动的类型和落实措施

进入新时代，怎么推进高中思想政治课题的改革与创新，习近平总书记在召开学校思想政治理论课教师座谈会上提出了思政课的"八个相统一"，为新时代高中思想政治教育课程的高质量教学把准了脉、指明了道路[6]。其中，励志教育实践课堂的尝试和大胆开展，就是要站在公共参与的视角下，坚持理论性与实践性的统一，是把高中思政课课本的理论知识与新时代中国实践

这本大书融为一体的教学模式的崭新尝试，一定能很好地推动高中思想政治课堂的改革创新。

1. 参观红色基地励志教育实践，使学生在观赏过程中感同身受。

红色文化是发展中国特色社会主义的一种先进文化形态，对广大高中学生来讲，是他们成长过程中不可缺少的知识资源和精神内涵。通过励志主题实践教育活动的课堂开展，更是实现教育立德树人的有效载体[7]。高中思政课教学中，以红色文化体验活动作为主要形式，在教学活动中融入红色文化，将其作为提升学生思想政治教育的有效举措。通过挖掘中华民族伟大复兴历史进程中的红色教育资源，使广大中学生清楚自己的幸福来之不易，可以引导广大中学生树立远大理想和培养积极心态，在人生选择和践行人生志向等方面有着重要的指导作用，从而提高思政课学习的认同感和学习的迫切感。所以，我们将红色基地励志教育实践纳入高中思政课教学当中，有效推动高中思政课改革不断推向深入，提高了教学效率和效果。

2. 开展社会励志事件调查，积极参与社会研究。

参与社会调查，是青年学生最能直接接触社会真实情况的重要途径。在高中思政课中，学生可以选择思政课中的任一板块作为主题，展开社会调查。学生通过自行设计调查问卷、亲自落实调查任务、自行撰写调查研究报告，教师则可以根据学生的调查情况给予适当指导，对学生参与过程进行评价，或将相关评价纳入学生综合素质评价体系。如此，学生便能有针对性地对思政学习板块进行研究，并能更好地实现理论课程和实践课程的相结合，提升学生对思政课的学习兴趣和学习效果。

3. 开展励志访谈活动，使学生用亲眼所见和亲耳所听来诠释书本知识点。

思想政治课是立德树人的关键课程，学生可以根据教材板块，尤其是《政治生活》的相关内容，选其中章节，制订到村、社区或有关部门的访谈计划，使他们能够在真实的活动情境中解决遇到的问题，能更好地培养和提升他们政治认同、科学精神、法治意识和公共参与等政治学科核心素养。例如，我们让学生围绕"基层部门如何落实和贯彻科学发展观"为主题，拟订方案，并组织人员到学校邻近社区开展访谈。青年学生通过自己到村考察访谈，了解党的惠农政策是如何有效落实到广大农村的，深刻地感受到国家振兴乡村政策中的伟大精神力量是如何转化为促进农业发展和农村经济发展的巨大物质力量的，看到广大农村地区在科学发展观的指导下是如何发生积极的变化的。同时，这也使得我们青年学生更好地掌握了科学发展观的丰富内涵，激发了青少年一代的制度自信和道路自信。

4. 积极开展志愿服务活动，弘扬雷锋精神，实现人生价值。

为了使学生能够深入把握和践行社会主义核心价值观，弘扬中华传统美德，传播志愿服务理念，实现人生价值，近年来，我校多次带领学校志愿者服务队到本地各乡镇、村落、学校开展社会主义核心价值观和优秀传统文化的主题墙绘。在活动中，同学们都能够精心策划，认真查找有关资料，在志愿服务落实的过程中，更好地领悟和宣传社会主义核心价值观的核心内涵，传承优秀传统文化，改善农村环境，树立文明新风。开展志愿服务活动，培养了青年志愿者的时代担当精神，实现了思政课立德树人的根本任务。

5. 举行各类校内主题活动，培养学生的担当精神和责任意识。

励志教育主题实践活动，除了校外实践活动外，还可以举行各种校内励志活动，比如"十八岁成人礼"、高考百日宣誓活动、高考壮行会、励志主题讲座等，这一类的主题活动往往能够更直接地渲染氛围，引导广大学子立志勤学报国，坚定自己的理念和初心，奋发有为，积极上进，为实现祖国的繁荣和发展而努力奋斗。近几年来，我校连续举办成人礼活动，成人礼上，高三学子接过宪法本，戴上成人帽，行过"拨穗正冠"之礼，在学校老师、学生家长的深情寄托下庄严宣誓，一系列的环节对高三年级学生的人生观和奋斗具有深刻的激励和引导作用。

当然，高中思政课励志教育实践活动的开展，不能仅限于形式，活动的有效开展，还需要有一批专业的教师团队做活动的坚强后盾。提升教师对学生社会实践活动能力培养的重视与否，会对教学尤其是实践教学起到关键作用。作为思想政治课教师，我们应转变自身的陈旧观点，在全新的教学观点指导下改进教学方法和教学能力，使自身解决问题的能力有所提高。同时，还要鼓励学生积极参与各种实践活动，通过实践活动培养人，从而使励志教育主题实践活动成为思政课的重要补充，共同推进新课程改革的发展，提高思政课的教学效果，培育时代新人。

参考文献：

［1］朱成梅．高中思想政治课教师实施励志教育研究［D］．郑州大学，2020．

［2］刘强．思想政治学科教学新论［M］．北京：高等教育出版社，2009．

［3］崔国久．中学励志教育尝试集［M］．上海：上海教育出版社，2008．

［4］李祖超．教育激励论［M］．北京：中国社会科学出版社，2008．

［5］曾菲．高中思想政治课中的励志教育研究［D］．湖南：湖南大学，2018．

［6］郑其瑞．德育、学科、综合实践活动课程体系建设探究［J］．中学教学参考，2021（15）：1-3．

［7］段美丽．优化课堂教学策略，提高政治教学效率［J］．课程教育研究，2015（16）：60-60．

（作者系怀集县第一中学杜锦和）

【案例5】

励志教育与高中历史教学的融合策略

摘　要： 新课改与新高考的形势下，由于地区教育资源不平衡现象短期内无法改变，高中历史教学也迎来新的挑战。如何缩小地区教育水平差异，已成为山区中学迫切需要展开探索的一项课题。我们需要探究历史课堂教学模式的创新，探索励志教育与历史教学的融合，打造山区高中历史教学新模式。

关键词： 励志教育；历史教学

高中历史课堂承载着历史教育的功能，在传承人类共同精神遗产的同时，提高学生的文化素质，探索历史课程资源与励志教育的融合，充分挖掘历史人物、历史事件教育资源，培养与树立学生正确的人生观、价值观与世界观，无疑是一项值得我们研究与实践的课题。现结合笔者个人教学经历，浅谈一下励志教育与高中历史教学的融合路径与策略。

一、励志教育释义与功能

励志教育也叫激励教育，"旨在以激发、勉励和鼓励为原则，采取一系列切实可行的举措，来激发起学生的学习兴趣、热情和愿望，进而促使其积极主动地去掌握需要学习的知识、技能，提高各方面的素质"[1]。励志教育与历史学科教学结合在一起时，不但可以提高学生学习的主观能动性与热情，更能激发学生的学习潜力，使学生学习历史的态度也发生变化。

二、教学目标

德育工作与教学工作本来是一个有机整体，但在教学实践中因不同的原因两者往往分离，进行德育教化时就不提智育，在教学时就不提德育，这与励志育人教学模式是不相符的。励志教育属于德育层面，历史教学就属于智育层面，探索励志教育与历史教学的融合，就是利用历史课堂特有的感染力发挥好育人功能，厚植家国情怀，全面贯彻立德树人的教学目标。

三、励志教育在高中历史课堂的实施路径与策略

（一）充分挖掘历史教学资源，寓教于学

历史学科作为人文学科，蕴含着丰富的历史人文教学素材，历史教师应该善于挖掘历史教材的励志素材。在讲授新课或者复习时，我一般都会把一些历史人物的事迹与学生分享，通过前辈的事迹激励学生。如必修一第17课《解放战争》，讲述重庆谈判时，我会向学生介绍毛泽东"明知山有虎，偏向虎山行"的壮举，为了国共两党和平建国，全然不顾个人安危，借此激励学生应该培养大无畏的英雄主义，提高班级凝聚力，不要总计较个人得失，要懂得顾全大局。必修三第8课《古代中国的发明和发现》，讲到中国古代中医学时，教材会涉及李时珍编著《本草纲目》的内容，这个时候我就会向学生们介绍李时珍坚定不移选择从医，救死扶伤，不畏严寒酷暑，走遍名山大川考证药物，历时27载，编成被誉为"东方药物巨典"的《本草纲目》，借此激励学生在学习上要不畏艰难，克服挫折，敢于崇尚求真，追求真理。

（二）根据历史考试成绩反馈，及时作出评价

每逢大考、小考的历史成绩出来之后，我就会根据学生的成绩对其作出一定的评价。对于发挥得比较好的学生，及时表扬他们，肯定他们近一阶段历史学习的有效性，让其再接再厉继续巩固现阶段的知识；对于发挥不太理想的学生，及时留意学生情绪的变化，适时进行辅导，做好情绪疏导，指出存在的问题，鼓励学生要敢于面对挫折，查漏补缺，争取在下次有更大的进步。

（三）选择合适的激励教育时机

励志教育的实施，要选择合适的教育时机。如果教育时机不当，激励的效果就会大打折扣，甚至使得学生反感。在教学中，我十分注重把握时机。每次历史大考后、在学生遇到较大挫折后都是较好的教育时机，学生在考试中的发挥不理想或者学习遇到挫折时，情绪比较低落，此时教师给予学生关怀与激励，无疑是滋润学生心灵的一颗灵丹妙药，效果事半功倍。当然，也可以把握住其他时机，我们在进行历史教学时，可以将历史素材作为切入点。例如每次在讲解《中外历史人物评说》和《历史上重大改革回眸》板块的选修材料题的时候，我都会对某一历史人物做一番介绍，介绍其生平事迹，这时把历史人物作为励志教育的素材，既解决了历史教学的问题，又达到了励志教育的目的。

（四）激励对象多元化

励志教育在实施过程中，我们对于教育的对象的选择要体现出一定的多元化原则，也就是激励来自不同层次的学生。我们可以根据历史教学的情况，针对不同的学生开展励志教育。具体来说就是：不仅要激励优生，也要注重激励学困生；不仅要激励部分学生，更要注重激励全体学生。实践证明，大多数学生在老师的鼓励下，学习历史的积极性与兴趣都得到一定的提高，学生的学习潜力也进一步得到激发。

四、教学实效与反思

经过一段时间的融合实践，励志育人工作和历史教学工作都取得不错的效果，学生学习的热情得到激发，学习的积极性进一步提高，达到了预期的教育效果。当然，新课改与新高考背景下，探索励志教育与历史学科教学的融合策略仍然任重道远，"路漫漫其修远兮，吾将上下而求索"。

参考文献：

［1］陆卫国.百色民族高级中学励志教育管理探索［J］.教育科学与艺术，2014（06）：103-103.

（作者系怀集县第一中学卢柏坚）

【案例6】

探索励志教育在竞技体育中的作用

摘　要：竞技体育是指在全面发展身体、最大限度地挖掘和发挥人（个人或群体）在体力、心理、智力等方面的潜力的基础上，以攀登运动技术高峰和创造优异运动成绩为主要目的的一种运动过程。在竞技训练和竞赛过程中，锤炼坚韧顽强勇敢的个人品质，也是我校励志教育的根本要求。

关键词：竞技体育；励志教育

2013年李娜入选美国《时代》杂志"2013年度全球百位最具有影响力人物"名单，《时代》杂志总编辑在谈到选定这份名单的基本原则以及为何选择李娜作为封面人物时表示："这一百人的名单选出的不是世界上最有能力的人，也不是世界上最聪明的人，它选出的一百位是最具有影响力的人。他们通过自己的思想、他们的创造力以及他们的行为去改变这个世界，并对其他人产生深远影响"[1]。另外，女排精神、中国跳水梦之队、国家乒乓球队等对于国人来说都是一种精神标杆，启迪着一批又一批的青少年奋勇拼搏，不抛弃、不放弃。教育部文件多次强调："德智体美劳"五育并举，培养符合社会发展需求的新时代人才。清华大学不光有"无体育，不清华""育人至上，体魄与人格并重"等划时代的口号，还有真实的情景活动：新生"第一堂体育课"、20公里野营拉练、游泳技能测试等；美国常青藤联盟每年必会有体育竞赛。高中学生面对高考，为使学习更有方向，当早规划早立志，为实现目标把握好每一天。但学生在日常学习中具有较大的压力，大部分时间都是在教室中学习，精神和身体上的双重负荷急需一种解决途径。因此，研究励志教育在竞技体育中对于高中生的成长发展的意义是非常有必要的。

一、发扬励志精神，在竞技体育中展示自我

从心理层面来看，表现欲是本性，而体育运动是一种极佳的释放途径。在竞技体育中，时间和空间具有较大的自由度，容易搭建平台。比如两位同学的乒乓球对战，所有感官、情绪会立即活跃起来，其行为、言语和表情都是在平台上的展示，能够真实反映学生内心活动。校运会期间的班级羽毛球团体赛，八位班级代表积极备战，共商战略；在比赛过程中，更是全神贯注，为荣誉奋勇拼搏；班级啦啦队，不断地加油鼓劲。一场比赛，班级学生具有较高的参与度，除了胜负外，同学们对于精彩的对决也会不由自主地拍手称快，这便是励志成功，活动育人。

励志教育的核心在于让励志精神深化到学生内心，在亲身经历的竞技体育中，能够更加直观表达其内心的精神等级，切身感受到体育竞技的残酷，竞技中这种励志精神自然会延续到梦想的实现过程中去。

二、培养励志动力，在竞技体育中树立自信

赛场上在公平公正的原则下，运动员竞技角逐，挥汗如雨，在青春的战场中体验到胜利的喜悦和激情澎湃，同时还可以锻炼团队合作精神，如篮球赛、足球赛等。竞技体育活动可以激发内生动力，驱动学生的自主性，既能提升学习效率，也能强身健体。

竞技体育取得自信的周期较短，条件较低，同时也践行"只有付出才有回报"的简单道理。例如部分同学在短期内学业成绩不佳，如果在体育竞技方面比较突出，也能够树立信心，励志成功，形成开朗自信的生活态度，体验到成功的喜悦，激发自己成功的动力和渴望。

三、锤炼励志品质，在竞技体育中完成蜕变

乒乓球运动员马龙在2021年东京奥运会完成自己的超级大满贯，与其个人保持积极态度、永不言弃、不断反思、自省修正、敢于淬炼自己的个人品质是分不开的。他一路上充满艰辛，一次次战胜自己。学生在体育锻炼中，一次次咬牙坚持，一次次实现小目标，通过不断累积实现质的变化，每天进步一点，离目标更近一些，所有的累积无疑是一种宝贵的经历，也是个人优秀品质的形成过程。个人智力水平对于短期发展能够发挥重大作用，但从长期发展来看，学生拥有的自立、自强、专注、毅力等优秀品质是决定其未来发展的重要因素。在年级组织学生进行5公里拉练活动中，平时年级中学习品质优秀、具有毅力和规划习惯的学生，往往都能坚持到最后；学习习惯不佳、平时作业缺交或不交、课堂不专注的同学放弃的概率则大得多。在10公里远足活动中，也有类似情况。

在竞技体育中遇到挫折后不断总结，在下次竞技比赛中技战术均得到明显的提高，遇到困难后及时找到解决方法，遇到失败不气馁，都是优秀品质的一种体现。社会的进步与发展，给当代学生营造了丰盈安逸的生活环境，而且多数学生在家长呵护下都未曾经历过苦难教育，极度缺乏吃苦耐劳的"孺子牛"精神。体育技能训练可以弥补这块空缺，锤炼品质。学习比赛礼仪，尊重对手、尊重裁判、尊重观众、尊重比赛，同时也是尊重自己在体育比赛中的付出[2]，这无疑也是一种励志教育。

结语

励志教育是我校倡导的教育发展模式，旨在激发学生的内驱力，进而最大限度实现其学习目标乃至人生目标。希望一批批高中生毕业后，母校给他们留下的财富不光是一张通往大学的入场券，更是一种实现人生理想的优秀品质。

参考文献：

[1]张园平.中国优秀网球运动员李娜成功因素探究[J].拳击与格斗，2021（06）：98-99.

[2]罗朝军.青少年体育品德研究[J].青少年体育，2020（9）：30-31.

（作者系怀集县第一中学刘文）

第三节
励志教育在班级管理中的运用

　　班级管理是学校教育的重要环节，是学校教书育人的必要途径。班级管理的本质是健全学生人格，而励志教育就像夜晚中的一盏明灯，在学生迷茫、无措、低落时指明了方向，引领学生前进，促进学生成长。将励志教育渗透到班级管理中，可以激发学生的主动性，提高班级管理效率。

　　一个优秀的班集体，一定是有目标的，积极向上、有强烈竞争意识、充满活力的。一名优秀的班主任，一定是可以激发学生的斗志、以精神抖擞的状态迎接每一天的德育工作者。除了本书介绍的榜样励志、班级文化励志和班会课励志外，班主任还可以采用以下励志教育策略。

一、倡导正能量，明确学生方向

　　中学生正处于是非判断不强的阶段，容易"人云亦云"，他们不明白什么事情该做，什么事情不该做，倡导正能量对学生的价值观和人生观都具有重要的引导和调节作用。因此建立倡导正能量的班级环境至关重要。当然倡导正能量，不是班主任的单向灌输，而是班主任在教育、教学、生活和各项活动中，根据是非标准进行评价，该肯定的就肯定，并给予适当的表扬和奖励；该否定的就否定，给予适当的批评和教育，在全班形成一种扶持正气、伸张正义、制止错误思想、阻止不道德现象的正能量氛围。①这种正能量氛围是建立

---

① 张晓果，兰奇逊，徐华锋. 思政教育在概率论与数理统计课程教学中的融入［J］. 西部素质教育，2021，7（15）：29-31.

在正确认识与言论的基础上，对班级成员都有感染力和道德上的约束力。

二、目标激励，引导学生努力奋斗

（一）个人目标管理

学生个人目标可以分为短期目标、中期目标和长期目标，确定目标可以激发学生通过自己的努力达到自己预定的目标，从而实现自己的人生价值，获得满足感和成功感。对于班主任而言，要引导学生根据自己的实际确定目标，因材施教，分层教育，鼓励学生努力地朝自己的目标迈进。

1. 利用好《梦想管理》（《学生成长档案》）。

目标管理，就是让学生确立自己的目标，做事情要有计划，然后让孩子知道如何通过自己的努力达到自己想要的目标。让学生懂得珍惜时间，利用好时间，规划好自己的学习计划，每天都能做到学习有步骤、有目标、有效率。

怀集一中通过制定和推广《梦想管理》让学生实现对目标的管理。这是学校激发学生努力学习的法宝。有了梦想才能有学习的动力和激情，从梦想到成功是一个发展的过程。要求巩固优势学科，消灭弱势学科，找准问题，解决问题，全面提高。让学生在学习的过程中，一边学习一边总结反思，每天小进步，每月大进步，从而一步步迈向预定的目标。

2. 精心制作每次考前的PK评比表。

通过目标管理在班上大力宣传，起到目标管理的激励作用；通过小组之间的学习，相互评比，目标逐渐地渗透到学生管理的每一个环节中去，使学生自觉地朝着预定目标努力。每一次大考前的PK评比表就是一个很好的做法，每一个学生、每一个小组在考试前根据自己的实际情况，提前确定每个学生需要PK的对象，每一个小组有需要PK的小组，比学赶帮超，争取达到自己预想的结果。

PK的项目可以是总分、单科，也可以是和自己班级PK。PK的对象可以是老师、同学，也可以是自己本人。只要在考试当中达到自己设定的目标就算是PK成功，这样既能使学生的目标更加明确，更加坚定，学生间的竞争更加激烈，班级学习氛围更加好，形成你追我赶的学习氛围，同时也在PK的过程当中让学生真正地体会到竞赛带来的快乐，小组间更加团结和谐，也培养了学生独立自主的学习习惯。

表6-17　肇庆一模PK表

挑战人		被挑战人	PK项目	奖惩	
	PK				
	PK				
	PK				
	PK				
	PK				
	PK				

（二）班级目标激励

在班级管理中，班级目标明确、具体、切合实际，能更有效地激励班集体全体成员。学生亲自参与班级目标的确定，班级士气更高。让全班学生一起制定一个明确、具体、切合实际的目标，这个目标会促使学生的行为朝着有助于目标实现的方向发展。班级各项常规工作有序进行，学生的集体荣誉感增强，有利于班级凝聚力的建设。班级文化积极向上，学生也会受到良好的班级氛围熏陶。因此班级目标激励是班级励志教育中的一个重要手段。

1. 及时表扬，培养学生自信心。

盖杰和伯令纳在合著的《教育心理学》中说，"表扬是一种最廉价、最易于使用且最有效的，但也是最容易被人们忽视的激发学生动机的方法"。表扬是一门艺术，表扬是一种鼓励，表扬是一种肯定。表扬能够营造积极向上、充满正能量的氛围，表扬可以激发人的自豪感和上进心，表扬能够使一个人逐步往好的方向发展，表扬可以让平凡的生活变得美丽，表扬可以把人世间不和谐的声音变成美妙的音乐。[①]表扬是教师特别是班主任进行班级管理的一种重要的励志教育手段。

---

① 　张宏宽. 开发和利用道法课堂生成性资源的策略［J］. 中学生作文指导，2019（45）：0165-0165.

当然，对学生的表扬，要结合实际，恰如其分，不宜滥用，其分寸把握不好，也会适得其反。因此教师在教学中表扬学生时，要注意表扬技巧，讲究表扬艺术。

一是对表现好的学生要表扬。对表现好的学生一定要及时进行表扬，因为有个成语叫"趁热打铁"，若过了好时机，热劲过去了就会冷却，对学生就事倍功半。既然学生表现好，那就应该对他及时进行表扬，可以让他鼓足干劲，争取下一次表现得更好。如果表现好的学生没有及时得到表扬，那这个学生就有可能缺乏动力去做得更好。因此，要及时表扬表现好的学生。

不少班主任容易对学习成绩好的学生进行表扬，却往往忽视了对德行表现好的学生及时进行表扬。比如对做好事的学生要及时进行表扬。能做好事的学生一定有他的过人之处，不管他的学习成绩如何。这还会起到一个榜样带动作用，其他学生也会效仿。例如班主任在班上找两个同学负责登记做好事的学生，每天的好人好事都登记到同一个本子上，并且写在黑板的左边和右边，让大家都看到。这是在激励其他学生向其看齐。

二是对中等生的"闪光点"要表扬。中等生在大部分教师眼中都是不起眼的，也是容易被忽略的。与优生相对比，中等生在学习和生活中缺乏昂扬的斗志与积极探究的热情，正是这种不良的心态阻碍他们取得较大的进步。因此，教师要积极引导学生，善于抓住学生的闪光点，积极地给予评价和鼓励，激发学生的学习上进心。

三是对勤奋的学生要表扬。勤奋的学生可能成绩不是很好，但是至少他们努力过，勤奋了，那就值得表扬，也应该要表扬，因为这能鼓励学生越挫越勇。虽然他们成绩还是不好，但老师也看到了他们的努力，绝不会轻言放弃。这种表扬能让他们保持努力、勤奋的状态，他们的成绩就可能进步。"你要继续努力，不要轻易放弃，老师相信你下次一定会有进步的。"这样的激励会让学生充满能量，继续努力。

四是对有勇气的学生要表扬。对这种学生不仅要表扬，而且要在公开场合大力宣传。现在很多学生害怕失败，也害怕丢脸，所以没有勇气去做正能量的事，而敢于做正能量事的学生就很难能可贵，因为他们不怕丢脸、不怕失败，这样的学生是值得表扬的，而且这种学生离成功也会更近。如果能在公开场合表扬他们的勇气，保护他们的自尊心，他们下次会更有勇气尝试新事物，去尝试别人认为不可能的事。

五是对班集体的突出表现要表扬。班集体是一个很重要的团体，如果班集体取得了优秀的成绩，需要表扬。有效的表扬是提高班级群体学习兴趣、学习效率和促使班级群体积极参与班级和学校其他各项活动的重要因素。例如，班级获得学校文明班时，那就应该要及时对班集体进行表扬，这种表扬的对象是集体，因为班集体成绩的取得是集体智慧和力量的结晶，这能激发学生强烈的集体荣誉感和向心力，带动班集体往更好的方向发展。

2. 提供平台，体验成功的乐趣。

一是搭建平台，让学生发光。"一把钥匙开一把锁"，每一个学生的实际情况各不相同，这就要求班主任深入了解每个学生的行为习惯、性格爱好，从而确定行之有效的对策，因材施教。为此，在平时班主任工作中，班主任要根据每个学生的兴趣爱好，组成"特长小组"，充分发挥每个学生的特长。[①]例如，擅长体育的，可组成班级运动队，负责早操、课间操，并鼓励、推荐他们参加校级以上的运动会；擅长演唱的，可组成演唱组，负责班级的文艺活动、课本剧的演出；擅长写作的，可组成班级文学社，负责编辑班级小报、黑板报，并推荐出优秀的作品，向报刊投稿；擅长口头表达的，可组成班级演讲组，定期举行演讲示范，并鼓励他们参加校级以上的演讲比赛。

二是给他"高帽"，守职有责。人人都有喜欢戴高帽子的心理欲求，学生也一样。教师先给学生戴上一顶高帽子，再冥顽不化的榆木疙瘩也会受到感染和温暖，觉得教师还欣赏自己，你再指出他们做得不足的地方，学生就容易接受一些，他们配合教师的教育，教育成功的基础奠定了，教育就成功了一半。[②]给学生"戴高帽"最常用的方式就是给学生封"一官半职"。学生有"官职"在身，就有了一种责任感；给学生戴上"高帽子"，学生就会有一种受宠若惊的感觉，内心深处爆发出前所未有的激情，对待学习与老师分配的事

① 李红梅. 初中化学课堂教学实效性探究 [J]. 中学课程辅导（教学研究），2020，14（26）：90–91.
② 崔艳叶. 浅谈"三全育人"理念下高校教师如何立足本职岗位做好思想政治教育工作 [J]. 就业与保障，2021（10）：140–141.

务也会更认真。

三是给他奖赏，激发潜力。成功是人生价值的体现，每个人都渴望成功，作为求学阶段的学生也不例外，尤其是那些被教师忽视的学困生，更加需要享受成功的快乐。利用荣誉、排名、大奖赛、成绩单、学习证书、学习徽章等多种奖励手段，给学生多种正向奖励方法，触发他们的学习动机，让学生感受成功的快乐。在各种奖励中，"三好学生""优秀班干部"等只有少数表现突出、学习成绩优异的尖子生受此殊荣，一般的后进生只能"望奖兴叹"，很少受到奖励。因此，班主任要创设条件，让每个学生都有体验成功的机会。班主任不仅设学校的"优秀学生奖"，而且可以增设班级"特长奖""语言文明奖""生活简朴奖""助人为乐奖""零迟到奖""积极发言奖""勇气奖"等，设立这些奖项，为的就是满足学生被认可的需要，让每个学生都有机会体会到成功感，从而激发其潜力。

3. 设定对手，激发学生的战斗欲。

学生都是潜力无限的孩子，让学生设定一名挑战对手，有了短期的追赶目标，能激发学生的战斗欲，引导学生相互影响，互相竞争，共同进步，让学生"内卷"起来，在相互比拼的过程中建立自信，找到学习的乐趣和意义，明白一切皆有可能。

（1）设定挑战对手的策略。

班主任根据实际情况，按层次、按排名制定有效可行的挑选挑战对手的规则，先在班级内部做好思想动员，表扬优秀，鼓励进步，给予学生进步的希望。学生根据自己的实际情况，结合规则，设定一名最合适的同学作为挑战对手，写于事先准备的小纸条上。这个"挑战对手"只有班主任和设定的学生知道，其他同学都不知道，每个人都不知道自己被多少人挑战，让整个过程充满神秘性和趣味性。待下一次考试结束后，挑战者与被挑战者谁排名高，谁就赢，约定输的同学要给赢的一方准备一个合适的奖励。每个人心底其实都有一个不服输的自己，如此一来，一下子激发了学生的学习兴趣，唤醒那沉默已久的竞争意识，班主任再后续跟进，表扬进步，宣传优秀，让同学们在群体挑战的影响下，动起来，"卷"起来，"卷"出进步，"卷"出优秀，"卷"出应有的勃勃朝气和青春活力。

（2）设定挑战对手的成功案例。

连续落后的7班班主任积极分析原因，寻求方法，不经意间了解到有设定挑战对手这样一种激励学生积极向上、唤醒竞争意识的方法。"没有岩石的阻拦，焉能激起层层雪白美丽的浪花"，每个成功的背后总是少不了无数的汗水和血泪，每个强者的背后也总少不了一帮顽强的对手。经过一番衡量思考，7班班主任决定结合实际在自己班也使用设定挑战对手的策略。班主任与班级同学们共同制定了设定挑战对手的规则，约定班级总分前五名可以选择不挑战或者向班主任发起挑战，只要不退步则学生赢，否则班主任赢；前五名学习能力旗鼓相当，且有较强的竞争意识，有明确目标和行动力，因此可以不选挑战对手。后面的所有同学选择挑战对手时，对手必须排名比自己高五名以上，例如班级第十只能选班级的一到五名其中一名作为挑战对手。约定输的一方要请赢的一方喝一杯奶茶。班级顿时沸腾起来，纷纷表示接受约定，仔细分析对手，设定适合自己的挑战对手。班主任积极备课，以身为范，基本以校为家。上课时经常展示自己的备课本、书本、试卷，让学生感受老师的积极认真；常常与学生说明，"此时我本可以不来学校，因为这时是我的休息时间，但是我要与大家一起努力一起进步"，让学生感受到老师的用心良苦；时常大力表扬宣传班上学习进步的同学、纪律行为改善的同学，展示班级同学们拼搏的视频、照片等。平时，早上6点20分基本没有几个学生的教室，后来逐渐多了起来，从十个到二十几个，再到三十几个，6点半基本全员到位；中午和下午一放学就"一哄而散"、最积极干饭的同学也淡定了起来，多学十五分钟、半小时甚至一小时的比比皆是；平时老师值班基本坐冷板凳，现在学生问个不停。

以怀集县第一中学同一年级的几个班级为例，在高一到高二学生人员和配套任课教师保持不变的情况下，各班都没有用设定挑战对手的策略的前提下，比较选科之后的几次考试，无论是平均分还是预测优投上线率，7班都落后于另外两个班，但到了2021年秋季学期期中考试，7班一举反超一直领先自己班的6班、8班达16分之多，这是多么大的进步。具体数据以表格呈现，如下：

班级	第一次			第二次		
	平均分	对比6/8班	优投上线人数	平均分	对比6/8班	优投上线人数
6班	445.85	-9.39	6	473.31	-8.47	6
7班	436.46		6	464.84		3
8班	472.19	-35.73	7	481.94	-17.1	13

班级	第三次			2021年秋季学期期中考		
	平均分	对比6/8班	优投上线人数	平均分	对比6/8班	优投上线人数
6班	484.76	-8.77	7	483.95	16.02	6
7班	475.99		3	499.97		8
8班	487.51	-11.52	15	483.45	16.52	9

正如唐纳德·克雷斯所说，"真正的问题不在于你比过去做得更好，而在于你比竞争者做得更好"。6班、8班为什么会被反超16分之多，是因为他们安于现状，竞争意识慢慢淡薄，学习热情也逐渐淡薄。7班的同学看到了和6班、8班的差距，反而激起了他们竞争的热情。他们有了要挑战的对手，7班的同学就有了短期的目标和方向，更有了前进的动力和毅力，在整个良好的集体"内卷"氛围中，逐渐找到了学习的意义和乐趣，更挖掘了潜力和培养了自信，反超6班、8班也就从偶然变成了必然。相信在未来的学习中，7班定能砥砺前行，再接再厉。

（本案例由怀集县第一中学谢海梅提供）

4. 班级学习小组竞赛激励。

学生一般都有争强好胜的特点，班主任成立学习小组，通过组织各种有益的竞赛活动，打造一种外在的压力氛围，激发、鼓励学生积极进取、努力上进，培养学生的竞赛意识与集体观念。[①]如班主任通过开展演讲竞赛、专业技能竞赛、宿舍卫生竞赛、英语单词竞赛在班级中形成积极上进的竞争氛围，激励学生你追我赶，促进学生德、智、体全面发展。成立班级学习小组，每个小

---

① 王政宏. 励志教育在中职语文教学中的应用［J］. 现代职业教育，2022（2）：112-114.

组确立挑战目标，把小组挑战以海报的形式粘贴在教室宣传栏里，形成班级的竞争文化，激发学生的斗志。

在实施竞赛激励时，应注意以下几点：

一是要有正确的指导思想和目的。我们不能为竞赛而竞赛，组织每一次的竞赛都要有明确的指导思想和正确的目的。竞赛要给学生进一步发展提供契机，注入一种成长动力，鼓励学生学先进、争先进、赶先进、超先进。[①]

二是要把竞赛和评比结合起来。只竞赛不评比，竞赛终究会失去激励作用。应把竞赛和评比结合起来，由教师和学生代表共同担任评委，评出前几名并给予精神或物质奖励。

三是要引导学生树立正确的竞赛观。在竞赛中应提倡实事求是，不得弄虚作假；提倡互相协作和集体奋斗精神。

三、循循善诱，慰藉学生的心灵

中学生的心智正处于快速发展的阶段，他们在成长中会遇到很多来自学习、家庭、交友等方面的困难，这会使心理脆弱或者焦虑的同学深受困扰。但是学生一般不会主动找老师倾诉和帮助。为了切实帮助每个学生积极面对、健康成长，班主任需要做大量的励志谈心工作。恰当、及时的谈话，有利于学生情绪释放，缓解压力，甚至可以避免极端事件发生。因此，班主任如何采用合适的、有效的方式与学生进行交流，成了班主任工作的必不可少的教育技能之一。

以同学为例，建立榜样库。班主任在接手班级时，应详细了解各学生的优缺点，在个别谈话时，根据不同学生的特点，以他身边的同学举例，列举优点，分析如何去学习优点，改正缺点，这仅有利于学生从身边的榜样中学习，从而得到进步，同时也有利于学生之间形成良好的人际关系，建设和谐优秀的班集体。

巧用学生会、社团等组织，鼓励学生独立自主。学生会及各社团，是锻

---

① 陈远继. 浅谈微课在初中生物教学中的应用［J］. 试题与研究，2022（6）：9-10.

炼学生组织领导能力、协调能力、社交能力的重要渠道。班主任在与学生谈话时，应鼓励学生多参与，这有利于学生转变身份，快速适应高中生活及学习，也有利于增强学生自信心，找到新的前行方向，实现高中阶段的人生目标。

借用优秀毕业生事迹，促进学生进步。学校优秀毕业生，是老师谈话的重要资源。他们能给学生带来更大的影响，更有利于新生确立自己的奋斗目标与方向。用他们熟知的真实有效例子，会比高大虚无的案例更有说服力。例如，怀集一中2008年考上清华美院的学子文乐，家庭条件一般，但他不受影响，发愤图强，在兼顾学业的同时还打工赚学费。这样的例子，能给担心学费问题的贫困学生带来激励。再如，2021届毕业生马岳顺同学，中考成绩379.8分，经过三年的奋斗，高考成绩523分，被肇庆学院录取，以此鼓励学习成绩落后担心考不上大学的学生，说明只要肯努力，肯奋斗，坚持不懈，就一定能到达成功的彼岸。

四、情感激励，激发学生的动力

根据马斯洛的需要层次理论，人的需要分为五大层次：生理的需要、安全的需要、社交的需要、尊重的需要和自我实现的需要。比起物质需求，学生在心理上渴望自尊、友谊、归属感、获得他人认可、赢得他人尊敬的需要更强烈。因此班主任应注重学生的情感需要，尊重学生，与学生进行平等交流。[①]

设立班级心灵信箱。班主任一般都有教学任务或其他工作，不可能时时和学生在一起。在班里设置信箱，班里的每个学生都可以随时把自己的想法、建议、问题以书信的形式投进信箱。班主任看完信后，可以在第一时间进行处理，给予学生及时的引导和关怀[②]。中学生升学压力大，班主任及时发现出现心理问题的同学，及时对这些学生进行干预，进行励志教育，就会激发学生的斗志和学习的动力。

送出班主任寄语。一般情况下，班主任每学期结束时才给学生写一段评

---

① 刘夏亲. 指向家国情怀培养的历史复习课教学策略［J］. 中学历史教学，2021（6）：66-68.
② 马丽玲. 学科育人价值开发中的教师发展［C］//. 广东教育学会2019—2020年度学术成果集.［出版者不详］，2020: 2557-2562.

语，这既是对学生的阶段性评价，又是和学生家长交流的一种方式。其实一学期写一次评语的周期太长，不利于青年学生的成长。每个月根据每个学生情况写一段评语，就能给学生提供一面自我认识的镜子，学生可及时了解自己的优缺点，通过反复阅读、仔细琢磨月度评语，不断受到启迪和激励，从而维持其兴奋、积极的心态，投入学习，参与班级活动。[①]要发挥评语的激励功能，应当讲究评语个性化，避免模式化，切忌千人一面。

情感激励还可以通过让学生观看励志电影或人物访谈等节目，培养他们的爱国主义和民族自豪感，学习人物顽强拼搏、坚韧不拔的精神；通过班级的励志标语，激发学生学习的动力，让他们每天都充满学习的激情，真正投入到学习当中来。

五、树立榜样，营造班级正能量

每次考完试后，及时召开总结班会，总结班级前段时间的不足和优点，更重要的是要引导学生积极地投入到下一个阶段的学习备考当中来。通过大型的考试，班级内组织评比，评出成绩优秀的同学、成绩进步的同学、单科第一的同学和成绩优秀的小组。榜样的作用是非常大的，特别在学生这个群体当中，以优秀学生作为榜样，能够激发其他学生产生学习的动力，推动其他学生去效仿。榜样也是一面镜子，其他学生通过向优秀学生学习他们的学习方法，对照自己的一言一行，然后检查自己的不足之处，改正自己的缺点，矫正自己不好的学习行为，改变自己没有效率的学习习惯，就能激发他们奋发向上的行为动机，形成内驱力，使之朝着所期望的目标前进。

通过宣传优秀的榜样，让全班向榜样学习，能够培养起学生良好的学习习惯，让学生真正懂得如何学、怎样学；也可以帮助学生找到前进的方向，找到学习的动力；还可以让学生树立学习的目标，规划好自己的人生。一个好的榜样可以影响学生的一生，班主任在平时的管理中应多挖掘身边的学生榜样，发挥榜样的作用。

---

① 刘复兴. 试论新时代我国基础教育的结构性变革［J］. 教育研究，2018，39（10）：57-63.

六、开展课外活动，增强班级活力

按照GRIT[①]理论，课外活动对学生来说已经远远超越了原来的意义，学生不仅要发掘和培养持久甚至是终身的兴趣和爱好，而且要从中磨砺出坚持不懈的意志与能力，这会让学生愿意面对学业挑战，更加努力地学习。可以说，课外活动对学生的学业乃至未来的成功举足轻重。[②]

班主任组织一次课外活动必须提前设计好方案，提前设定需要达到的目标，在实施的过程当中必须有严格实施步骤，充分体现寓教于乐的主题。一次精心组织的班级活动，能让学生充分受益，终生难忘。

班级课外活动，能让学生在活动当中明确自己的奋斗目标。设计一次好的班级活动，能增强班级的凝聚力，增强班级的团结和谐，可以加强学生之间的团结协作能力，可以让学生发挥特长，展示才艺，成就发展。班级活动的育人理念：励志向上，发展每一个学生，构建成长共同体。也就是要求在活动中让每一位学生在班级中得到适合自己成长、成为励志向上的独特个体的途径，唤醒学生成长的内在需求，加强班委赋能、组内合作、构建班级成长共同体，从而达到师生共同成长的目的。

---

① GRIT：人们在追求自己的兴趣和人生目标中磨炼出来的坚持不懈的精神。
② 严伟英. 立德树人视域下高校思想政治理论课教学［J］. 安徽广播电视大学学报，2019（4）：56–59.

结　语

近几年来，怀集一中所取得的成绩和荣誉，记录了励志教育的累累硕果，铸成了学校卓越的励志教育品牌。推进励志教育后的怀集一中，稳步走上了发展的快车道。学生德智体美劳全面发展，学校素质教育质量不断提高，特色建设卓有成效。

实践证明"五位一体"励志教育模式，切实增强了怀集一中德育的实效性、针对性和有效性，帮助学校更好落实立德树人根本任务，成为全员育人、全程育人、全方位育人的有力抓手。

实施"五位一体"励志教育模式后，学生德育考核的各项指标均明显提高，学生的品德分数逐渐攀升，达到了很好的育人效果。"问题学生"无论是在行为习惯，还是思想品质、心理健康等方面的转化明显。学生在课堂上、在活动中，找到适合自己个性成长的平台，激发和唤醒了自身的内动力，发现了自我，释放了天性。

实施"五位一体"励志教育后，怀集一中中高考成绩稳步提高。近几年，学校涌现出一大批低进高出的优秀学子，他们充分发扬怀集一中的励志精神，努力超越自我，不断追求进步，最终实现了从中考到高考的完美逆袭。中考成绩也一直在全县独占鳌头，赢得了良好的社会声誉。

今后，怀集一中将坚定地熔铸自己的励志文化，注重挖潜增效，创新励志教育模式，多渠道、全方位实践励志教育。全校师生必将凝心聚力，铆足干劲，励志前行！我们也期盼"五位一体"励志教育在更多地方更多学校开花结果！